Jörg Schönbohm

Zwei Armeen und ein Vaterland

Jörg Schönbohm

Zwei Armeen und ein Vaterland

Das Ende der Nationalen Volksarmee

im
Siedler Verlag

Die Deutsche Bibliothek – CIP-Einheitsaufnahme
Schönbohm, Jörg:
Zwei Armeen und ein Vaterland:
Das Ende der nationalen Volksarmee/Jörg Schönbohm
2. Aufl. – Berlin: Siedler, 1992
ISBN 3-88680-452-6

Der Siedler Verlag ist ein gemeinsames Unternehmen
der Verlagsgruppe Bertelsmann und von Wolf Jobst Siedler.

Schutzumschlag: Werner Rebhuhn, Cuxhaven
Satz: Bongé + Partner, Berlin
Reproduktionen: Rembert Faesser, Selchow
Druck und Buchbinder: Mohndruck, Gütersloh
Printed in Germany 1992
ISBN 3-88680-452-6

Zweite Auflage

Bildnachweis

Axel Springer Verlag (3), Bilderdienst Süddeutscher Verlag (8), Dezemat Presse (2), dpa (3), Eduard N. Fiegel (1), Tessemer (4), Ullstein Bilderdienst (3)

Inhalt

Erste Erfahrungen in Moskau

Am Montag, dem 18. Oktober 1988, besuchte Bundesminister Professor Dr. Scholz mit einer kleinen Delegation in Begleitung des Bundeskanzlers Moskau. Mit diesem Besuch sollte das Eis gebrochen und die Beziehungen zwischen beiden Staaten auf eine breitere Grundlage gestellt werden. Der Bundeskanzler wurde von einer großen Delegation namhafter Wirtschaftsführer begleitet, um auch den Wirtschaftsbeziehungen einen neuen Anstoß zu geben.

Der Verteidigungsminister sollte ebenfalls seinen Beitrag dazu leisten, das Verhältnis zur Sowjetunion zu normalisieren, ohne unsere Alliierten zu irritieren. Uns war klar, daß jeder unserer Schritte von den Alliierten aufmerksam beobachtet wurde. Wir legten Wert darauf, mit der Sowjetunion auf der Grundlage völliger Gleichberechtigung zu sprechen, was die Bundesrepublik um so eher tun konnte, als sie fest in der NATO eingebettet war. Es war vorgesehen, Gespräche mit dem sowjetischen Verteidigungsminister, Armee-General Jasow, zu führen, einen Vortrag vor der Malinowski-Akademie zu halten und Truppen im Großraum Moskau zu besuchen. Nach einigem Hin und Her war dem Bundesminister zugestanden worden, daß er zu seiner Delegation zwei leitende Mitarbeiter sowie seinen Pressesprecher und Adjutanten mitnehmen konnte. Dies war in der Tat eine Minimalausstattung für das erste Gespräch nach dem Zweiten Weltkrieg zwischen dem Bundesminister der Verteidigung und dem sowjetischen Verteidigungsminister sowie seiner militärischen Führung. In Bonn wurden hier und da Befürchtungen geäußert, daß dieses erste Zusammentreffen nach dem Kriege zu öffentlichkeitswirksam sein könnte. Unsere Vorbereitungen waren umfangreich und gründlich; für uns alle war es eine neue Erfahrung.

Am Donnerstag vor der Abreise war trotz mehrfachen Drängens noch immer kein Besuchsprogramm fertiggestellt, so daß der sowjetische Verteidigungsattaché einbestellt werden mußte. Nach dieser Intervention bekam der Minister erst am Freitagnachmittag das Programm für den Besuch, der am Montagmorgen begann. Die Sowjets erklärten die späte Detaillierung mit der Abwesenheit Jasows in Sibirien, denn er habe sich die letzte Zustimmung vorbehalten – als ob es in der Sowjetunion keine Fernmeldeverbindungen gäbe. Für mich war dies ein Beispiel für den Umgang einer Großmacht mit einer kleinen, aber wichtigen Mittelmacht. Es würde eine interessante Reise werden.

Wir landeten am Montagmorgen pünktlich und protokollgerecht mit den zwei B-707 der Luftwaffe. Nach der offiziellen Begrüßung herrschte auf dem Flughafen ein erhebliches Durcheinander. Der Verteidigungsminister, der Fraktionsvorsitzende Dregger und die Vertreter der deutschen Industrie mußten mit uns auf die Autos warten, die uns nach Moskau bringen sollten. Nach einigen Komplikationen kamen sie endlich, und wir fuhren in einer Kolonne zum Hotel Rossija, einem Prachtbau aus Stalins Zeiten. Moskau machte einen schmuddeligen, grauen Eindruck. Das Hotel war alles in allem anständig, obwohl in den meisten Zimmern die Heizungen nicht funktionierten und in den Badewannen die Stöpsel fehlten.

Das erste Gespräch mit Verteidigungsminister General Jasow fand im Gebäude des Generalstabes statt. Ehrenspalier junger Soldaten, plötzlich Blitzlichtgewitter, der große schwergewichtige Jasow schien den kleinen flinken Minister Scholz erdrücken zu können. Scholz trat jedoch mit Gelassenheit und Sicherheit auf; ein sichtbarer Kontrast. Dann wurden wir der sowjetischen Delegation vorgestellt. Die Oberbefehlshaber von Heer, Luftwaffe und Marine und der Raketenstreitkräfte, die Stellvertreter des Chefs des Generalstabes und verschiedene Abteilungsleiter im sowjetischen Ministerium nahmen an diesem Gespräch teil. Das Kräfteverhältnis im Konferenzraum spiegelte das der Truppen ziemlich genau wider – und dabei wollte das Auswärtige Amt ursprünglich unsere Delegation noch kleiner haben!

Wir hatten vermutet, daß Jasow etwas zur Begrüßung sagen würde, aber er eröffnete das Gespräch sinngemäß mit den knappen Worten: »Herr Minister Scholz, Sie sind hierhergekommen, was hat Sie hierhergebracht, und was interessiert Sie am meisten?« Scholz ging kurz auf die Vergangenheit, den Zweiten Weltkrieg, die Teilung Deutschlands sowie die weitere Entwicklung bis heute ein und sprach sodann über die allgemeine Lage in Europa, den Stand der Rüstungskontrolle und mögliche Felder der Entwicklung künftiger Zusammenarbeit.

Jasow folgte diesen Ausführungen mit lebhafter Anteilnahme, zuweilen zustimmend, dann wiederum mit mißbilligenden Kommentaren, während die anderen Generale und Admirale regungslos und schweigend dasaßen. Nur an ihrem lebhaft wechselnden Mienenspiel konnte man erkennen, ob sie zustimmten oder nicht.

Während der folgenden Diskussion von insgesamt drei Stunden führte auf sowjetischer Seite ausschließlich Jasow das Wort. Die anderen saßen lediglich dabei und nickten zustimmend. Schließlich äußerte sich einmal Generaloberst Tscherwow, als es um den INF-Vertrag und dessen Umgehungsmöglichkeiten ging. Jasow zeigte durch seine Gesprächsführung, daß er gut vorbereitet und Herr des Geschehens war. Die Atmosphäre des Gesprächs war sachlich und offen. Es ging hart zur Sache, und ich hatte den deutlichen Eindruck, daß Scholz die Sowjets gerade durch seine Festigkeit beeindruckt hat.

Was die Überwindung der Teilung Deutschlands anlangte, ja auch nur eine Verringerung sowjetischer Truppen im Zusammenhang mit Verhandlungen über konventionelle Streitkräfte in Europa (VKSE), war keinerlei Gemeinsamkeit erkennbar. Die Sowjets vertraten unbeirrt den Standpunkt, daß die Teilung Europas nur langfristig durch die Auflösung der Blöcke überwunden werden könnte. Auch für pragmatische Vorschläge zu einer Zusammenarbeit gab es keinen Ansatz. Jasow beharrte auf der Notwendigkeit der sowjetischen Überlegenheit, um den Frieden in Europa zu gewährleisten.

Ebenso hart und unergiebig war die Diskussion zum Thema der Nuklearwaffen. Jasow warb für die Denuklearisierung Europas und erklärte ganz offen, daß wir Deutschen nun einmal davon ausgehen müßten, die Geiseln der Nuklearstrategie zu sein. Die sowjetischen Nuklearwaffen zielten bei einem Gegenschlag auf deutsche Industriezentren und auf die Bevölkerung. Der drohende, auf Erpressung oder Wohlverhalten zielende Unterton war für mich unüberhörbar – ein merkwürdig »offenes und nachbarschaftliches« Gespräch. Unsere Argumente für die Nuklearstrategie der NATO wollte er nicht akzeptieren. Er sah nicht ein, daß aus unserer Sicht die Nuklearwaffen der westlichen Allianz die Sowjetunion vor einem Einsatz ihrer Streitkräfte abschrecken. Wir argumentierten, daß nur die USA gemeinsam mit den Bündnispartnern unsere Sicherheit gegen die massive militärische Überlegenheit der Sowjetunion garantieren könnte; die militärische Stabilität sei Voraussetzung für die Entspannungspolitik. Jasow beharrte darauf, daß alle Nuklearwaffen beseitigt werden müssen – so wie es Gorbatschow vorgeschlagen hatte. Daß die Europäer sich dann dem erdrückenden Übergewicht sowjetischer konventioneller Streitkräfte ausgeliefert sähen, wollte er nicht begreifen. Die Sowjetunion sei doch ein friedliches Land. Wir versuchten, die Frage der Kontrolle eines Verbots von Nuklearwaffen zum Thema zu machen, aber Jasow ging gar nicht darauf ein.

Zwischendurch gab es auch humoristische Momente, so als Jasov zu Scholz auf dessen Frage nach den Kosten der sowjetischen Rüstung sagte, er wisse nicht, was seine Waffensysteme kosteten, denn er brauche sie nur zu bestellen und bekomme sie dann auch. Unserem System der Kostenrechnung und des Haushaltsanschlages bis hin zu Haushaltsverhandlungen mit parlamentarischen Gremien stand er vollkommen verständnislos gegenüber – und das noch im Herbst 1988.

Am Ende des lebhaften Gesprächs war ein gemeinsames Interesse an Rüstungskontrollverhandlungen erkennbar. Nichts deutete darauf hin, daß die Sowjets von ihrer Position der paritätischen, also zahlenmäßig gleichen Reduzierung der Streitkräfte, die ihnen auf Dauer in Europa ein erhebliches Übergewicht gesichert hätte, jemals abweichen würden. Sie waren weder gewillt, den einfachen Grundsatz zu akzeptieren: »Wer mehr hat, muß mehr abrüsten«, noch dazu bereit, den Umfang der Streitkräfte beider Seiten auf ein gleiches Niveau zu reduzieren. Trotz der sachlichen Gegensätze herrschte aber eine Atmosphäre der Offenheit und des besseren Verstehens – mehr konnte man nicht erwarten. Zum Abschluß lud Scholz Jasow nach Deutschland ein und verabredete, daß als nächstes sich der Generalinspekteur der Bundeswehr und der sowjetische Generalstabschef treffen sollten, um über den Ausbau der militärpolitischen Beziehungen zu sprechen.

Am nächsten Tag besuchten wir die Malinowski-Akademie, wo Offiziere der Panzertruppe ausgebildet wurden – damals auch Angehörige der Nationalen Volksarmee der DDR. Bundesminister Scholz war die Gelegenheit eingeräumt worden, vor den Teilnehmern des Lehrgangs eine Grundsatzrede zu halten. Scholz schlug einen weiten Bogen von der Entwicklung der Gesamtlage bis hin zu Fragen der Kräftepotentiale beider Seiten. Die Rede hatten wir vorher ins Russische übersetzt und in dreihundert Exemplaren mitgenommen, um sie unter den Soldaten zu verteilen. Es kam uns darauf an, das deutsche Zahlenmaterial über das Kräfteverhältnis und unsere Sicht der Potentialvergleiche in die innersowjetische Diskussion einzuführen.

Vor dem Vortrag ließ der Kommandeur der Akademie, ein Generaloberst, in seinem Dienstzimmer Tee und Plätzchen reichen. Wir unterhielten uns mit ihm und einem Teil seines Schulstabes über die Aufgaben der Akademie und die Zusammensetzung der Lehrgangsteilnehmer. Das aufgeschlossene Gespräch zeigte sogar hier, daß Soldaten sich über beruflich-handwerkliche Fragen sachlich unterhalten können. Sobald aber politische Gegenstände berührt wurden, kam es zu den herkömmlichen Grundsatzdiskussionen und dem Austausch kontroverser Argumente. So ließ sich unser Gesprächspartner die Einbindung der Streitkräfte in den Staat kaum erklären; deren demokratische Kontrolle war für ihn nicht nachvollziehbar. Die sowjetischen Offiziere wußten wenig über den demokratischen Rechtsstaat, sie kannten nur den Imperialismus, dessen Werkzeuge wir waren. Man wollte nicht glauben, daß die Bundeswehr lediglich zur Verteidigung geschaffen und ein Angriffskrieg vom Grundgesetz ausdrücklich verboten sei. Demgegenüber zitierten wir aus sowjetischen Quellen, wonach dem Feind auf dessen Territorium eine vernichtende Abfuhr zu erteilen sei – was doch unverkennbar Angriff bedeutete.

Beim Gang durch die Akademie zeigte sich der Stolz der sowjetischen Panzertruppe. Modelle von Panzern und erfolgreichen Schlachten – besonders aus dem Zweiten Weltkrieg bis zur Eroberung Berlins – waren überall zu sehen, überall führten Vitrinen siegreiche Kämpfe vor; auf ihren Einsatz in Afghanistan gab es nicht einen einzigen Hinweis.

Dann ging es zum Vortrag. In dem großen Säulensaal waren einige hundert Stabsoffiziere versammelt, der Beifall zur Begrüßung erfolgte pflichtgemäß. Blitzlichtgewitter von Photographen, Fernsehteams – vermutlich auch dies für die sowjetischen Offiziere eine neue Erfahrung. Die Rede von Scholz tat ihre Wirkung, besonders als er konkrete Zahlen über die wechselseitige Stärke nannte und daraus Folgerungen hinsichtlich der Abrüstung zog. Verhaltenes Raunen gab zu erkennen, welchen Eindruck das machte. Nach dem Vortrag entwickelte sich eine lebhafte Diskussion, die Fragen aber waren ganz offensichtlich vorbereitet worden, denn sie gingen nur am Rande auf den Vortrag ein. Statt dessen folgten sie den von der sowjetischen Argumentation vorgegebenen Themen vom Ersteinsatz der Nuklearwaffen bis zum »aggressiven Manöverkonzept« der NATO.

Was mit diesem Vortrag und unserem Auftreten bewirkt wurde, weiß ich nicht. Ich hatte den Eindruck, daß die sachliche Art der Beantwortung auch militärischer Fragen durch einen Zivilisten Eindruck machte. So manches Vorurteil gegen den »aggressiven Westen und die BRD« mag ins Wanken gekommen sein. Ich vermute, daß die sowjetischen Offiziere mit offenen Fragen und vielleicht auch nachdenklich nach Hause gingen. Eine Annäherung der Standpunkte aber hat es nicht gegeben, konnte es wohl auch nicht beim ersten Treffen.

Tags darauf besuchten wir die in der Sowjetunion berühmte Taman-Division – etwa sechzig Kilometer außerhalb Moskaus gelegen. Die Fahrt ging mitunter über geschotterte Straßen, an Birken- und Kiefernwäldchen vorbei. Die Taman-Division hatte sich im Zweiten Weltkrieg bei der Verteidigung Moskaus besonders bewiesen und war nach dem Zweiten Weltkrieg die »Vorzeigedivision« für Besucher geworden. Bei den Militärparaden aus Anlaß der Oktoberrevolution marschierte sie immer – mit Beifall bedacht – an der Spitze.

Man führte uns ein Panzer- und Infanteriegefechtsschießen vor, dessen Leistungen unter unserem Standard lagen. Die Ersttrefferquote war geringer, das Gefechtsverhalten und das Schießen aus der Bewegung schlechter als bei uns. Ob das beabsichtigt war, darüber gab es auch unter den Journalisten verschiedene Meinungen. Ich vermute, daß das Niveau tatsächlich dem Ausbildungsstand der Truppe entsprach: Soldaten zeigen nicht absichtlich schlechte Leistungen, erst recht dann nicht, wenn hoher Besuch kommt. Zudem machte die Truppe einen engagierten Eindruck. Aber wenn wir es hier tatsächlich mit einer Vorzeigeeinheit der ruhmreichen Sowjetarmee zu tun hatten – wie sah es dann bei den anderen Einheiten aus? Erst zwei Jahre später sollte ich von ehemaligen NVA-Offizieren, die mehrere Jahre in Moskau studiert hatten, hören, daß diese Division eine reine »Schau- und Vorzeigedivision« geworden war, in der keine reguläre Ausbildung mehr stattfand. Die in der DDR stationierten Verbände der Sowjets seien dagegen besser gewesen.

Die Unterkünfte und Lebensverhältnisse dieser Eliteeinheit waren spartanisch. Je »Stube« 12-24 Mann, dürftige Spinde und Stühle. Die Wehrpflichtigen mußten auch an den Wochenenden weitgehend in den Kasernen bleiben, die Familien wohnten tausend Kilometer und mehr entfernt. Uns wurde erklärt, daß der Dienst weit vom Heimatort entfernt beabsichtigt sei; die Wehrpflichtigen würden damit einen Beitrag zum Zusammenwachsen des Sowjetvolkes leisten. Unsere Frage, ob sich denn alle Soldaten auf Russisch verständigen könnten, auch wenn sie aus Kasachstan, Kirgisien und der Tatarei kommen, wurde ausweichend beantwortet.

Der Besuch in den Unterkünften zeigte, daß auch hier alles hervorragend vorbereitet worden war. Stuben und Waschräume schienen seit Tagen unbenutzt. Potemkin ließ grüßen. Der Besuch der Ausbildungseinrichtungen vermittelte den Eindruck einfacher, aber zweckmäßiger Ausbildungshilfsmittel – besonders im Vergleich mit unseren High-Tech-Simulatoren. Ein Hauptmann im taktisch-operativen Ausbildungszentrum erklärte die taktische Ausbildung und die Verteidigungslagen – »ausschließlich Verteidigungslagen, Gospodin General«. Er war dann unangenehm überrascht und bekam einen roten Kopf, als ich ihn durch unseren Dolmetscher auf eine übergroße Karte hinwies, auf der eindeutig eine Angriffsoperation dargestellt war. Er entschuldigte sich damit, daß die Umstellung auf die neue Doktrin noch nicht abgeschlossen sei. Es wäre ehrlicher gewesen, wenn er mir, einem Soldaten, gegenüber zugegeben hätte, daß eine Panzerdivision selbstverständlich auch zu einem Gegenangriff fähig sein und daher auch entsprechend ausgebildet werden müsse. War das der Anfang einer neuen Verunsicherung?

Bei den Gesprächen mit den Offizieren im Offizierkasino wurden wir etwas vertrauter. Einige Offiziere berichteten über ihre Zeit in der DDR, für die meisten von ihnen im Grunde eine schöne Zeit. Sie hatten gute Erinnerungen an ihren Aufenthalt in Deutschland, gaben aber auch zu, daß sie mit der deutschen Bevölkerung wenig Berührung gehabt hatten und lediglich anläßlich der deutsch-sowjetischen Freundschaft mit deutschen Bürgern zusammengekommen waren. Das Verhältnis zur NVA beschrieben sie als normal – wobei ich nicht ergründen konnte, was sie unter normal verstanden.

Ich erfuhr erst später, daß die Sowjettruppen in Deutschland vom DDR-Ministerium für Nationale Verteidigung abwärts bis zu den Divisionen auf allen Ebenen Verbindungsorgane eingeteilt hatten, die aber eine Kontrollfunktion ausübten. Wenn die Sowjets konkrete Wünsche an die NVA hatten, übermittelten sie das über die Verbindungsorganisation oder ließen die örtlichen Kommandeure zu sich kommen. Häufig reduzierten sich die Begegnungen auf gemeinsame Veranstaltungen an den Tagen der deutsch-sowjetischen Freundschaft. Dabei wurden große Mengen von Wodka verzehrt, und man versicherte sich wechselseitig der unverbrüchlichen Waffenbrüderschaft. Gemeinsame Übungen gab es nur wenige.

Die Offiziere der NVA sammelten ihre Erfahrungen über die sowjetische Wirklichkeit bei Lehrgängen in Moskau oder an anderen Militärschulen. Wenn sie nach zwei- bis dreijähriger Ausbildungszeit wieder in die DDR zurückkamen, waren sie stolz auf die Verhältnisse im eigenen Land, wo alles so viel besser war – eine bis zur Wende weitverbreitete Auffassung. Später erfuhr ich in Gesprächen mit ehemaligen NVA-Offizieren, daß sie stolz auf die DDR waren, die im Grunde das Musterland des Sozialismus gewesen sei. In allen anderen verbündeten Staaten des Warschauer Paktes ging es der Bevölkerung ja tatsächlich in jeder Hinsicht schlechter. Wie es mit ihnen selber im Verhältnis zur westlichen Welt bestellt war, das erfuhren sie erst nach dem Fall der Mauer.

Zum Abschluß des Besuches bei der Division wurde jedem von uns ein Laib Brot und etwas Salz als Ausdruck sowjetischer oder russischer Gastfreundschaft überreicht – war das persönlich gemeint oder nur eine traditionelle, symbolhafte Geste? Einige wenige der uns begleitenden Journalisten stellten die mindere Qualität des Brots fest und ließen es beim Einsteigen in den Bus einfach auf den Rasen fallen – glücklicherweise merkte das ein deutscher Presseoffizier, sammelte es auf und nahm es mit. War diese Gedankenlosigkeit auch ein Symbol?

Nach einem abschließenden Delegationsgespräch unter Leitung des Bundeskanzlers und des sowjetischen Präsidenten sprach Helmut Kohl auf einer Pressekonferenz davon, daß das Eis gebrochen sei und Gorbatschow 1989 Bonn besuchen werde, um dann gemeinsam einen Vertrag über die gegenseitigen Beziehungen zu unterzeichnen. Beide Zusammentreffen, das von Moskau und das von Bonn, stünden in einem engen Zusammenhang und müßten so gesehen werden.

So flogen wir mit dem Eindruck nach Hause, an einem wichtigen Treffen teilgenommen zu haben. Ob dem Eisbruch auf politischer Ebene auch eine größere Öffnung im militärischen Bereich folgen würde, blieb abzuwarten. Es war die Frage, ob Deutschland im militärischen Bereich überhaupt Spielraum hatte – als geteiltes Land im Herzen Europas mit der größten Militärdichte in der Welt.

Die sicherheitspolitische Entwicklung ab 1988

Das Eis in Moskau war gebrochen, aber die militärischen Fakten blieben unverändert. Noch standen in der DDR gut 350 000 Sowjetsoldaten mit moderner Ausrüstung und Bewaffnung, mit Nuklear- und Chemiewaffen. Die Verhandlungen in Wien über konventionelle Rüstungskontrolle stagnierten, START ging nicht voran; lediglich die Vereinbarungen zu gegenseitigen Manöverbeobachtungen im Rahmen der vertrauens- und sicherheitsbildenden Maßnahmen unter dem Dach der KSZE sowie die damit verbundene frühzeitige Anmeldung von Manövern wurden weiter befolgt. Aber auch hier gab es mit der Sowjetunion und einigen Ostblockstaaten schon heftige Diskussionen und Auseinandersetzungen über rein »protokollarische« Fragen wie die, ob ein Manöverbeobachter sein eigenes Fernglas, einen Kompaß oder gar ein Diktiergerät benutzen dürfe. Diese Fragen wurden von Experten abseits der großen Politik behandelt, sie hatten aber Einfluß auf Klima und Atmosphäre der darauffolgenden Verhandlungen.

Über alle Streitigkeiten hinweg war die Führung der Bundeswehr bereit, Potentiale und Fähigkeiten offen darzulegen, um Vertrauen zu gewinnen und Vorurteile abzubauen. Andererseits mußten wir unsere Fähigkeit zur Verteidigung im Bündnis glaubwürdig erhalten. Für welchen Preis aber konnten wir angesichts der erdrückenden Überlegenheit der Sowjetunion einseitige Vorleistungen bringen? Der Grat zwischen Hoffnung und Risiko war schmal.

Waren die sowjetische Sorge und Vorsicht uns gegenüber begründet aus den Erfahrungen und traumatischen Erlebnissen des Zweiten Weltkrieges, oder wurde diese Erfahrung nur benutzt, um die eigene Überlegenheit auch für die Zukunft zu sichern? Diese Fragen wurden im Bundesministerium der Verteidigung bei der Entwicklung unserer rüstungskontrollpolitischen Ansätze diskutiert. Im Ergebnis beharrten wir mit unseren Alliierten auf einem Gleichgewicht für bestimmte konventionelle Waffensystemkategorien in Gesamteuropa vom Atlantik bis zum Ural zwischen den Mitgliedern der NATO und denen der WVO (Warschauer Vertragsorganisation). Daraus ergab sich die Forderung: »Wer mehr hat, muß mehr abrüsten.« Dies war logisch, erschien so für die Sowjets aber nicht hinnehmbar. Sie verlangten vielmehr, daß auch die Marinestreitkräfte mit ihrer beeindruckenden Fähigkeit zur Power-Projection in die Verhandlungen mit einzubeziehen seien. Das aber war für die USA als transatlantische und maritime Führungsmacht selbstverständlich nicht annehmbar, da sie ihre Schutzfunktion für Europa und eine weltweite Kräftebalance ohne eine starke Marine nicht ausüben konnten. So standen die Zeichen im rüstungskontrollpolitischen und militärischen Bereich auch nach dem Besuch des Bundeskanzlers in Moskau auf Rot.

Hinzu kam, daß die Diskussionen um ein Nachfolgemodell für die Boden-Boden-Rakete Lance unsere Beziehungen zu den Amerikanern und Briten belasteten und in der deutschen Öffentlichkeit zu heftigen, oft emotionalen Auseinandersetzungen führten. Das Bündnis – vor allem die USA und Großbritannien – wollte 1988 über die Entwicklung und Beschaffung eines Nachfolgemodells der Lance entscheiden. Bonn aber bremste und wies darauf hin, daß vorläufig noch keine Notwendigkeit zur Entscheidung bestünde. Die weitere Entwicklung im Warschauer Pakt müsse abgewartet werden.

Auf den Konferenzen der Verteidigungsminister bei der Nuklearen Planungsgruppe und dem NATO-Verteidigungsrat wurden diese Modernisierungsprogramme und die Notwendigkeit der Änderung der NATO-Strategie besprochen. Alle Beteiligten stimmten überein, daß die gemeinsamen Verteidigungsanstrengungen und die Nuklearrüstung auf die Leistungsfähigkeit der militärischen Kapazitäten der Sowjetunion und des Warschauer Pakts einschließlich der DDR bezogen sein müßten. Nach wie vor standen sich also hochgerüstete Bündnisse gegenüber. Der Warschauer Pakt war nicht bereit, seine Überlegenheit durch vertraglich vereinbarte und nachprüfbare Rüstungskontrollschritte abzubauen.

Erst die Rede von Gorbatschow vor den Vereinten Nationen im Dezember 1988 eröffnete endlich eine Perspektive für eine grundlegende Verbesserung der zukünftigen Beziehungen zwischen den Blöcken. Gorbatschow schloß Waffengewalt zur Durchsetzung von Interessen aus und legte sich darauf fest, das internationale Völkerrecht zu achten und sich dem Urteil des Internationalen Gerichtshofes zu unterwerfen. Er kündigte den einseitigen Abzug sowjetischer Truppen und die Verringerung der sowjetischen Streitkräfte an. Das sollte zwar ohne vertragliche Abkommen geschehen und war deshalb nicht nachprüfbar –, immerhin aber verringerte Gorbatschow seine Überlegenheit in einem ersten Schritt. Seine Rede war sensationell, wenn auch abzuwarten blieb, was sie praktisch bedeutete.

Noch zu Beginn des Jahres 1989 konnte die Bundeswehr aufgrund einer Entscheidung der Bundesregierung davon ausgehen, daß die zum 1.6.1989 einberufenen Rekruten achtzehn Monate dienen würden. Die Ausbildungsprogramme und Einstellungsrhythmen waren umgestellt und den Wehrpflichtigen mit dem Dienstantritt ab 1.6.1989 höhere finanzielle Abfindungen zugesagt worden. Die Bundesregierung beschloß jedoch kurzfristig im April 1989 die Aussetzung dieser Entscheidung und die Beibehaltung der 15monatigen Wehrpflicht. Für die Truppe brachte dies eine erneute Umplanung; massive Einschnitte in der Ausbildung und in der Präsenz waren damit notwendig.

Vor diesem militärisch-politischen Hintergrund nahmen nicht alle von uns das Ausmaß und die Vehemenz der Entwicklung in der DDR wahr. Bonn wollte vor allem den Menschen Erleichterung verschaffen und den Druck der Regierung auf die Bevölkerung verringern. Als erste Zeichen einer Klimaänderung im Osten wurde die Abschiebung von verhafteten Dissidenten im Januar 1988 und die Ankündigung einer großzügigeren Handhabung der Reiseregelung, vor allem bei DDR-Bürgern unterhalb des Rentenalters, betrachtet. Honecker erklärte, daß die Zahl von Westreisenden auf 1,4 bis 1,5 Millionen DDR-Bürger pro Jahr steigen werde.

Andererseits spürten Journalisten aus Ost und West gravierende Einschränkungen in der Freiheit ihrer Berichterstattung über die Entwicklungen in Moskau, und führende Politiker und Theoretiker der SED gaben prinzipielle Zurückhaltung gegenüber dem Reformkurs von Gorbatschow zu erkennen. »Die DDR als souveräner sozialistischer Staat benötigt Glasnost und Perestroika nicht, da es keine vergleichbaren Verkrustungen und Defizite wie in der Sowjetunion gibt – dank der Politik der SED.« Der führende Theoretiker der SED, Otto Reinhold, begründete die Unmöglichkeit eines Wandels zur Demokratie in der DDR damit, daß die Errungenschaften des Sozialismus das grundlegende Unterscheidungsmerkmal zum kapitalistischen Westdeutschland seien; eine Aufgabe dieser Errungenschaften bedeute auch eine Aufgabe der eigenen DDR-Identität. Glaubte er wirklich, daß das Volk dieser ideologiebegründeten Argumentation folgen würde?

Die DDR-Regierung tat alles, um ihre Eigenständigkeit als Staat zu unterstreichen. So fand Ende Juni 1988 in Ostberlin auf Einladung von Honecker eine Abrüstungskonferenz über atomwaffenfreie Zonen mit Teilnehmern aus mehr als hundert Staaten statt. Bei dieser Konferenz schlug er die »Einrichtung von Mechanismen zur friedlichen Krisenregulierung und Verhinderung militärischer Zwischenfälle in Mitteleuropa« vor. Die DDR versuchte offensichtlich um jeden Preis, international an Statur zu gewinnen, und ließ dennoch während dieser Konferenz schwere tätliche Angriffe auf westdeutsche Fernsehteams und Journalisten zu. Dies führte zwar zu Protesten und empörten Reaktionen in der Bundesrepublik, hinderte aber die gemeinsame sicherheitspolitische Arbeitsgruppe der SPD und SED nicht, vierzehn Tage später die Schaffung einer »Zone des Vertrauens und der Sicherheit in Zentraleuropa« zu fordern.

Im September 1989 honorierte die Bundesregierung Honeckers neue Reiseregelung mit der Zusage, der DDR von 1990 bis 1999 etwa 10 Milliarden D-Mark für den Transitverkehr einschließlich der Pauschale zu zahlen. Der rigide Kurs der DDR-Regierung blieb davon jedoch unbeeinflußt; offensichtlich hatte man in Ostberlin die Empfindung, daß jedes Entgegenkommen nach außen zu einer weiteren Spannung im Innern führen werde. Tatsächlich verstärkte sich trotz der nun gesetzlich verankerten Möglichkeit von Westreisen der Druck auf die DDR-Regierung zu einer weiteren Ausweitung der Freizügigkeit. Die Menschen wollten sich nicht mehr gängeln lassen und sofort Veränderungen durchsetzen. Der Gorbatschow-Berater Datschischew erklärte im Sommer 1989 in Bonn in einem Hintergrundgespräch, daß die Mauer ein Relikt des kalten Krieges und überholt sei. Erstaunlicherweise berichtete nur eine einzige westdeutsche Zeitung ausführlich über diese revolutionäre Feststellung – und dieser Bericht fand keinen Widerhall.

Honecker war davon ungerührt; er versuchte die Grenze und damit seinen Staat mit der Erklärung zu zementieren, daß die Mauer in Berlin noch fünfzig oder hundert Jahre stehen werde, sofern die Gründe für ihre Errichtung noch so lange weiterbestünden. Offenbar sah er für die Herrschaft der Partei keine andere Chance als die der weiteren Abgrenzung. Der alte starre Mann schien nicht zu sehen, daß er mit solchen Äußerungen seinen Bürgern die Hoffnung auf einen baldigen Wandel nahm und damit die Bereitschaft zur Flucht erhöhte.

In dieser Situation des beginnenden, aber offiziell noch nicht wahrgenommenen Umbruchs befand sich die NVA fest im sozialistischen Lager – sie stand unverändert auf Wacht für den Sozialismus; innere Spannungen und Auseinandersetzungen waren von außen nicht erkennbar. Wir wußten zwar vom Einsatz von Soldaten in der Wirtschaft und dadurch möglichen Einbußen in der Einsatzbereitschaft, aber noch war die NVA das willige und schlagkräftige Instrument in der Hand der politischen Führung. Die Soldaten blieben uns fremd, sie waren keine Nachbarn, denen wir trauen konnten. Sie standen für Menschenrechtsverletzungen, Repressalien durch den SED-Parteiapparat und den Schießbefehl.

Am 1. April 1989 traten die neuen Reisebestimmungen in Kraft. Mit diesen Bestimmungen wurde die geltende Ordnung präzisiert und erweitert. Am 7. Mai fanden in der DDR die Kommunalwahlen statt – mit der üblichen hohen Wahlbeteiligung von über neunzig Prozent. Aber die Wahl brachte auch Überraschungen für das Regime: Von den etwa 12,5 Millionen Wahlberechtigten stimmten dem amtlichen Endergebnis zufolge fast 12,2 Millionen für die aufgestellten Kandidaten. Die staatliche

Einheitsliste erhielt damit die meisten Gegenstimmen seit Bestehen der DDR – und dennoch zweifelte eine Reihe oppositioneller Gruppen das Ergebnis an. Ganz offen wurde von Wahlfälschung gesprochen. Waren das schon die Zeichen an der Wand?

In der Bundesrepublik beschäftigte man sich indessen mit den Ladenschlußzeiten, dem Dienstleistungsabend, dem Familienlastenausgleich oder auch der Quellensteuer. Auch bei uns schien man nicht zu bemerken, daß die DDR in ihren Grundfesten wankte. Aus Kirchenkreisen in Ostberlin wurde Ende Mai bekannt, daß mindestens zwölf Bürger beim Generalstaatsanwalt der DDR Strafanzeigen wegen vermuteter Wahlverletzung gestellt hatten. Die Einsprüche gegen das Wahlergebnis häuften sich, der Widerspruchsgeist in der Bevölkerung nahm zu. Die Führung der SED aber gab sich unbeeindruckt; der Präsident der Volkskammer, Sindermann, verteidigte den Sozialismus der DDR und lehnte Reformen wie in Polen und Ungarn ab. Das DDR-System bedürfe keiner Reformen.

Weitere Demonstrationen gegen die Kommunalwahlen durch Kirchengruppen wurden von starken Kräften der Staatssicherheit und Polizei verhindert. Auch der Staatsbesuch von Gorbatschow Mitte Juni in Bonn, die unverkennbare Annäherung der beiden Regierungen, brachten die SED nicht zu einer Auflockerung ihrer starren Position; die DDR isolierte sich jetzt zunehmend im Ostblock, aber sie wollte es nicht wahrhaben. Die gemeinsame Erklärung von Helmut Kohl und Präsident Gorbatschow am 13. 6. 89 zu den Menschenrechten, dem Selbstbestimmungsrecht der Völker, zur freien Wahl des politischen und gesellschaftlichen Systems und zur Überwindung der Trennung Europas sowie der Grundlagenvertrag schienen an ihr vorbeizugehen. Honecker kündigte lediglich eine Humanisierung im System der Grenzüberwachung an; jetzt durften Grenzsoldaten nur noch zur Selbstverteidigung und auf desertierende Angehörige der bewaffneten Organe schießen.

Ende Juni war unübersehbar, daß die Zahl der Übersiedler drastisch zunahm. Im ersten Halbjahr waren bereits 30 000 Deutsche legal aus der DDR ausgereist, und bis zum Ende des Jahres rechnete die Bundesregierung mit 80 000. Der Strom an Übersiedlern wuchs ebenso an wie die Zahl von Botschaftsflüchtlingen, die sich mit einer Flucht in die deutschen Botschaften in Prag, Budapest und Warschau auf eigene Faust die Freiheit verschaffen wollten. Die ungarische Regierung versicherte, keinen Deutschen gegen seinen Willen in die DDR zurückzuschicken, woraufhin in Budapest ein drittes Auffanglager für Deutsche eingerichtet werden mußte. Die Zahl der Flüchtlinge vermehrte sich ebenso wie die der Demonstranten in Leipzig. Am 10. September erlaubte die ungarische Regierung 6000 Deutschen die Ausreise in die Bundesrepublik Deutschland. Das perfekte, nach Westen fast unüberwindbare Sperrsystem war für unsere Landsleute über ein Land im Osten geöffnet worden und damit nicht mehr zu schließen oder zu reparieren. Ungarn wurde für viele das Land der Hoffnung. Das sollte sich als der Dammbruch erweisen. War es der Anfang vom Ende der DDR?

In der ganzen DDR bildeten sich über Nacht Bürgerbewegungen, die eine demokratische Erneuerung erzwingen wollten. Das DDR-Innenministerium verweigerte jedoch noch die Anerkennung des »Neuen Forums«, das sich in elf der fünfzehn Bezirkshauptstädte angemeldet hatte. Am 25.9. kam es in Leipzig zur bislang größten Demonstration mit 8000 Teilnehmern, die vor allem die Zulassung des »Neuen Forums«, dann aber ganz allgemein Menschenrechte, Meinungs- und Versammlungsfreiheit und die Entlassung der Inhaftierten der vorangegangenen Friedensandachten forderten. Fünfzig Personen wurden festgenommen, aber es zeigte sich schnell, daß die Entwicklung so nicht mehr aufzufangen war. Schon am 2.10. marschierten in Leipzig 8000 bis 10000 Menschen durch die Stadt und forderten die Zulassung des »Neuen Forums«.

Währenddessen beging die DDR-Führung am 7. und 8. Oktober das 40jährige Staatsjubiläum mit Delegationen aus allen Ostblockländern, wobei sie sich durch starke Sicherheitskräfte abschirmen lassen mußte, die mit brutaler Härte gegen demonstrierende Bürger vorgingen. Ein »Staatsfest« im Schutz von Polizei und Militär. Gorbatschow ermunterte in seiner Rede zum 40. Jahrestag der DDR die Führung zu Veränderungen und Reformen, zur Zusammenarbeit mit allen demokratischen Gruppierungen. Dann ging alles sehr schnell. Zehn Tage später, am 18.10., trat Erich Honecker zurück, und der schon lange als ›Kronprinz‹ gehandelte Nachfolger Egon Krenz übernahm seine Partei- und Staatsämter. Viele alte Funktionäre wurden entlassen oder traten freiwillig zurück, jedem Bürger wurde eine jährliche Reise bis zu dreißig Tagen in den Westen erlaubt. Überall bröckelte das System. Selbst freie Wahlen wurden in Aussicht gestellt. Aber jetzt kam alles zu spät, die Lawine war nicht mehr aufzuhalten. Am 9.11. mußten die Grenzen nach Westen und die Mauer geöffnet werden, die Bewohner der DDR durften ohne Formalitäten ins »Ausland« reisen, zum ersten Mal seit dem Mauerbau vor fast drei Jahrzehnten. Noch versuchte die SED in der DDR zu retten, was zu retten war; Reformen sollten sehr schnell beginnen, und Krenz erklärte, daß die SED auf ihr Machtmonopol verzichten wolle: »Eine solche Position kann man nicht festschreiben, sondern muß sie sich erarbeiten.« Aber die Ereignisse beschleunigten sich weiter. Am 18.3.1990 fanden die ersten freien Wahlen in der DDR statt, gegen alle Erwartungen wurde die CDU zur stärksten Partei, und Lothar de Maizière bildete die Regierung, der Bürgerrechtler und Pastor Rainer Eppelmann wurde Minister für Abrüstung und Verteidigung. Er sollte wenig später einer unserer wichtigsten Gesprächspartner sein. Aber noch standen die sowjetischen Truppen unverändert und aus alten Siegerrechten begründet in der DDR.

Mit dem Fall der Mauer richteten sich die Blicke der NATO-Partner auf Deutschland, und man stellte uns besorgte Fragen. Es galt jetzt, im Westen nicht den geringsten Zweifel an unserer Bündnistreue und Zuverlässigkeit aufkommen zu lassen, zugleich aber die Öffnung gegenüber dem Osten energisch voranzutreiben.

Um eine gemeinsame Standortbestimmung vorzunehmen, flog ich zusammen mit dem zuständigen Staatssekretär und dem Stabsabteilungsleiter Militärpolitik kurz vor Weihnachten nach Washington. In den dortigen Besprechungen mit den Sicherheitspolitikern des Pentagon beurteilten wir die Entwicklung im Osten positiv, hielten einen Rückfall in die Konfrontation für sehr unwahrscheinlich und versuchten, mögliche militärische Risiken der wirtschaftlichen Entwicklung und ethnischen Spannungen in Osteuropa abzuschätzen. Aber niemand sah sich in der Lage, schon zu diesem Zeitpunkt einen radikalen Wechsel unserer Strategie und eine Umgruppierung der Streitkräfte vorzuschlagen. Noch hielt man an der Entwicklung des Folgemodells der nuklearen Kurzstreckenrakete Lance und an der Vorneverteidigung fest, noch sollte es weiterhin Tiefflüge geben, wenngleich abzusehen war, daß es immer schwerer werden würde, deren militärische Notwendigkeit angesichts eines zerbröckelnden Warschauer Paktes in der Öffentlichkeit zu begründen.

Über kurz oder lang aber mußte die veränderte Weltlage Einfluß auf die NATO-Strategie und die künftigen Aufgaben der Allianz haben. Das warf eine ganze Reihe von Problemen auf. Vor allem beschäftigte uns die Frage, welchen militärischen Herausforderungen wir gegenüberstehen würden, wenn die deutsche Einheit schneller als erwartet käme. Was sollte dann mit der NVA geschehen? Wie viele amerikanische Soldaten könnten in Deutschland stationiert bleiben, wenn die sowjetischen Truppen eines Tages abziehen würden? Und konnte die integrierte grenznahe Vorneverteidigung noch beibehalten werden, wenn die osteuropäischen Länder zu freiheitlich-demokratischen Staaten wurden? Mußte schließlich nicht auch die Bundeswehr zahlenmäßig weit mehr verringert werden als um die 75 000 bis 95 000 Soldaten, wie es bisher ohnehin schon vorgesehen war?

Diese Fragen mit allen ihren nationalen und internationalen Konsequenzen sollten uns in den nächsten Monaten erheblich beschäftigen und unsere Planungen entscheidend beeinflussen. Daß sie im Außenministerium als »nachgeordnete Fachfragen« eingeschätzt wurden, die übergeordneten Interessen und den Hoffnungen auf eine baldige Einheit Deutschlands unterzuordnen seien, drohte das natürliche Spannungsverhältnis zwischen Außen- und Verteidigungsminister zu verschärfen, das aufgrund der unterschiedlichen Aufgabenstellung latent bestand.

Die unterschiedlichen Auffassungen sollten gleich zu Beginn des neuen Jahres deutlich werden. Aus Interviews und Reden Genschers ging hervor, daß er eine Stationierung der Bundeswehr auf dem Territorium der DDR ebenso ausschloß wie eine Ausdehnung der NATO-Jurisdiktion über die gegenwärtigen Gebiete hinaus. »Wer die Grenze der NATO bis zur Oder und Neiße ausdehnen will«, erklärte Genscher in einem Interview mit Bild am Sonntag am 28. Januar 1990, »schlägt die Tür zu für ein geeintes Deutschland. Unser Verbleib in der NATO dagegen ist unbestritten.«

Das war in der Bundesregierung nicht abgestimmt worden und ließ den künftigen Sicherheitsstatus des geeinten Deutschlands völlig ungeklärt. Sollte der Westen in Zukunft unter dem Schutz der NATO stehen, der Osten hingegen nicht? Bedeutete das nicht die Gefahr einer neuen Zweiteilung? Hinzu kamen die berechtigten Fragen der Alliierten an den Verteidigungsminister, wie diese Vorstellung überhaupt in die Praxis umgesetzt werden sollte.

Aber auch während der Wehrkundetagung Anfang Februar 1990 gab außer Minister Stoltenberg keiner der Deutschen ein klares Bekenntnis zur NATO-Mitgliedschaft Deutschlands ab. Für besondere Unruhe sorgte Egon Bahr mit seiner Feststellung: »Ein vereinigtes Deutschland und die Mitgliedschaft in der NATO schließen sich aus.« Die amerikanischen Senatoren erklärten sehr unmißverständlich ihre Position: Ohne Deutschland werde es keine NATO geben, ohne NATO aber keine US-Truppen in Europa und keine Nukleargarantie für Deutschland mehr. Die Fragen der Verbündeten waren sehr ernst; sie hatten die Sorge, daß ein vereinigtes Deutschland die NATO spalten und damit in den USA die Tendenzen zum Isolationismus und zur Abkoppelung begünstigen könnte. Deshalb wollten sie von uns ein klares und unmißverständliches Bekenntnis zur NATO als der Grundlage für die europäische und die deutsche Sicherheit. Konnte die deutsche Einheit zum Sprengstoff für die NATO werden?

Angesichts dieser Unsicherheit entschloß sich Gerhard Stoltenberg Mitte Februar, die Position des Verteidigungsministeriums in einer Pressekonferenz unmißverständlich klarzumachen. Die Bundesregierung habe gegenüber allen Deutschen eine Schutzverpflichtung zu beachten, die unteilbar sei und nach der Einheit auch für Gesamtdeutschland gelte. Es sei im Interesse der Bundesrepublik, daß die Artikel 5 und 6 des NATO-Vertrages bekräftigt würden und künftig für das gesamte Territorium Deutschlands in Geltung träten. Deutschland bleibe in der militärischen Integration und verpflichte sich, keine integrierten Kommandobehörden oder assignierten Truppenteile auf dem Territorium der ehemaligen DDR zu stationieren, wobei dieses Gebiet jedoch nicht entmilitarisiert werde. Der NATO-Schutz gelte für das gesamte Staatsgebiet des vereinigten Deutschlands. Diese Äußerungen von Gerhard Stoltenberg führten zu heftigen Auseinandersetzungen mit Teilen der FDP und zu dem Vorwurf, Stoltenberg zündele an der deutschen Einheit.

Die öffentliche Diskussion wurde schließlich mit einer gemeinsamen Erklärung der beiden Minister über die bis dahin unterschiedlichen Positionen beendet. Darin war festgehalten, daß keine der »NATO-assignierten und nicht assignierten Streitkräfte der Bundeswehr« künftig auf dem Gebiet der DDR stationiert werden sollten. Die auf Intervention des Bundeskanzlers erfolgte Ministererklärung legte ferner fest, daß die DDR nicht demilitarisiert werden sollte, schloß jedoch die Verlegung geschlossener Bundeswehrverbände in das Gebiet der DDR vorerst aus. Einer künftigen gesamtdeutschen Regierung wurde aber nicht verwehrt, die personelle Zusammensetzung gesamtdeutscher Streitkräfte und die Besetzung der Dienstposten selbständig zu entscheiden. Damit wurde es uns möglich, nach einer Vereinigung die Zahl der Soldaten zu bestimmen, die wir von der ehemaligen NVA übernehmen wollten.

Die ersten Gespräche mit der DDR-Führung

Nach den demokratischen Wahlen in der DDR und der Regierungsbildung durch Lothar de Maizière war Pastor Eppelmann Minister für Abrüstung und Verteidigung geworden. Er war bereit, möglichst schnell zu einem Gespräch mit seinem bundesdeutschen Kollegen zusammenzukommen, legte aber Wert darauf, daß dies nicht auf der Hardthöhe, sondern auf neutralem Gebiet geschehe. So kam das Treffen der beiden Minister am 27. April 1990 im Hotel Holiday Inn am Kölner Flughafen zustande – die erste Begegnung zweier deutscher Verteidigungsminister seit Gründung der beiden Staaten. Jetzt gab es auch keinen Schießbefehl mehr.

Während Stoltenberg und Eppelmann ein langes und ausführliches Gespräch unter vier Augen führten, trafen die beiden Delegationen zusammen, um allgemeine Fragen zu erörtern. Zu unserer Überraschung dankte der Parlamentarische Staatssekretär von Minister Eppelmann, Dr. Wiczorek, zu Beginn unseres Gesprächs Generalleutnant Grätz und den anderen Offizieren dafür, das Eingreifen der Armee in der gefährlichen Zeit des Umbruchs verhindert zu haben. Sie hätten daher das Vertrauen der neuen Regierung, und wir könnten offen miteinander sprechen. Doch für uns aus dem Westen war das keineswegs selbstverständlich. Bisher war nicht erkennbar, daß sich auch in der NVA eine demokratische Wende vollzogen hatte, die notwendige Selbstkritik geübt wurde und die Bereitschaft zur Selbstreinigung vorhanden war. Der Chef der NVA war jetzt der frühere Verteidigungsminister der DDR, Admiral Hoffmann, es hatte keinen sichtbaren personellen Wechsel in der militärischen Führung gegeben. In den Delegationsgesprächen wurde dieses Thema vermieden. Der Weg von einer Parteiarmee zur Streitkraft eines demokratischen Staates war offensichtlich noch nicht ernsthaft eingeschlagen worden. Die friedliche Revolution ging mit den Streitkräften des untergegangenen SED-Staates friedlich um und tastete sie im Kern nicht an. Aber konnte ein echter Neuanfang mit den alten »Berufskadern« vollzogen werden? Mir erschien das zweifelhaft.

Auch was das grundsätzliche Verständnis gemeinsamer deutscher Interessen anlangte, gab es recht unterschiedliche Auffassungen. Eppelmann und seine Begleitung sahen zwischen NATO und Warschauer Pakt keine wesentlichen Unterschiede. Sie hatten die Hoffnung, daß die beiden Bündnisse in den KSZE-Prozeß übergehen oder in irgendeinem nicht näher definierten europäischen Sicherheitssystem aufgehen würden und die DDR dabei eine Brückenfunktion zwischen Ost und West übernehmen könnte. Unsere Auffassung, daß Deutschland auch in Zukunft in der NATO bleiben müsse, daß nicht die NATO, wohl aber der Warschauer Pakt seine Existenzberechtigung verloren habe, stieß auf Unverständnis. Ebensowenig Zustimmung fand der Gedanke an den Verbleib der US-Truppen im Gegensatz zum Abzug der sowjetischen Truppen in unserem Land. Von der Bedeutung der Vereinigten Staaten und der Präsenz ihrer Truppen für die europäische und deutsche Sicherheit waren unsere Gesprächspartner noch nicht zu überzeugen.

Deshalb wartete ich mit einer gewissen Spannung auf die Rede Eppelmanns, die er am 2. Mai vor der ersten von ihm geführten Kommandeurtagung der NVA halten sollte. Er erklärte, daß die Einheit Deutschlands das Ziel der Regierung de Maizière sei, daß es aber auch nach der Vereinigung auf dem Gebiet der DDR eine zweite deutsche Armee geben werde, die in kein Militärbündnis integriert sei, eigene territoriale Sicherungsfunktionen ausüben werde und dementsprechend strukturiert, ausgerüstet und ausgebildet werden müsse. »Was die NVA betrifft«, ließ Eppelmann wissen, »so wird sie nach meiner Überzeugung so lange weiterbestehen, wie in Europa zwei Militärbündnisse, die NATO und der Warschauer Vertrag, existieren.« Von der Rolle der Armee im alten Regime, von ihrer SED-Vergangenheit und eventuellen personellen Konsequenzen sprach Eppelmann auch diesmal nicht. Lediglich von einer Militärreform war die Rede; daß die innere Ordnung umzugestalten und demokratische, rechtsstaatliche Grundsätze durchzusetzen seien – jedoch mit dem unveränderten Personalbestand.

Auf der nachfolgenden Tagung am 23. Mai 1990 konnte Admiral Hoffmann, der neue Chef der NVA, dann sein Verständnis vom Warschauer Vertrag und der NVA erläutern: »Ich bin überzeugt, daß auch die anderen Länder des Warschauer Vertrages alles tun werden, um den Warschauer Vertrag zu festigen und die Umwandlung zu einem politisch-militärischen Bündnis zu erreichen. Ich persönlich bin der Meinung, solange wir Mitglied des Warschauer Vertrages sind, sollten auch unsere Republik und wir als Militärs alles tun, um den Warschauer Vertrag zu festigen. Der Warschauer Vertrag gehört zu den Sicherheitsstrukturen, die sich in Europa herausgebildet haben. Er steht für Sicherheit und Frieden in Europa. Das heißt, die NVA hat in diesen Strukturen ihren festen Platz und kann stolz darauf sein, daß wir einen großen Beitrag für die Erhaltung des Friedens geleistet haben. Keiner von uns möchte diese Mitgliedschaft missen. Wir haben dort viele Freunde und unsere politische und militärische Heimat. Deshalb wollen wir alles in unseren

Kräften Stehende tun, um die gestellten Aufgaben zuverlässig zu erfüllen.«

Am 28. Mai fand das nächste Gespräch mit Minister Eppelmann in Strausberg – dem Sitz seines Ministeriums – statt. Wir wurden in Westberlin vom Hotel abgeholt. Aufgrund des Viermächtestatus durfte ich in Berlin keine Uniform tragen, so daß ich an der ersten Besprechung im Osten in Zivil teilnahm, was zu irritierten Nachfragen führte. Die Besprechung fand im Sitzungssaal des Ministeriums im Beisein der Staatssekretäre, des Chefs der NVA und deren Mitarbeiter statt. Auf unseren Tischen lagen in Leder gebundene Schreibmappen mit dem Staatswappen der DDR und der Aufschrift »Für den Schutz der Arbeiter- und Bauernmacht«. Drei Tage später wurden die Staatswappen von den öffentlichen Gebäuden entfernt.

Erneut wurde klar, daß Admiral Hoffmann als Chef der NVA darauf setzte, den Warschauer Pakt als »stabilisierendes Element« möglichst lange zu erhalten und für die NVA in diesem Zusammenhang eine Brückenfunktion zwischen Ost und West festzuschreiben. Die NVA könne ihre Erfahrungen aus der Zusammenarbeit mit den Sowjets und den osteuropäischen Nachbarn zum Wohle Deutschlands einbringen. Dieser These stimmte auch Minister Eppelmann zu. Politische Leitung und die militärische Führung der NVA schienen das gemeinsame Interesse zu verfolgen, die NVA zunächst zu erhalten und langfristig beide Blöcke – NATO und Warschauer Pakt – zugunsten eines undefinierten europäischen Sicherheitssystems zu überwinden. Das Offizierskorps der NVA glaubte, in eine gesicherte Zukunft zu sehen. Es gab keine erkennbare Selbstreinigung der NVA; die alten Führungskader wurden von einer demokratischen, aus einer friedlichen Revolution hervorgegangenen Regierung nachträglich bestätigt und umgingen damit selbstkritische Auseinandersetzungen mit dem Staat, der Partei und dem System, dem sie dienten. Erfahrungen mit früheren Selbstreinigungsprozessen in der Staatspartei nutzten hier wohl wenig.

Die Besprechung endete mit der Unterzeichnung einer Rahmenrichtlinie für dienstliche und außerdienstliche Kontakte zwischen Bundeswehr und NVA sowie der Zusage, im September die Gespräche unter Berücksichtigung der bis dahin gesammelten Erfahrungen fortzusetzen. In Zukunft sollte es gegenseitige Besuche unter den Soldaten und damit engere Kontakte beider Seiten geben – aber behutsam, um weder die Alliierten noch die Sowjets zu überfordern.

Auf der Kommandeurtagung der Bundeswehr am 13. Juni 1990 ergriff Minister Stoltenberg die Gelegenheit, auch zu der Frage künftiger deutscher Streitkräfte einige Grundlinien deutlich zu machen. Nach einem

Überblick über den aktuellen Stand der Arbeiten im Bündnis und der Entwicklung der KSZE erklärte er, daß das bewährte westliche Sicherheits- und Wirtschaftssystem von NATO und EG durch Strukturen kooperativer, übergreifender Sicherheit für ganz Europa ergänzt werden müsse. Deutschland sei auch in Zukunft auf die Integration deutscher Streitkräfte auf dem Territorium der heutigen Bundesrepublik in der NATO-Struktur angewiesen, die Schutzgarantie des Bündnisses müsse aber für ganz Deutschland gelten. Die Verbände auf dem Gebiet der DDR müßten deshalb künftig als Teil einer umfassenden Territorialorganisation neu strukturiert werden. Das Ziel sei, im vereinigten Deutschland nach einer kurzen Übergangszeit zu einer deutschen Armee zu kommen. Bis dahin, so schlug Stoltenberg vor, sollten die aufgenommenen politischen und fachlichen Kontakte fortgeführt werden – auch in Begegnungen zwischen Soldaten und zivilen Mitarbeitern. Das Selbstverständnis der Bundeswehr als einer Streitkraft in einer parlamentarischen Demokratie, aber auch die Erfahrungen in Organisation, Innerer Führung und Ausbildung würden dabei übermittelt werden.

Der Minister unterstrich nachdrücklich, daß diese deutsche Armee sich auch in Zukunft an den Prinzipien unserer Verfassung auszurichten hätte. »Mit der Konzeption der Inneren Führung sind die Leitlinien vorgegeben, an denen sich der Aufbau künftiger gesamtdeutscher Streitkräfte orientieren muß.« Damit war klargestellt, daß jeder Angehörige der NVA mit seiner SED-Vergangenheit brechen und sich mit unserem Grundgesetz identifizieren mußte, wenn er bei der Bundeswehr bleiben wollte.

Stoltenbergs Vorgaben hatten keinen Zweifel darüber gelassen, daß die NVA im vereinten Deutschland nicht mehr fortbestehen konnte. Einzelheiten des Übergangs und des Umfangs künftiger deutscher Streitkräfte mußten noch erarbeitet werden. Zunächst aber galt es, Aufbau und Größenordnung der künftig auf dem Staatsgebiet der DDR zu stationierenden Truppenteile zu entwickeln.

Inzwischen war deutlich geworden, daß es nach den dramatischen Veränderungen in den Staaten des Warschauer Pakts, den Rüstungskontrollvereinbarungen und der Verringerung der sowjetischen Streitkräfte in Europa keine zwingende operative Notwendigkeit für den jetzigen Umfang der Bundeswehr gab. In der Bundesregierung wurde daher Anfang Juli über die Frage des künftigen Umfangs der Streitkräfte abgestimmt und beim Treffen des Bundeskanzlers mit Gorbatschow im Kaukasus entschieden, daß das vereinte Deutschland ab 1995 370 000 Soldaten statt der bisherigen 495 000 Soldaten der Bundeswehr und 175 000 der NVA haben sollte.

Schon vor dem Treffen im Kaukasus hatte sich eine Arbeitsgruppe des Planungsstabes eingehend mit diesen Fragen befaßt und Anfang Juli dann vorgeschlagen, die Verbände und Einrichtungen der NVA zunächst als Einheiten der Bundeswehr zu übernehmen, sie schrittweise aufzulösen, um dann neue, gemischte Truppenteile nach Bundeswehrkriterien aufzustellen. Bis Ende 1994, dem endgültigen Abzug der Sowjetarmee, sollten diese Einheiten aber nur unter deutschem Kommando stehen; es durfte keine Verknüpfung mit NATO-Strukturen geben.

Um von Anfang an eine einheitliche Führung aller Streitkräfte durch den Inhaber der Befehls- und Kommandogewalt zu gewährleisten, mußte natürlich auch das Ministerium für Abrüstung und Verteidigung aufgelöst werden. Für eine Übergangszeit sollte ein gemeinsames Bundeswehrkommando eingerichtet werden, das einen Teil der militärischen Aufgaben des Ministeriums für Abrüstung und Verteidigung übernahm, eine einheitliche Führung gewährleistete, die Auflösung der Land-, Luft- und Seestreitkräfte nach den gleichen Kriterien vorantrieb und den Aufbau neuer Truppenteile der drei Teilstreitkräfte begann. Danach sollte das Bundeswehrkommando aufgelöst und die Verantwortung den Inspekteuren der Teilstreitkräfte übertragen werden. Die zivilen Aufgaben des Ministeriums für Abrüstung und Verteidigung sollten – soweit erforderlich – von der Außenstelle des Bundesministeriums für Verteidigung fortgeführt oder der neu aufzustellenden Wehrbereichsverwaltung VII übertragen werden.

In der DDR wußte man offensichtlich nur wenig von diesen Planungen – oder glaubte sie nicht. Mitte Juli meldete sich Minister Eppelmann noch einmal zu Wort und wies erneut darauf hin, daß es auch nach der Einheit Deutschlands auf dem Gebiet der DDR eine selbständige Armee, die NVA, wenn auch in verkleinertem Umfang, geben werde. Sie könne von einem dem Ministerium unterstellten oder einem mit den neuen Ländern verknüpften »Organ« geführt werden. Sogar neue Uniformen wurden schon dafür entworfen.

Am 20. Juli – fünf Tage nach der Übereinkunft zwischen Bundeskanzler Kohl und Präsident Gorbatschow über den Umfang künftiger deutscher Streitkräfte von 370 000 Soldaten, dem Abzug sowjetischer Truppen bis Ende 1994, der NATO-Mitgliedschaft und der Einheit Deutschlands – wurden die Berufs- und Zeitsoldaten der NVA neu vereidigt. Mit einem militärischen Zeremoniell gedachte man der Männer des Widerstands im Zweiten Weltkrieg. Minister Eppelmann dankte den Offizieren der NVA, daß sie 1989 »chinesische Verhältnisse« verhindert hätten und wies auf Parallelen zwischen dem 20. Juli 1944 und dem November

1989 hin. Der 20. Juli mahne die NVA-Soldaten, »sich zu den neuen verfassungsmäßigen Verhältnissen und einer demokratischen, menschenwürdigen, politisch-gesellschaftlichen Ordnung zu bekennen.«

Der neue Fahneneid auf die DDR war von der Volkskammer schon vor geraumer Zeit, am 26. April 1990, beschlossen worden, um die sozialistische Eidesformel abzulösen. Aber so verständlich das auch war, die neue Vereidigung war sowohl in der NVA als auch in der Bundeswehr umstritten. Wurde hier nicht eine Armee, die noch nicht einmal Rechenschaft über ihre Vergangenheit abgelegt hatte, durch die Verbindung zum 20. Juli zu einer Armee des Widerstandes stilisiert? Zudem war doch vorhersehbar – wenn auch offenbar noch nicht allen bewußt –, daß diese Armee nicht mehr lange Bestand haben würde.

Aber während die NVA-Führung noch an der Zweiarmeentheorie in einem Staat festhielt und dies auch gegenüber den Soldaten vertrat, wurde die Truppe durch Meldungen westdeutscher Zeitungen über die bevorstehende Auflösung der NVA verunsichert. In einer internen Dienstbesprechung im Ministerium für Abrüstung und Verteidigung Anfang Juli 1990 wies der Chef des Hauptstabes diese Berichte zurück und vertrat weiterhin die These von zwei Armeen in einem Land, wies allerdings auch auf die Problematik einer solchen Lösung hin. Daß ein namhafter Journalist die personelle Überprüfung der NVA-Berufssoldaten im Hinblick auf ihre Vergangenheit gefordert hatte, stieß jedoch auf empörte Ablehnung: Der Kommentator, so hieß es, beweise damit sein mangelhaftes Demokratieverständnis.

Insgesamt gesehen waren die militärisch Verantwortlichen jedoch entschlossen, ungeachtet der zahllosen Schwierigkeiten, der angespannten psychologischen Situation und der fehlenden konkreten Anweisungen alles zu unternehmen, um in der NVA für Ruhe und Besonnenheit zu sorgen und unbedachte, unkalkulierbare Reaktionen zu verhindern. »Wir haben den Herbst 1989 gewaltfrei überstanden«, führte der Chef des Hauptstabes der NVA laut Protokoll einer Dienstbesprechung im Juli aus, »wir haben sehr kritische Tage in der ersten Januarhälfte 1990 ebenfalls gewaltfrei überstanden, und wir sollten es als unsere gemeinsame Pflicht betrachten, auch die sich nunmehr anbahnende kritische Phase gewaltfrei zu überstehen. Es wäre sicher nichts tragischer, als wenn in dieser Situation durch unbedachte, unbesonnene Handlungen der einen oder anderen Gruppe von Soldaten in dem einen oder anderen Standort Situationen heraufbeschworen würden, die außer Kontrolle geraten. Die NVA ist nicht vergleichbar mit anderen Berufsgruppen, die unter Ausnutzung ihrer spezifischen Tätigkeitsmerkmale demonstrieren können. Das, was sich die Müllfahrer in Berlin mit ihren Fahrzeugen leisten können, kann sich die NVA mit ihren Panzern nicht leisten. Die Auswirkungen wären furchtbar, man muß das so eindeutig sagen.«

Diese Haltung hat die NVA trotz unklarer und zum Teil widersprüchlicher Informationen bis zu ihrer Auflösung durchgehalten – eine Leistung, die hoch angerechnet werden muß. Ob das allerdings der Einsicht in die Notwendigkeit einer grundlegenden Umgestaltung der sozialistischen Ordnung hin zu einem demokratischen Rechtsstaat entsprang oder auf der pragmatischen Einschätzung beruhte, daß die NVA die Revolution und den friedlichen Wandel nicht mehr mit ihren Mitteln beeinflussen könne, muß dahingestellt bleiben. Gewiß gab es unterschiedliche Motive, das Ergebnis aber war letzten Endes dasselbe: Die NVA blieb bis zuletzt eine kontrollierte und berechenbare Streitkraft. Manchem Vorgesetzten mag es schwer geworden sein, zur Auflösung der eigenen Armee beizutragen, vielleicht aber sah der eine oder andere darin auch die Chance, sich zu bewähren und sich damit für den Dienst in der Bundeswehr zu qualifizieren.

Am 10. August trafen die beiden Minister wiederum zusammen, und Eppelmann stimmte dem Vorschlag Stoltenbergs zu, eine zivile und militärische Verbindungsgruppe von Bonn nach Strausberg zu entsenden, um die Voraussetzungen und Informationen für die Planung gesamtdeutscher Streitkräfte zu verbessern. Nur wenige Tage später nahmen diese Verbindungsgruppen ihre Tätigkeit auf. Die Zeit drängte, nur noch zwei Monate blieben bis zur Einheit Deutschlands. Im Ministerium wurde in allen Abteilungen mit Hochdruck daran gearbeitet, die ministeriellen Weisungen in die Praxis umzusetzen.

Inzwischen hatte sich die Krise am Golf zugespitzt, und ein deutscher Minensucherverband war ins östliche Mittelmeer verlegt worden, um dort amerikanische Kräfte für den Einsatz im Golf freizumachen. Im Parlament und in den Parteien wurden Forderungen nach internationalen Einsätzen der Bundeswehr auch außerhalb des NATO-Vertragsgebiets laut; andere Stimmen plädierten für die Bildung einer europäischen Friedenstruppe mit Beteiligung der Bundeswehr. Erst Ende August wurden die Diskussionen nach einer Serie von Gesprächen auf Regierungs- und Parlamentsebene beendet. Zwischen Regierung und Opposition herrschte Einvernehmen, daß ein Einsatz der Bundeswehr außerhalb des NATO-Vertragsgebiets erst nach einer klarstellenden Verfassungsergänzung möglich sein würde.

In dieser politisch bewegten Phase stellte ich mich innerlich darauf ein, meine Aufgabe als Leiter des Planungsstabes des Ministers zum 1. Oktober 1990 abzugeben und in Koblenz die Aufgabe als Kommandierender General des III. Korps zu übernehmen. Aber es kam anders als geplant.

Am 14. August eröffnete mir Gerhard Stoltenberg in einem sehr persönlichen Gespräch seine Absicht, mir die Aufgabe des Befehlshabers Bundeswehr-Kommando Ost zu übertragen; er sehe diese Aufgabe als besonders schwierig und politisch brisant an und wolle mich damit beauftragen, da ich über die notwendigen Erfahrungen im ministeriellen und politischen Bereich verfügen und als Leiter seines Planungsstabes die Hintergründe am besten kennen würde. Seiner Auffassung nach sei ich der geeignete Mann. Obwohl ich ahnte, welche Schwierigkeiten auf mich zukommen würden, gab ich meine Zusage: »Herr Minister, ich übernehme diese Aufgabe mit heißem Herzen und kaltem Verstand. Ich kehre mit Freude in meine alte Heimat, in die Nähe meines Geburtsortes zurück.«

Mir war bewußt, was für eine wichtige und herausfordernde, aber auch risikoreiche Aufgabe ich damit übernommen hatte. Ich war jetzt dafür verantwortlich geworden, daß das von uns entwickelte Konzept zur Auflösung der NVA in die Tat umgesetzt wurde, und konnte damit einen entscheidenden Beitrag zum Aufbau gemeinsamer deutscher Streitkräfte leisten. Würde ich als oberster Vorgesetzter versagen, könnte dies fatale Folgen haben – bis hin zu jenen Meutereien, die in verschiedenen Szenarien immer wieder durchgespielt wurden. Es war nicht einmal auszuschließen, daß die RAF oder versprengte Mitglieder der Staatssicherheit die Gelegenheit nützen würden, durch Anschläge und Attentate die krisenhafte Lage zu verschärfen.

Nach intensiven Diskussionen im militärischen Führungsrat und dem Kollegium des Verteidigungsministers, der Staatssekretäre und des Generalinspekteurs traf der Minister die Grundentscheidungen, über die wir dringend Klarheit brauchten:

1. Die NVA hört auf zu bestehen, und die Soldaten der ehemaligen NVA werden ab 15. Oktober, dem (ursprünglich) vorgesehenen Tag der deutschen Einheit, vorläufig Soldaten der Bundeswehr mit den Pflichten nach dem Soldatengesetz.
2. Die Verbände der NVA werden Zug um Zug aufgelöst. Die neuen Truppenteile der Bundeswehr werden mit Angehörigen der Bundeswehr und denen der ehemaligen NVA neu aufgestellt.
3. Etwa bis zu 20 000 Berufssoldaten und Soldaten auf Zeit der ehemaligen NVA können nach Bewährung als Soldat auf Zeit für zwei Jahre auf Dauer übernommen werden. Die Gesamtstärke von 50 000 Soldaten wird sich dann zusammensetzen aus bis zu 20 000 ehemaligen NVA-Angehörigen als Berufs- oder Zeitsoldaten, bis zu 5 000 Berufs- und Zeitsoldaten aus der Bundeswehr West sowie Freiwilligen und 25 000 Wehrpflichtigen.

4. Die Ausbildung der Wehrpflichtigen, die am 1. September einberufen werden, wird auf unsere Ausbildung und Rechtsordnung umgestellt.
5. Die Streitkräfte Ost werden ab 15. Oktober zentral von dem Bundeswehr-Kommando Ost als einer dem Bundesministerium der Verteidigung unmittelbar nachgeordneten Kommandobehörde geführt.

Die Funktion des mir unterstellten Bundeswehr-Kommandos Ost wurde anschließend in einer ministeriellen Weisung wie folgt beschrieben:

Das Bundeswehr-Kommando Ost ist eine befristet eingerichtete, teilstreitkraftübergreifende, gemischt besetzte zentrale höhere Kommandobehörde der Streitkräfte. Sie ist dem Bundesministerium der Verteidigung unmittelbar unterstellt. Truppendienstlicher Vorgesetzter des Befehlshabers ist der Stellvertreter des Generalinspekteurs. Dem Bundeswehr-Kommando Ost sind vom Zeitpunkt der Übernahme der Befehls- und Kommandogewalt durch den Bundesminister der Verteidigung an sämtliche Truppenteile, Dienststellen und Einrichtungen der ehemaligen Streitkräfte des beigetretenen Teils Deutschlands in jeder Hinsicht unterstellt. Hauptmerkmale: Im Bundeswehr-Kommando Ost wird die truppendienstliche Führung aller Anteile der Land-, Luft- und Seestreitkräfte, die im beigetretenen Teil Deutschlands zum Zeitpunkt der Übernahme der Befehls- und Kommandogewalt bis zur Einnahme der Bundeswehrstruktur fortbestehen, konzentriert. Im Bundeswehr-Kommando Ost werden im wesentlichen Führungs-, Überleitungs- und Abwicklungsaufgaben zentral wahrgenommen. Das Bundeswehr-Kommando Ost steuert zunächst alle Aktivitäten, die zur Einnahme der Bundeswehrstruktur erforderlich sind. Nach Übernahme der Verantwortung der Wehrverwaltung gem. Artikel 87b Grundgesetz und der diese bisher wahrnehmenden Dienststellen durch die Wehrbereichsverwaltung Ost stellt das Bundeswehr-Kommando Ost ausschließlich die Führung der Streitkräfte im beigetretenen Teil Deutschlands und deren Auflösung oder Überführung in die dezentrale Führungsorganisation sicher.

Fünf Hauptaufgaben wurden hervorgehoben: die Führung des nachgeordneten Bereichs, also aller militärischen Dienststellen, Schulen und Verbände der gesamten NVA; die Überwachung der Einnahme der dezentralen Führungsorganisation der Organisationsbereiche Heer, Luftwaffe, Marine, Zentraler Militärischer Dienst Bundeswehr, Zentraler Sanitätsdienst Bundeswehr; die Auflösung der Truppenteile und Dienststellen, die nicht der Bundeswehrstruktur entsprachen; die Übernahme und Lagerung des Materials der ehemaligen Streitkräfte für eine eventuelle Weiterverwendung oder die Abgabe an Verbündete; die Unterstützung des sowjetischen Truppenabzugs.

Kurz, es galt, die NVA zu übernehmen, die Sicherheit und Kontrolle zu gewährleisten, die Truppenteile Zug um Zug aufzulösen, die überwiegende Mehrzahl der Soldaten zu entlassen, die Unmengen von Material, Waffen und Munition zu konzentrieren, neue Truppenteile der Bundeswehr aufzubauen und mit den sowjetischen Truppen zusammenzuarbeiten, um deren Abzug zu unterstützen. Für die interne Gliederung des Bundeswehr-Kommandos Ost waren vorgesehen: ein Befehlshaber als Generalleutnant, ein stellvertretender Befehlshaber als Generalmajor und ein Chef des Stabes als Brigadegeneral, mit der üblichen personellen Unterstützung; dem Befehlshaber unmittelbar unterstellt waren der Verbindungsstab zur Westgruppe der sowjetischen Truppen, die Abteilung Rechtsberater und die unterstellten Befehlshaber. Der Stab selber hatte acht Abteilungen mit einer geplanten Stärke von 240 Offizieren und Unteroffizieren West und 360 Offizieren und Unteroffizieren Ost sowie etwa 200 zivilen Mitarbeitern.

Nachdem die grundsätzlichen Entscheidungen gefallen waren, ging es um deren Umsetzung. Dabei galt es vor allem, während des Übergangs von der NVA zur Bundeswehr die Gefahr eines Chaos zu verhindern. Ich befürchtete, daß sich Disziplinlosigkeit ausbreiten könnte, daß ganze Truppenteile auseinanderbrechen und Waffen und Munition nicht mehr hinreichend geschützt werden könnten. Deshalb vertrat ich die Auffassung, daß wir versuchen müßten, genügend Angehörige der NVA zur Mitarbeit für die geordnete Auflösung der NVA und den Aufbau der neuen Truppenteile zu gewinnen. Führungsfähigkeit, die Bewachung des Materials, die Neuordnung der Logistik, aber auch die ärztliche Versorgung – all das konnte nur bei einer ausreichenden personellen Stärke gewährleistet werden. Wir brauchten die Hilfe von Offizieren und Unteroffizieren der NVA, durften aber nicht verschweigen, daß wir auf Dauer nur eine geringere Anzahl von ihnen übernehmen könnten. Statt dessen mußten wir sie davon überzeugen, daß eine gemeinsame Aufgabe in einem gemeinsamen Deutschland vor uns lag. Mit dem geordneten Auflösen der NVA und dem Aufbau neuer Streitkräfte würden sie zeigen können, daß sie ihr militärisches Handwerkszeug beherrschten und ihre Pflicht auch unter so ungewöhnlichen Bedingungen erfüllten – das Ziel sei eine gesamtdeutsche Bundeswehr mit Soldaten aus allen Landesteilen.

Von entscheidender psychologischer Bedeutung war auch, daß im vereinigten Deutschland die Soldaten der *einen* Armee die gleiche Uniform trugen. Schon Mitte August war erkennbar geworden, daß dies nur der sogenannte Feldanzug, NATO-oliv, sein konnte, da es unmöglich war, alle Soldaten der NVA mit der Ausgehuniform auszustatten.

NATO-oliv hingegen – eigentlich nur eine Art Arbeitsanzug – war in ausreichender Zahl und in allen Größen mit den notwendigen Dienstgradabzeichen verfügbar. Um den Anschein zu vermeiden, die NVA-Angehörigen seien Soldaten zweiter Klasse, schlug ich dem Minister vor, zunächst ausschließlich den Feldanzug auszugeben – also auch für die Offiziere aus dem Westen. Wenn sogar der Befehlshaber des Bundeswehr-Kommandos Ost und seine Offiziere NATO-oliv trugen, existierten keine äußerlichen Unterscheidungsmerkmale mehr.

Während all dieser Vorbereitungen wurde noch immer heftig über die Entlassung der NVA-Generale und -Admirale debattiert. Eppelmann wünschte, daß einige von ihnen in die Bundeswehr übernommen werden sollten. Auch in der militärischen Führung der Bundeswehr wurde hier und da die Vorstellung geäußert, einige Generale der NVA für spezielle fachliche Aufgaben zu übernehmen. Sogar der eine oder andere Abgeordnete war der Auffassung, daß man die führenden Offiziere nicht generell entlassen sollte. Es dürfe keine »Christenverfolgung« geben. Angesichts der politischen Ansprüche, die man in Bonn bisher an einen General der Bundeswehr gestellt hatte, überraschten mich solche Äußerungen.

Die Entscheidung zog sich lange hin und belastete in erster Linie die betroffenen Offiziere, deren Zukunft völlig ungewiß war. Mitte September unterrichtete Stoltenberg Eppelmann über seine Absicht, niemand von ihnen in die Bundeswehr zu übernehmen. Wir waren der Auffassung, daß der bevorstehende Neuanfang auch und vor allem in der Führungsspitze deutlich werden müsse; ein General der NVA, groß geworden im Einsatz für Sozialismus und Klassenkampf, könne in der Bundeswehr nicht überzeugend für unser Grundgesetz, für unser Menschenbild und unsere Rechtsordnung eintreten. Auch würden weder die jungen Wehrpflichtigen noch die Bevölkerung in der ehemaligen DDR Verständnis für eine Übernahme haben. Minister Eppelmann akzeptierte erst nach einigem Zögern; wenige Tage vor dem 3. Oktober beauftragte er seinen Staatssekretär Ablaß, die Generale zu entlassen. So erfolgte die Entlassung äußerst kurzfristig und löste bei vielen Verbitterung aus.

Während dieser Zeit fand auch die Personalauswahl der führenden Offiziere der Bundeswehr statt, die mit mir gemeinsam Aufgaben übernehmen sollten. Angesichts der vor uns liegenden Herausforderung bestand ich darauf, nur besonders motivierte Offiziere mit in den Osten zu nehmen. Die Meldungen der Freiwilligen überstiegen bei weitem den Bedarf – und das zu einem Zeitpunkt, da die Bedingungen und die Fragen der Abfindung noch völlig unklar waren.

Die bevorstehende Auflösung der NVA und die Übernahme eines

Teils ihrer Offiziere in die Bundeswehr hatte in Ost und West lebhafte Diskussionen ausgelöst, die vor allem in den Medien geführt wurden. Die Reaktionen waren verschieden, sie reichten von Zustimmung bis zu entschiedener Ablehnung. Die mitunter sehr emotionalen und hitzigen Debatten lassen sich nur verstehen, wenn man das Feindbild der NVA kennt und weiß, daß noch bis Ende 1989 »die Erziehung zum Haß« zur Grundausbildung jedes NVA-Soldaten zählte. »Er ist nicht blind und gewaltig wirkend, unser Haß«, hieß es noch im Sommer 1988 in der »Armeerundschau«, dem offiziellen Organ der NVA, »er speist sich nicht aus Menschenfeindlichkeit, ist nicht von persönlicher Antipathie getragen, wurzelt nicht in Weltverdruß. Im Gegenteil: gerade weil wir das Leben lieben und es erhalten wollen, weil wir jedem Erdenbewohner ein lebenswertes Leben in Frieden wünschen und dafür unsere sozialistische Soldatenpflicht erfüllen – gerade deswegen können wir aus tiefstem Herzen all jenes und all jene hassen, die der Verwirklichung dieser Sehnsüchte im Wege stehen... Unser Haß entzündet sich an den Verbrechen des Imperialismus... An Auffassungen wie der von BRD-Verteidigungsminister Wörner...«

Und in einem Buch über den »Sinn des Soldatseins«, das den Soldaten bei ihrer Vereidigung ausgehändigt wurde, finden sich unter anderem ausführliche Abhandlungen über den Klassenfeind, den Imperialismus und seine Soldaten: »Ihre Feinde (die der NVA) sind auch die antikommunistisch verhetzten und für den Aggressionskrieg gedrillten Söldner des Imperialismus, die keine Sekunde zögern würden, auf sie zu schießen, sobald es befohlen wird. Gleich welche Sprache sie sprechen, ob Deutsch oder Englisch, gleich welche Uniform sie tragen, die der Bundeswehr oder einer anderen imperialistischen Armee..., – wer dem Imperialismus mit der Waffe dient und in seinem Auftrag handelt, ist unser Feind.«

Angesichts solcher Geisteshaltung und der Aussagen über die Bundeswehr und ihre Soldaten waren die öffentlichen Auseinandersetzungen im Westen verständlich. Und natürlich diskutierten auch die Berufs- und Zeitsoldaten der NVA, ob sie in der Bundeswehr, der Armee des früheren Klassengegners, dienen könnten. Sie hatten keine Vorstellung von dem, was sie dort erwartete, wie sie behandelt werden würden und wie sie mit dem schnellen Wechsel fertig werden sollten. Sie alle waren tief verunsichert.

Um einen Eindruck von den unterschiedlichen Positionen zu vermitteln, will ich die Diskussionsbeiträge von einem Offizier aus Ost und einem aus West wiedergeben:

NVA: keine Kameraden

Nun ist es also soweit: Nachdem mit dem Plazet Präsident Gorbatschows die letzten Bastionen gegen die Integration Gesamtdeutschlands in die NATO gefallen sind, stehen auch der militärischen Wiedervereinigung keinerlei Hindernisse mehr entgegen – die Parole lautet: Soldaten beider deutscher Staaten: Stillgestanden zur Vereinigung! Hüben wie drüben betätigen sich bereits eilfertig die Vertreter beider Ministerien als Kuppler der Zwangsheirat, gefeilscht wird nur noch um den Umfang des jeweiligen militärischen Hausrats, der in das neue Lebensverhältnis eingebracht werden darf: 50000 NVA-Soldaten sollen, so will es der Einigungsvertrag, in die Bundeswehr übernommen werden.

Eines scheinen die Planer bei ihrer Rechenakrobatik jedoch geflissentlich zu übersehen: daß zu einer Heirat unter zivilisierten Verhältnissen das Einverständnis beider Partner vonnöten ist. Dies scheint im Fall der Bundeswehr sehr zweifelhaft. Die Bereitschaft zu einem Rendezvous, das dem gegenseitigen Kennenlernen, dem Gespräch, der Hilfeleistung dient, bedeutet längst noch nicht das Einverständnis zur dauernden Lebensgemeinschaft.

Die Bundeswehr blickt heute auf fast 35 Jahre Geschichte bundesrepublikanischer Demokratie zurück, deren Freiheit und Frieden sie zu sichern half. Ihre Struktur ist geprägt vom Gedankengut der Inneren Führung, maßgeblich entwickelt und durchgesetzt übrigens auch von einem Offizier der ehemaligen Wehrmacht – aber einem, der sich dem Widerstand gegen die nationalsozialistische Diktatur verpflichtet fühlte.

Dieses Konzept und diese in fast 35 Jahren gewachsene Tradition der Inneren Führung unterscheidet diese Bundeswehr von allen anderen Streitkräften der Vergangenheit und Gegenwart. Der Soldat der Bundeswehr weiß sehr wohl: A soldier can do wrong, und er weiß zu differenzieren, welchem System er dienen darf, welcher Strategie er folgen darf und welchen Auftrag er erfüllen darf – und wann er sich zu weigern hat.

Auf der anderen Seite die NVA: Nicht nur äußerlich glich sie der alten deutschen Wehrmacht, auch ihre inneren Strukturen waren analog. Nach außen war sie ein willfähriges Instrument in den Händen des sowjetischen Generalstabes, hoch gelobt und respektiert ob ihrer Effizienz.

Nach innen war diese Armee, und insbesondere ihre gehaßte Führung, Repressionsinstrument einer kriminellen Diktatur. Ihre Offiziere wurden für die schwere Arbeit der Unterdrückung des eigenen Volkes mit einem privilegierten Lebensstandard entlohnt nach der Devise:

Wer am antifaschistischen Schutzwall Volksschädlinge abknallt, darf sich dafür im Intershop bedienen.

Niemand mußte gegen seinen Willen Offizier oder Unteroffizier in der NVA werden, im Gegenteil: Der freiwillige Dienst in der NVA setzte ein hohes Maß an Identifikation mit dem Regime voraus: Fast alle Offiziere und der größere Teil der Unteroffiziere waren Mitglieder der SED. Wer lange Jahre ein hohes Maß an Identifikation mit dem SED-System aufgebracht hat, verwandelt sich nicht von heute auf morgen in einen überzeugten Demokraten.

Wissenschaftliche Untersuchungen haben gezeigt, daß in einem Alter von ca. dreißig Jahren die Entwicklung des moralischen Urteilsvermögens abgeschlossen ist. Daraus folgt, daß spätestens zu diesem Zeitpunkt ein Soldat erkennen und beurteilen kann, für welche Sache er eintritt und notfalls sein Leben zu opfern bereit ist. Dies gilt auch für einen Offizier oder Unteroffizier der NVA: Entweder er hat erkannt, welchem System er dient, dann war er skrupellos. Oder er war tatsächlich intellektuell nicht urteilsfähig, dann war er schlichtweg dumm. Die Bundeswehr ist aber kein Refugium für dumme oder skrupellose militärische Führer.

Eine Zwangsvereinigung der beiden deutschen Streitkräfte ist für die Angehörigen der Bundeswehr eine Zumutung; für die NVA-Angehörigen, die für lange Zeit als Soldaten zweiter Klasse angesehen und betrachtet werden, wäre sie ein Tort. Es bleibt nur die schnellstmögliche Auflösung der NVA. Alle ehemaligen Angehörigen der NVA, nicht nur die nicht mehr in den Bonner Plänen benötigten, sollten mit entsprechenden Bezügen in den Ruhestand versetzt werden. Die Kosten fielen bei den Gesamtausgaben der Vereinigung kaum ins Gewicht.

(Der Verfasser ist Hauptmann der Bundeswehr und Dozent der Bundeswehr-Akademie für Information und Kommunikation in Waldbröhl. Quelle: »Die Zeit« vom 14. September 1990).

Wir haben nur loyal gedient

Wie ist die private und gesellschaftliche Standortbestimmung deutscher Soldaten in einem vereinten Deutschland? Das Spektrum der Meinungen ist auch bei uns breit gefächert und das Dilemma sicherlich bei uns größer als in der Bundeswehr.

Wer waren wir, und wem dienten wir? Der bequeme Weg wäre, die Vergangenheit hinter sich zu lassen und statt dessen die Zukunftsfelder abzustecken.

Aber es bleibt die Tatsache, daß wir in Jahrzehnten getrennte Wege gingen. Nun ja, könnte man sagen, wir wurden auf diese Wege ge-

schickt – es war nicht deutscher Wille, der kalte Krieg war keine deutsche Erfindung. Aber auch unter dieser Sicht bleibt die entscheidende Frage: Habe ich loyal gedient, und konnte ich mein Dienen immer mit meinem Gewissen vereinbaren? Wenn ich antworte: Ja, ich konnte es, und viele meiner Kameraden, die ich kenne, konnten es auch, wird sicherlich mancher Leser Zweifel anmelden.

Ich kenne nicht die Gedankenwelt von Grenzoffizieren, die täglich mit Mauer- und Todesschüssen konfrontiert waren, aber ich nehme an, daß sie sich ständig im Gewissenskonflikt befanden. Jeder, der einmal gedient hat, wird sich an seinen »ersten Schuß« erinnern, weil mit diesem »ersten Schuß« viele Fragen verbunden sind, die nur jeder selber beantworten kann. Jeder, der kein »Killer« war oder nur den »Job« sah, stellte sich diesen Fragen. Natürlich gab es den Befehlsnotstand, militärische und juristische Regulative und die Überzeugung, den Schutz einer souveränen Staatsgrenze wahrzunehmen. Entscheidend bleibt jedoch die individuelle Situation, denn nur hier kann rechtlich relevante Schuld entstehen. Wenn diese nachgewiesen werden kann, muß sie verfolgt werden – auch in der differenzierten Stufenleiter der Schuld, wie es Karl Jaspers im Jahre 1946 formulierte.

Der Leser könnte weiter fragen: »Ihr habt doch mit Euren Bajonetten diesen Unrechtsstaat geschützt? Gab es denn nie Zweifel an der Richtigkeit des eigenen Tuns?« Ich bin Jahrgang 1948 und im 23. Dienstjahr. Welche Motive bewogen mich, 1967 die NVA-Uniform anzuziehen? Es gab subjektive Gründe – wie technisches Interesse und auch Abenteuerlust –, aber auch objektive Beweggründe. Die Erzählungen meines Vaters über seine Kriegserlebnisse verstärkten das Gefühl: Das darf sich nicht wiederholen. Und ich empfand als Staatsbürger die Pflicht, etwas für die Friedenssicherung zu tun. Natürlich war ich auch Anhänger einer Ideologie, die wie jede andere das Ziel hatte, daß sich der einzelne mit ihr identifiziert. Diese Identität nahm ich an, weil auch ich davon überzeugt war, daß sich die DDR als Alternative zur BRD entwickeln sollte. Die Chancen dafür standen ja Anfang der siebziger Jahre auch gar nicht schlecht.

Es gab also für uns ein festgefügtes Schema von Normen, Idealen und Denkmustern. Dem Dienst in der Armee wurde fast alles untergeordnet – selbst das Familienleben. Wer als Zugführer sechzig Stunden und mehr leistete, schaute nicht auf die Uhr; entscheidend war, daß der Auftrag erfüllt wurde und die »Truppe« stand. Da es keine Stundenlohnbesoldung gab, muß es also der »Modus des Seins« gewesen sein, wie es Erich Fromm in seinem Buch »Haben und Sein« beschrieb. Kollektive Arbeit, Leistung und kollektiver Erfolg waren das Grundprinzip, dem man sich freiwillig unterordnete.

Natürlich gab es auch Informationen über manche Mängel des Systems, die Soldaten von »draußen« mitbrachten oder die man selber erfuhr. Sie wurden jedoch oft verdrängt; wir sahen nur das, was wir sehen wollten, auch weil wir annahmen, daß die da »draußen«, die Führer von Partei und Staat, es schon packen würden. Diese Einstellung förderte natürlich nicht kritisches Denken. Erste Zweifel meldeten sich bei mir seit 1987 mit der Frage: »Warum wird der 'Gorbi-Effekt' bei uns nicht genutzt?« Heute ist mir das klar; aber damals konnte ich die Verquickung von Partei, Staat und Ideologie nicht erkennen.

Diese Gedanken sollen nicht freisprechen von Schuld. Als dann Ende 1989 Menschen mit den Worten »Wir sind das Volk« auf die Straße gingen, empfanden wir das zunächst als »Konterrevolution«. Aber dann kamen uns die Zweifel: Die Demonstranten waren friedlich, und sie waren sich einig. Sie waren nicht radikal. Sie hatten viele Fragen und bekamen immer die gleichen Antworten. Der 4. November 1989 schloß den Kreis. Wer ehrlichen Gewissens war, strich »Konter«, es blieb die Revolution. Obwohl ich kein Christ bin, wollte ich damals Gott und allen anderen danken, die den Bürgerkrieg verhinderten.

Das ist natürlich kein Legitimationszeugnis für eine demokratische Armee. Aber zu der Erkenntnis, daß wir keine demokratische Armee waren, muß man ja auch erst gelangen. Mit der Ausgliederung der politischen Führungsebene begann die Installation demokratischer Institutionen. Die Demokratisierung einer Armee vollzieht sich natürlich nicht auf Knopfdruck. Aber die Möglichkeit, von einer »Partei-Armee« zu einer Armee des Volkes zu werden, ist gegeben; Einsicht mit Vernunft gepaart bleibt auch weiterhin die größte Tugend. Ich will damit nur sagen, die NVA kann etwas in eine gesamtdeutsche Armee einbringen, muß es aber nicht, wenn die politische Führung anders entscheidet.

(Der Verfasser ist Oberstleutnant der Nationalen Volksarmee der DDR in Neubrandenburg. Quelle: »Die Zeit« vom 14. September 1990).

Die damalige Diskussion zeigt, daß schnellstmöglich Klarheit geschaffen werden mußte, um auch in der Armee eine Geschlossenheit des Führerkorps und den notwendigen Konsens über den Weg zu gemeinsamen deutschen Streitkräften zu erreichen. Die Streitkräfte der NVA und der Bundeswehr befanden sich vor einer einmaligen Herausforderung, die sie entweder gemeinsam meistern oder an der sie scheitern würden. Am 24. September stellte der Generalinspekteur deshalb in einem Kommandeurbrief für die Truppe die Position der militärischen Führung dar und erklärte:

Vom Tage der Vereinigung sind wir alle nach den Vorgaben des Eini-

gungsvertrages Soldaten der Bundeswehr. Ich erwarte, daß die Pflicht zur Kameradschaft ernst genommen wird. Unsere unterschiedlichen Werdegänge und Meinungsdifferenzen dürfen den Prozeß des Zusammenwachsens nicht gefährden. Es darf keine pauschalen Urteile oder Verurteilungen geben. Radikale Redensarten und Verhaltensweisen werden dem Individuum nicht gerecht. Sie stellen die Glaubwürdigkeit unserer Werte und unseres Menschenbildes in Frage und helfen auch sachlich nicht weiter. Wir können den Umbau und Wandel nur gemeinsam schaffen.

Diese Klarstellung kam recht spät, wirkte aber beruhigend. Überdies hatten einige Offiziere und Unteroffiziere inzwischen schon Gelegenheit gehabt, bei Verbänden im Osten eigene Erfahrungen zu sammeln. Sie besaßen inzwischen ein differenziertes Bild, urteilten behutsamer und waren überzeugt, daß viele Angehörige der NVA ebenfalls bereit sein würden, ihr altes Feindbild zu revidieren.

Die NVA vor dem 3. Oktober 1990

Am 18. Januar 1956 verabschiedete die Volkskammer das Gesetz über die Aufstellung der Nationalen Volksarmee und des Ministeriums für Nationale Verteidigung. Die NVA ging aus der kasernierten Volkspolizei hervor und umfaßte bereits im Jahr ihrer Gründung 120 000 Soldaten – sie war eine Freiwilligenarmee. Als Uniformen wurden die der früheren Wehrmacht eingeführt, um damit nach innen und außen den Anspruch der Souveränität des Nationalstaats zu verdeutlichen.

Die Staatspartei SED hatte mit Gründung der NVA den Führungsanspruch erhoben und auch durchgesetzt. Im Parteiprogramm von 1963 heißt es: »Die wichtigste Quelle der Stärke unserer Armee ist ihre Führung durch die Partei der Arbeiterklasse. Die Partei wirkt darauf hin, daß alle Angehörigen der bewaffneten Kräfte klassenbewußte sozialistische Kämpfer werden…«

Zur Durchsetzung der kommunistischen Ideen diente die sozialistische Wehrerziehung, die den gesamten Ausbildungsbereich – vom Kindergarten bis zur betrieblichen Ausbildung – umfaßte. Die sozialistische Wehrerziehung »spricht wie jeder Erziehungsprozeß sowohl das Denken als auch das Fühlen an. Sie wird systematisch je nach den politischen und militärischen Bedürfnissen, nach dem Alter und nach den Tätigkeitsbereichen differenziert…« (Militärlexikon). Eine solche Erziehung diente damit der allseitigen Entwicklung der sozialistischen Persönlichkeit und fand ihren Höhepunkt während der Ausbildung in der NVA.

So war es nur konsequent, daß im Januar 1962 die allgemeine Wehrpflicht beschlossen und auf 18 Monate festgelegt wurde. Der junge Bürger der DDR schwor seinem sozialistischen Vaterland folgenden Eid: »Ich schwöre, der Deutschen Demokratischen Republik, meinem Vaterland, allseits treu zu dienen und sie auf Befehl der Arbeiter- und Bauernregierung gegen den Feind zu schützen. Ich schwöre, an der Seite der Sowjetarmee und der Armeen der mit uns verbündeten sozialistischen Länder als Soldat der Nationalen Volksarmee jederzeit bereit zu sein, den Sozialismus gegen alle Feinde zu verteidigen und mein Leben zur Erringung des Sieges einzusetzen…«

Die jungen Wehrpflichtigen durchliefen vor ihrem Eintritt in die NVA die Wehrerziehung in der Regel in mehreren Stufen: Dem Kindergarten folgte die Pionierorganisation ›Ernst Thälmann‹ der FDJ, in der rund 85 Prozent aller sechs- bis vierzehnjährigen Kinder zusammengefaßt waren, die schon in ›Kindermanövern‹ ihre militärischen Fähigkeiten unter Beweis stellen konnten. Die sechzehn- bis achtzehnjährigen Jugendlichen wurden in der Gesellschaft für Sport und Technik (GST) körperlich und fachlich auf den Grundwehrdienst und die militärischen Laufbahnen vorbereitet, während die FDJ durch politisch-ideologische Erziehung die Wehrbereitschaft und Wehrwilligkeit der Jugend wecken sollte. Im Jugendgesetz der DDR von 1974 heißt es: »Aufgabe der Jugend ist es, wehrpolitische Bildung, vormilitärische Kenntnisse und Fertigkeiten zu erwerben sowie in der Nationalen Volksarmee und den anderen Organen der Landesverteidigung zu dienen.« Die vormilitärische Ausbildung zog damit praktisch in die Schule ein, und es war nur folgerichtig, wenn 1978 in den höheren Klassen der Oberschule das Fach Wehrunterricht als Pflichtfach eingeführt wurde. Ein wesentlicher Inhalt dieser Wehrerziehung war die Erziehung zum Haß als notwendige Ergänzung zur »Achtung und Liebe zur Arbeiterklasse und ihrer Partei, zum Wohl der DDR, besonders zu den Völkern der Sowjetunion... Weil wir zutiefst alles Fortschrittliche, alles Edle und der Würde des Menschen Dienende lieben, hassen wir zutiefst die Kräfte, die behindern oder gar bedrohen. Unser Haß hat demzufolge eine andere ethisch-moralische Grundlage als der der Imperialisten und ihrer Handlanger.« (Handreichungen zur sozialistischen Wehrerziehung). Diese obskuren Gedankenkonstruktionen wurden in die Seele der Kinder geträufelt und in das Hirn der Jugendlichen gehämmert.

Durch eine umfassende Organisation kontrollierte die Partei jeden Soldaten in der NVA. Sie hatte dazu vier verschiedene Organisationswege geschaffen, die miteinander verknüpft waren. Das waren die Politorgane, die Parteiorganisationen, die FDJ-Organisationen und die SED-Funktionäre in Offiziersuniformen. Es gab eine Vielzahl bezahlter Oberinstrukteure, Vorsitzender und Gehilfen für alle Bereiche der Parteiarbeit. Über 95 Prozent der Offiziere und über 50 Prozent der Unteroffiziere waren Mitglieder der SED – berufliches Fortkommen gab es nur mit, nicht gegen die SED. Die Partei hatte die NVA durchgängig fest im Griff, die »politisch-ideologische Erziehung ist das Kernstück sozialistischer Truppenführung«. In der Ausbildung zum Offizier und Unteroffizier sollte die sozialistische Soldatenpersönlichkeit herangebildet werden, die im Militärlexikon auszugsweise wie folgt beschrieben wird: »Die sozialistische Soldatenpersönlichkeit

- ist der Arbeiterklasse und ihrer marxistisch-leninistischen Partei treu ergeben...,
- ist vom tiefen Haß gegen den Imperialismus und seine Söldner durchdrungen...,

– gehört zu den wichtigsten Faktoren der Überlegenheit einer sozialistischen Armee über jeden imperialistischen Aggressor.«

Die NVA stand auf der Seite der Partei – sie gehörte der Partei – und fest im sozialistischen Lager. Am 20. November 1965 erwähnte das »Neue Deutschland«, die NVA gehöre »zur ersten strategischen Staffel der sozialistischen Militärkoalition«. Mit dieser Zuordnung war der Aufbau abgeschlossen und das Gütesiegel sozialistischer Zuverlässigkeit und Kampfbereitschaft verliehen worden. Die NVA gehörte damit zu den Truppenteilen, die im Falle von Kampfhandlungen gemeinsam mit den Sowjets als erste in Mitteleuropa – also der BRD – hätte einfallen können. 1968 stellte die NVA bei dem Einmarsch in die Tschechoslowakei ihre sozialistische Zuverlässigkeit demonstrativ unter Beweis.

Der Soldat der NVA war Teil eines Bereitschafts- und Mobilmachungssystems mit hoher Reaktionsfähigkeit, das direkt von Moskau aus aktiviert werden konnte. Ein Drittel der Luftverteidigungskräfte befand sich in ständiger Bereitschaft. Die Verbände der Landstreitkräfte konnten mit voll aufmunitionierten Waffensystemen und gesicherter Anschlußversorgung die Kasernen innerhalb von zwei Stunden verlassen. Außer sechs aktiven Heeresdivisionen hatte die NVA fünf rasch mobil zu machende motorisierte Schützendivisionen in Ausbildungszentren und Komplexlagern verfügbar – alles war hervorragend organisiert.

Die persönliche Beanspruchung von Führern und Soldaten war außerordentlich hoch und führte zu einem Leben der Berufssoldaten abseits der zivilen Umwelt in eigenen Wohnsiedlungen. Die 85prozentige Bereitschaft bedeutete, daß es in der Woche nur einen freien Tag und Abend gab. Auch die Berufs- und Zeitsoldaten mußten sich dem unterwerfen. Eine doppelte Disziplin war wirksam: die der Partei und die des Militärs. Sorgfältige Personalauswahl, politische Indoktrination, einseitige Informationspolitik und das Verbot von Westkontakten machten die Berufssoldaten der NVA zu einer verläßlichen Funktionselite in der DDR. Das wurde durch soziale Privilegien honoriert, was die übrige Bevölkerung mit Mißfallen und Ablehnung registrierte. NVA-Angehörige und ihre Familien lebten unter sich, isoliert von anderen Bevölkerungsschichten.

Die Berufskader der NVA, wie die Berufssoldaten genannt wurden, waren zum Großteil Offiziere. Die Offiziersdichte war mindestens dreimal so hoch wie in der Bundeswehr. Die fachliche Ausbildung war intensiv, führte zu zahlreichen akademischen Abschlüssen und die Personalführung setzte die einmal erworbene Spezialisierung fort. Darin lag eine gewisse Stärke des Führungsapparates; der Preis dafür aber war, daß die Offiziere eng auf ihren jeweiligen Arbeitssektor beschränkt blieben und keinen Überblick über andere Bereiche hatten. Eine Art »Führung mit Auftrag« gab es nicht, und die fast vollständige gegenseitige Eingrenzung verhinderte jeden Austausch von sachlicher und persönlicher Information. In völligem Gegensatz dazu steht die Ausbildung in der Bundeswehr. Wir bilden die Berufs- und Zeitsoldaten so aus, daß sie ihre Aufträge selbständig ausführen können. Das verlangt, in der Befehlsgebung nur die Ziele, nicht aber die Durchführung festzulegen, und räumt den Verantwortlichen vor Ort einen größeren Handlungsspielraum ein, was eine entsprechende Ausbildung und die Fähigkeit zu eigenen Entscheidungen voraussetzt. An die Ausbildung und Erziehung des Führungsnachwuchses werden damit hohe Anforderungen gestellt.

Der Offizier der NVA hingegen wurde an eigenmächtigen Entscheidungen bewußt gehindert. Das Wissen der Fachstränge wurde nur auf der höchsten Führungsebene zusammengezogen und bewertet. Man wollte den hochspezialisierten Fachmann, der das Gesamtsystem nicht überschaute; der Handlungsspielraum wurde durch eine Vielzahl von Bestimmungen eingeengt und bis in alle Einzelheiten von vornherein festgelegt.

Eine weitere Besonderheit war, daß die Wehrverwaltung, die nach dem Grundgesetz der Bundesrepublik Deutschland in den Händen der Beamten liegt, in der ehemaligen NVA ausschließlich von Soldaten wahrgenommen wurde. Darüber hinaus hatte die NVA eine ganze Reihe von Aufgaben im staatlichen Bereich, die in der Bundesrepublik in die Zuständigkeit von zivil-öffentlichen oder privaten Einrichtungen fallen: von Fernmeldeeinrichtungen über Sportförderung in Armeesportvereinen bis hin zu Schul- und Kindergartenspeisungen. Besonders in kleinen Standorten nahm die NVA schließlich eine Vielzahl öffentlicher Funktionen wahr und hatte gerade dadurch eine dominierende Stellung.

Seit 1985 spitzten sich die wirtschaftlichen Probleme der DDR drastisch zu. Bis zu 55 000 Soldaten der NVA mußten von nun an in der Volkswirtschaft eingesetzt werden, während die Truppe nach wie vor in 85prozentiger Bereitschaft gehalten wurde. Für die Soldaten wurde erkennbar, daß die hohe Bereitschaftsanforderung bei gleichzeitiger Abwesenheit eines Teils der Soldaten militärisch wenig sinnvoll war. In dieser Zeit begann der innere Verfall der NVA, der sich nach der Wende beschleunigen sollte. Am 3. Oktober 1990, dem Tag der Übernahme, war die Nationale Volksarmee längst nicht mehr die hochtrainierte, militärisch wie ideologisch zuverlässige Armee der früheren Jahre. Die politische Entwicklung der letzten Jahre hatte tiefe Spuren hinterlassen, die schließlich zu erheblichen Verunsicherungen bei Führern und Geführten sowie zu Disziplinlosigkeiten führten. Das gravierendste Beispiel dafür war eine Meuterei von Wehrpflichtigen im Januar 1990 im Standort Beelitz.

Schon nach dem November 1989 war deshalb versucht worden, mit einer Militärreform die inneren Verhältnisse umzugestalten und unter Abstützung auf die alten Bundesländer einen Bewußtseinswandel einzuleiten. Das Ziel war die Umwandlung der NVA von einer Parteiarmee zu einer demokratisch legitimierten Armee. Die Streitkräfte der DDR wurden der obersten Volksvertretung unterstellt, und die demokratischen Parteien, Organisationen und Bewegungen erhielten gleichberechtigten Zugang zur politischen Arbeit bei den Soldaten und Zivilbeschäftigten. Außerdem wurde eine Reihe von Anweisungen erlassen, die das Leben in den Kasernen betrafen. Die wöchentliche Dienstzeit wurde auf 45 Stunden festgelegt, die nur noch von Montag bis Freitag absolviert werden mußten. Die Soldaten wurden mit Herr statt mit Genosse angeredet und durften im Besitz ihrer Pässe und Ausweise bleiben, der Ausgang wurde über die Standortgrenzen hinaus gestattet – was wegen der hohen Einsatzbereitschaft selbst Offizieren früher nicht erlaubt gewesen war –, und in der dienstfreien Zeit durfte Zivil getragen werden. Auch die Genehmigungspflicht für den Besitz von Tonbandgeräten und Autos wurde aufgehoben, ebenso wie alle bisherigen Beschränkungen beim Empfang von Rundfunk- und Fernsehsendungen. Natürlich durften nun auch Zeitungen und Zeitschriften aus dem »nichtsozialistischen Ausland« in die Kasernen mitgenommen werden.

Doch während man offiziell dem »altem Denken« kündigte und Veränderungen in Führung und Ausbildung der Armee in Aussicht nahm, versäumte man doch, die Soldaten mit den Grundsätzen und dem Geist der Streitkräfte eines demokratischen Staates vertraut zu machen. Deshalb, aber auch wegen der sich überstürzenden Ereignisse, blieb die Militärreform schon in Ansätzen stecken, während die Auflösungserscheinungen zunahmen. Die innere Ordnung wurde gelockert, häufig dadurch, daß ministerielle Weisungen ohne vorherige Information der Vorgesetzten in den Medien veröffentlicht wurden, so daß die Offiziere erst von ihren Untergebenen die veränderte Befehlslage erfuhren, von der sie selbst offiziell noch gar nicht unterrichtet waren. Hier war die Presse schneller als der Dienstweg – eine neue Erfahrung in der DDR. Autoritätsverlust war die Folge.

Bei der Vereinigung Deutschlands am 3. Oktober 1990 waren aus der NVA alle Generale und Admirale sowie Offiziere über 55 Jahre entlassen worden, ebenso wie die Offiziere der sogenannten Politischen Hauptverwaltung, die »Politoffiziere«. Der Umfang der NVA war noch unter der Verantwortung der DDR-Regierung von 175 000 auf etwa 103 000 bis Mitte September verringert, der militärische Nachrichtendienst, die Militärstaatsanwaltschaften und die Propagandaeinheiten waren aufgelöst worden. So lagen uns zum 2. Oktober neue Hinweise über Personalumfang und Materialbestände vor. Danach schätzten wir die Personalstärke auf ungefähr 103 000, von denen 32 000 Offiziere und 20 000 Unteroffiziere waren. Die Materialbestände veranschlagten wir auf 2300 Kampfpanzer, 7800 Schützenpanzer, 2500 Artilleriegeschütze, 400 Kampfflugzeuge, 71 Kriegsschiffe, 50 Kampfhubschrauber, 1,2 Millionen Handfeuerwaffen und 300 000 Tonnen Munition. Da niemand wußte, wieviel Berufs- und Zeitsoldaten tatsächlich nach dem 3. Oktober noch im Dienst sein würden, war die entscheidende Frage für uns alle, wie wir diese Unmengen von Material in Gewahrsam nehmen und eine sichere Bewachung garantieren sollten. Zudem war unklar, inwieweit die kommunistisch indoktrinierten, zum Haß erzogenen Offiziere wirklich bereit waren, sich zumindest für den Übergang zur Verfügung zu stellen; sollte das Verantwortungsgefühl über die sozialistische Wehrerziehung siegen? Ich war optimistisch.

Die letzten Tage vor der Einheit

Noch immer wird auf der Hardthöhe und im Parlament diskutiert, wieviel Soldaten bereits zum 3. Oktober entlassen werden sollen. Angesichts der Haushaltsreduzierung wollen der Generalinspekteur und der für Haushalt und Finanzen zuständige Staatssekretär die NVA mit der Übernahme sofort und kräftig reduzieren, um auf diese Weise Betriebskosten zu sparen. Aber schon jetzt herrschen in der NVA große Unruhe und Unsicherheit; durch Massenentlassungen könnte die Lage außer Kontrolle geraten. Zudem wissen wir noch nicht einmal, wohin mit den Waffen, der Munition und der restlichen Ausrüstung. Ich wehre mich mit Unterstützung des Ministers erfolgreich gegen vorschnelle Entlassungen, stecke dafür aber in den Diskussionen den Vorwurf ein, zu zimperlich zu sein.

Auch Gerhard Stoltenberg ist unterrichtet, daß man befürchte, die NVA könne auseinanderbrechen, wenn nicht schnell Klarheit für die Zukunft geschaffen werde. Stoltenberg zeigt sich besorgt. Die Gefahr ist also schneller im Verzug, als wir alle geahnt haben. Der Inspekteur der Marine teilt mir mit, daß auch der Chef der Volksmarine die Sorge hat, die Mehrzahl seiner Offiziere könne zum 2. Oktober den Abschied nehmen, da die Zukunftschancen gering, die Bedingungen zum Ausscheiden am 2. Oktober aber noch relativ günstig seien. In dieser Situation könne die Sicherheit in seinem Bereich nicht mehr gewährleistet werden. Außerdem kursieren Gerüchte, man sei entschlossen, aus Verzweiflung über die berufliche Zukunft ein paar Schiffe zu versenken, die die Bundesmarine sowieso nicht übernehmen werde.

In dieser angespannten Lage findet am 11. September ein Delegationsgespräch der beiden Minister in Ostberlin statt, um konkrete und detaillierte Absprachen für den Übergang nach dem 3. Oktober zu treffen. Der Bundesminister erläutert, daß die Mehrzahl der Verbände über den 3. Oktober hinaus zunächst bestehenbleibe und die Auflösung Zug um Zug nach einem noch zu erarbeitenden Zeitplan vor sich gehen werde. Spätestens 1994 müßte die Zielgröße von 50 000 Soldaten erreicht sein. Zudem würden die Kommandobehörden von Bundeswehrgeneralen und -admiralen, die nachgeordneten Verbände zum Teil von Bundeswehroffizieren übernommen werden. Den verbleibenden NVA-Kommandeuren würden aber Bundeswehr-Ausbildungsunterstützungsgruppen zur Seite gestellt.

Beim Imbiß unterhalte ich mich mit einigen Generalen der NVA, die jetzt noch Verantwortung tragen. Über ihre Zukunft machen sie sich wenig Illusionen. Wir sprechen intensiv über militärfachliche Fragen, wie es nach dem 3. Oktober weitergehen soll. Sie schätzen ihren persönlichen Beitrag beim friedlichen Übergang hoch ein und leiten von daher den Anspruch auf faire Behandlung ab – die kommunistische Vergangenheit gibt es in ihren Argumenten nicht; ich muß sie daran erinnern. Sie vermuten, daß sie entlassen werden, wollen jetzt aber für ihre persönliche Lage Klarheit haben und verlangen, daß sie die Wahrheit erfahren. Sie werfen der bisherigen politischen Führung mangelnde Information und Schwankungen vor, sind aber bereit, den Übergang zur Bundeswehr zu sichern. Ich denke an die Rede von Minister Eppelmann vom 2. Mai, in der er von den Aufgaben der NVA in einem vereinigten Deutschland gesprochen hatte. Von seinen Zusagen hat er nichts einhalten können, die politische Entwicklung ist nicht nur viel schneller, sondern auch radikaler verlaufen, als wir es damals alle erwartet haben.

Die Besprechung der beiden Minister schafft größere Klarheit – endlich auch für die NVA. Am 12. September hält Minister Eppelmann seine letzte Kommandeurtagung und bittet mich um Teilnahme. Ich lehne jedoch ab, da ich mich erst äußern werde, wenn ich die Verantwortung übernommen habe. Ich will meine erste Kommandeurtagung am 10. Oktober halten.

Jetzt steht ein Berg von ungelösten Problemen vor uns. Die Frage der Perspektive, der zivilen Berufsausbildung, der Renten- und Übergangszahlungen, der Bezahlung der »Weiterverwender« (Soldaten, die zunächst mit einem besonderen Status im Dienst bleiben, ohne Zeitsoldat der Bundeswehr zu werden) – all das ist unklar, obgleich es für die Betroffenen von entscheidender Bedeutung ist. Ein Seiltanz wird uns bevorstehen, und es wird schwierig sein, glaubwürdig zu bleiben. Ich bin entschlossen, nach dem 3. Oktober 1990 für Klarheit zu sorgen, auch wenn das nicht immer leicht sein wird.

Im September nutze ich ein Wochenende, um mit meiner Frau einen Ausflug in unsere alte und neue Heimat zu machen, in die Mark Brandenburg. Außerdem wollen wir uns Strausberg ansehen, meinen künftigen Dienstsitz.

Als wir Berlin auf der Autobahn in Richtung Potsdam verlassen, überkommt uns beim Anblick der Grenzkontrollanlagen ein bedrückendes Gefühl. Unwillkürlich denken wir an unsere Reisepässe, aber es ist niemand da, der sie sehen will, sie sind unnötig geworden – endlich! Die Autobahn nach Frankfurt/Oder ist in einem schlechten Zustand, aber stark befahren. Wir verlassen sie bei Fürstenwalde an der Spree; von hier führt der Weg in unseren Heimatort.

Die frühere Chausseestraße, heute August-Bebel-Straße, ist unverändert, noch immer das alte Kopfsteinpflaster. Alles wirkt trist und düster, keine hellen Farben, keine Neubauten. Das Haus meiner Schwiegereltern ist so, wie es 1953 verlassen wurde, als die Familie in den Westen floh – Farbe und Putz bröckeln ab, die Wohnungen sind aber offensichtlich bewohnt. Im Hausflur die alten Elektrozähler und Leitungen aus den dreißiger Jahren. Nichts ist verändert, nur abgenutzt, aufgebraucht. In dem kleinen Laden im Erdgeschoß zwei Frauen, die uns freundlich begrüßen und sich an den Mädchennamen meiner Frau erinnern können. Beim Bäcker nebenan – es ist kurz vor sechs Uhr abends – wird aufgeräumt. Wir holen uns Pfannkuchen – sie schmecken nach »Heimat«. Als wir ankündigen, daß wir morgen früh gleich noch einmal kommen werden, reagiert die Verkäuferin erstaunt: »Morgen? Morgen ist Samstag; da haben bei uns in der DDR die Bäckereien geschlossen!«

Besuch des einstmaligen Autobetriebes meines Schwiegervaters, seit seiner Flucht ein volkseigener Betrieb mit 75 Arbeitern, jetzt zur Treuhand gehörend. Ein freundlicher Pförtner führt uns auf unser Bitten herum. Obwohl ein Heizhaus, dessen drei große Kessel bei Kohlenmangel auch mit Torf geheizt wurden, eine Lackiererei und ein einstöckiges Verwaltungsgebäude inzwischen den Betrieb ergänzen, wirkt alles provisorisch. Der früher so gepflegte und aufgeräumte Hof sieht aus wie ein Schrottplatz. Öllachen bedecken den Boden. Später wird uns erklärt, daß viele Ersatzteile selber produziert werden mußten – Achsen, Motoren, Schrauben. Ein wahres Arbeitsbeschaffungsprogramm! »Aber nur so konnten wir im Sozialismus überleben«, sagt uns der Pförtner.

Anschließend fahren wir auf Nebenstraßen durch die brandenburgische Kiefern- und Seenlandschaft in die Nähe von Buckow, wo wir uns bei Verwandten westdeutscher Freunde zur Übernachtung angemeldet haben. Unsere Gastgeber sind etwa so alt wie wir, aufgewachsen in der DDR. Der Mann ist selbständiger Handwerker, die Frau war Lehrerin, wurde aber entlassen, weil sie häufiger in die Kirche als zu Parteiveranstaltungen ging. Sie wissen noch nicht, daß und in welcher beruflichen Funktion ich bald nach Strausberg kommen werde. Sie wohnen in einem kleinen Häuschen, das sie in den fünfziger Jahren von der Gemeinde gekauft haben. Jetzt bangen sie um mögliche Ansprüche aus dem Westen.

Der Schwiegersohn erzählt von seinen Erfahrungen bei der NVA, wo er gerade seinen Wehrdienst ableistet. »Alle sind verunsichert. Unser Chef sagt, daß er bei der Bundeswehr bleibt, weil man ihn braucht. Von unserem Kommandeur wird erzählt, daß er eine Menge Material verkauft und dann zum 2. Oktober ausscheiden wird. Bei uns findet keine Ausbildung mehr statt, wir schieben nur noch Wache, aber auch das nimmt keiner mehr ernst. Unsere Vorgesetzten wissen nicht mehr, wie sie sich durchsetzen sollen, und niemand weiß, was ab 3. Oktober kommt. Das ist doch keine Armee mehr!« Es wird ein langer Abend, und ich beginne, etwas von der Wirklichkeit und den bedrückenden Erfahrungen unserer Landsleute zu begreifen.

Am nächsten Morgen Fahrt nach Strausberg, Besuch des Tagungszentrums (TAZ), in dem ich ab 2. Oktober mein Quartier nehmen werde. Mir war vorgeschlagen worden, in Schloß Wilkendorf zu wohnen, dem Gästehaus des Ministeriums, aber ich hatte abgelehnt, denn ich sah schon die Schlagzeile vor Augen: »Deutscher General im Osten lebt wie Gott in Frankreich.« Auch triftige Gründe, die für dieses Quartier gesprochen hätten, hätten dann nicht mehr geholfen.

Das TAZ ist eine Art Hotel- und Tagungsbetrieb des Ministeriums. Als wir die große Halle betreten, grüßen uns zu unserem Erstaunen von der gegenüberliegenden Wand die Köpfe von Marx, Engels und Lenin aus Meißener Kacheln – sie blicken noch immer beherrschend in die Zukunft. Offensichtlich hat bisher niemand den Mut gehabt, sich von den drei »Säulenheiligen« der DDR zu trennen. Erst kurz vor der Übergabe des Kommandos am 3. Oktober werden die drei Häupter auf unser Betreiben wenigstens verhüllt.

An der Rezeption stelle ich mich mit meinem Familiennamen vor und bitte darum, ein Zimmer zu besichtigen. Der Portier – ein Zivilangestellter – nimmt Haltung an und meldet, daß der Betrieb ordnungsgemäß funktioniere und zur Zeit eine Tagung des Bundeswehrverbandes stattfinde.

Mein Apartment ist großzügig, wenn auch mit sozialistischem Geschmack ausgestattet und mit dunklem Holz getäfelt. Im Badezimmer hängt ein plüschiger Bademantel, vor der Badewanne steht ein Paar Plastikbadeschlappen. Die Informationsmappe aus Plastik enthält Hinweise in Deutsch und Russisch. Bei Tagungen des Warschauer Vertrages in der DDR war dies das Zimmer des Oberbefehlshabers gewesen.

Anschließend Besuch in Bad Saarow, meinem Geburtsort. Obwohl meine Eltern mit uns 1945 geflohen waren, finde ich mein Elternhaus auf Anhieb wieder – es scheint mir lediglich kleiner und grauer als früher. Auch hier, in diesem hübschen, kleinen Ort, hat sich fast nichts geändert, nichts ist hinzugebaut worden, keine Straßenerweiterung oder -verengung, keine Umgehungsstraße, kein neues Kurzentrum, kein Kaufhaus – für uns Westdeutsche unvorstellbar.

Ein Teil der Villen am See war seit 1945 von den Sowjets beschlagnahmt, in eine Art Sanatoriumsbereich umgewandelt und mit Zäunen und Toren abgeschlossen worden. Nach der Wende wurde dieses bis dahin hermetisch abgeriegelte Gebiet aufgrund einer Bürgerinitiative tagsüber für Fußgänger geöffnet. Als wir hier spazierengehen, tauchen Erinnerungen an den letzten Kriegswinter auf. In einer der Villen haben wir 1944 bei Freunden meiner Eltern Weihnachten gefeiert. Jetzt liegen die Häuser wie ausgestorben da – weit und breit keine Menschen.

Die Promenaden am Scharmützelsee sind dagegen schon von Berlinern bevölkert, im neueröffneten Café Dorsch gibt es westlichen Kaffee und Kuchen, noch für Ostpreise. Die Bootsstege sind alle genau beschriftet; sie gehören den »Volkseigenen Betrieben« oder den »Landwirtschaftlichen Produktionsgenossenschaften«. »Zweckverband Erholung« lese ich auf einem der vielen Schilder, und überlege, was ich mir darunter vorstellen soll. Auf der Weiterfahrt entdecken wir eine »Legehennenproduktionsgenossenschaft« – ob von hier auch die berühmten »Goldbroiler« der DDR stammen?

Der erste Besuch in meinem neuen Wirkungsfeld macht mir bewußt, daß ich noch viel lernen muß, um mich zurechtzufinden und unsere Landsleute begreifen zu können. Die Spuren des Kommunismus sind tief – vieles ist für uns unvorstellbar. Wir werden miteinander sprechen müssen, um einander wieder zu verstehen. Beide Seiten sind jetzt gefordert. Ich lese den bedrückenden Essay des Edelkommunisten W. Janka, »Schwierigkeiten mit der Wahrheit« und wiederhole den Roman von C. Milosz »Verführtes Denken«, um mich mit der Gedanken- und Erfahrungswelt meiner Landsleute vertraut zu machen.

Wenige Tage später ziehe ich alle Kommandeure und Generalstabsoffiziere, die in das »Beitrittsgebiet« gehen, auf der Hardthöhe zusammen, um sie in ihre neue Aufgabe einzuweisen. Ich erkläre, daß wir den Auftrag haben, eine ehemals feindlich gesinnte Armee zu übernehmen, kontrolliert aufzulösen und neue Truppenteile der Bundeswehr mit ehemaligen NVA-Angehörigen aufzubauen. Dies erfordere Geduld, vor allem aber Verständnis für die ehemaligen Soldaten der NVA, die unter großen psychologischen Belastungen stünden. Wir müßten daher offen auf unsere Landsleute zugehen und deutlich machen, daß wir nicht als Sieger, sondern als Deutsche zu Deutschen kämen und für alle Sorgen und Nöte ein offenes Ohr hätten. Es gelte, vom ersten Tag an Glaubwürdigkeit zu beweisen und damit Vertrauen zu schaffen. Die Bevölkerung in den fünf neuen Ländern müsse erfahren, daß die Bundeswehr eine gänzlich andere Armee als die NVA sei. Deshalb sei wichtig, vor allem mit Bürgermeistern, Pastoren und örtlichen Vertretern so bald wie möglich ins Gespräch zu kommen, um ihnen ein erstes Bild von der Bundeswehr zu vermitteln.

Die Beiträge und Kommentare der versammelten Offiziere zeugen von Zuversicht, obwohl wir alle vor einer besonderen Herausforderung stehen, die noch immer nur in Umrissen erkennbar ist. Aber die Offiziere haben begriffen, daß sie Pioniergeist, Entscheidungsfreude und die Fähigkeit beweisen müssen, mit Menschen umzugehen, deren Selbstverständnis tief erschüttert ist. Alle wollen an dieser historischen Aufgabe teilhaben. Wir beenden die Besprechung mit der festen Überzeugung, daß wir die auf uns zukommenden Herausforderungen gemeinsam mit der Unterstützung der festgelegten Patenverbände und des Bundesministeriums der Verteidigung bestehen werden.

Die Kommandeure im gesamten Bereich der NVA sind aber noch immer im unklaren darüber, ob sie von Bundeswehroffizieren ersetzt werden, wer sie gegebenenfalls ersetzen wird und was anschließend mit ihnen geschehen soll. Ein Grund für die Ungewißheit liegt darin, daß wir vom Ministerium für Abrüstung und Verteidigung sehr spät die Unterlagen über die Truppenstrukturen und Standorte bekommen haben. Zudem sind erst vor kurzem bei uns die Diskussionen abgeschlossen worden, ob auch alle Bataillone mit Bundeswehrkommandeuren besetzt werden oder nicht. Es war entschieden, daß etwa die Hälfte der Kommandeure unterhalb der Divisionsebene von der Bundeswehr gestellt wurden. Das sollte für eine Übergangszeit gelten, um die Erfahrungen und Kenntnisse der NVA-Kommandeure zu nutzen und den Übergang bruchlos zu gestalten. Und noch immer ist nicht endgültig und im einzelnen entschieden, welche Einheiten zum 3. Oktober sofort aufgelöst und welche längere Zeit in Dienst gehalten werden.

In dieser Phase der Unsicherheit wartet zu allem Überfluß das »Neue Deutschland« mit einem angeblichen Interview mit mir auf, das ich überhaupt nicht gegeben habe. Bei einem Hintergrundgespräch hatte ein Journalist des »Neuen Deutschlands« ein Tonbandgerät mitlaufen lassen und aus den verschiedenen Fragen, die gestellt wurden, ein Interview zurechtgeschnitten, das noch dadurch verfälscht wurde, daß in einem Teil zwei wichtige Sätze ausgelassen wurden. Die Botschaft, die das »Neue Deutschland« auf diese Art und Weise überbrachte, lautet gekürzt: »Generalleutnant Schönbohm: ›Wir werden die NVA-Offiziere noch einige Zeit im Dienst halten und sie dann alle entlassen; wir brauchen sie nur für den Übergang, aber nicht für die Zukunft‹.« Diese Kurzfassung führt bei der NVA verständlicherweise zu großen Irritationen, denn die Zeitung wurde in den Kasernen noch viel gelesen. Ich drucke daraufhin aus einem Tonbandmitschnitt die vollständigen Formulierungen ab und teile sie per Fernschreiben der Verbindungsgruppe mit. So wird die Truppe von dem vollständigen Wortlaut unterrichtet.

Zur Vorbereitung der Aufgaben des Bundeswehr-Kommandos Ost

habe ich Mitte September ein Vorkommando unter Führung des Chefs des Stabes, Brigadegeneral Jacobs, nach Strausberg geschickt, um dort mit den Generalen der NVA, die noch im Dienst waren, die Übergabe vorzubereiten. Es kommt darauf an, die militärische Führung auch nach Mitternacht zum 3. Oktober aufrechtzuerhalten, vor allem aber die Luftraumsicherung, die wir als souveränes Land nun selbst übernehmen würden, störungsfrei zu garantieren.

In unzähligen Einzelgesprächen und Gruppenarbeiten werden die Vorbereitungen hierfür getroffen; schließlich unterschreibe ich in Bonn den Befehl, der den bruchlosen Übergang der Führung von der NVA an die Bundeswehr regeln soll und der am 3. Oktober um Mitternacht in Kraft treten wird. Um zu verhindern, daß die Armee auch nur einen Augenblick lang ohne Führung ist, soll vorerst das gesamte Befehlsnetz der ehemaligen NVA in Betrieb gehalten werden.

Am Nachmittag des 1. Oktober fliege ich mit dem Hubschrauber nach Hannover, um in der Offiziersschule des Heeres an der Einweisung von 850 Offizieren und Feldwebeln des Heeres in ihre künftige Aufgabe teilzunehmen. Die Soldaten sind in Aufbruchstimmung. Ich wiederhole noch einmal, welche Aufgaben uns erwarten, und erkläre dann: »Vor Ihnen und Ihren Familien liegt eine harte und fordernde Zeit. Dafür haben wir Anteil an einem geschichtlichen Prozeß, um den uns unsere Nachfolger beneiden werden. Wir legen den Grundstein zu gemeinsamen deutschen Streitkräften – das Ziel ist klar, der Weg ist weit, der Einsatz aller lohnt sich.«

Im Bundeswehr-Kommando Ost

Dienstag, 2. Oktober 1990 Ich fliege mittags mit meiner Frau in einem Transportflugzeug von Köln-Bonn nach Marxwalde, heute Neuhardenberg, mit Zwischenlandung in Dresden. Die Piloten zeigen uns auf der Karte unsere Flugroute. Wir müssen uns an die alten Namen neu gewöhnen. In Marxwalde begrüßt uns ein NVA-Offizier, und wir fliegen mit einem sowjetischen Hubschrauber MI-8 »Salonversion« nach Strausberg. Die Besatzung trägt noch NVA-Uniformen, der Hubschrauber stammt aus Honeckers Flugbereitschaft – dunkelrotes Polster mit Plastikbordüre, grauer genoppter Teppichfußboden.

In Strausberg strömen mit Dienstende die Soldaten und zivilen Mitarbeiter aus dem Ministerium – zum letzten Mal in der Uniform des hinweggefegten Arbeiter- und Bauernstaats. Einige von ihnen werden morgen wiederkommen – in der Uniform NATO-oliv des früheren Klassenfeindes. Auf den Müll- und Abfallplätzen liegen schon jetzt Teile der alten Uniformen.

Bei meiner Ankunft erwarten mich schon die ersten Briefe, Ratschläge für meine Aufgabe, Klagen über Entlassungen und ungerechte Behandlung, aber auch Glückwünsche. Schon vor Übernahme meiner Aufgabe werde ich um Hilfe gebeten. General Richter, der Leiter unseres Verbindungskommandos und ein alter Schulfreund von mir, unterrichtet mich über die Situation am Vorabend der Einheit Deutschlands. Er trägt vor, daß die Lage insgesamt angespannt sei, geht aber davon aus, daß in der Nacht vom 2. zum 3. keine besonderen Vorkommnisse zu erwarten seien, obwohl man nicht ganz sicher sein könne. Er erinnert an die Stimmung auf der letzten Kommandeurtagung von Eppelmann am 12. September und an die Drohung einiger Regimentskommandeure, mit ihren Verbänden noch über genug Waffen und Munition zu verfügen, um sich wehren zu können. Aus seinem Bericht geht hervor, daß man große Hoffnungen auf den Verteidigungsminister und auf den Befehlshaber Bundeswehr-Kommando Ost setzt und erwartet, daß es endlich Klarheit für die Zukunft geben werde. Dann sagt er mir sehr eindringlich: »Jörg, alles hängt jetzt davon ab, ob du es schaffst, dich durchzusetzen. Die Offiziere wollen geführt werden und das Gefühl haben, daß jemand für sie da ist und sich im Notfall vor sie stellt. Deine ersten Entscheidungen sind darum von besonderer Bedeutung. Durch die geringsten Fehler kannst du viel Vertrauen verspielen. Du bewegst dich auf einem schmalen Grat, und ich wünsche dir alles Gute für deinen Weg.« Ich bin mir der Besonderheit meiner Lage und der meiner Kameraden bewußt – die Verantwortung ist groß, aber nicht niederdrückend.

Am Abend wollen meine Frau und ich nach Berlin fahren, um an den Feiern zur Deutschen Einheit teilzunehmen. Aber der noch amtierende Staatssekretär im Ministerium für Abrüstung und Verteidigung, Herr Ablaß, hat uns zu einem kleinen Empfang eingeladen; wir nehmen die Einladung an.

Als wir gegen neun Uhr abends durch die Wache des Ministeriums gehen, kontrollieren Wachsoldaten in NVA-Uniform unsere Ausweise. Der Empfang findet in einem Büroraum statt, etwa zwanzig Personen sind anwesend, darunter drei Generale der NVA, die am heutigen Abend, Punkt 24.00 Uhr, ausscheiden werden. Die Zusammenarbeit mit ihnen bis zur Übernahme der Befehls- und Kommandogewalt durch Bundesminister Stoltenberg in dieser Nacht – und damit auch durch uns – ist gut und auch menschlich angenehm gewesen. Aber ist diese reibungslose Zusammenarbeit zu Beginn auch ein Scheck auf die Zukunft und läßt sie die Vergangenheit vergessen?

Wir tragen alle Zivil, die Stimmung ist gedämpft und gezwungen. Einige scheinen sich in den schlecht sitzenden Anzügen unwohl zu fühlen. Als meine Frau und ich den Raum betreten, haben wir den Eindruck, als ob die Gespräche verstummen. Die Mehrzahl der Anwesenden ist uns unbekannt. Wir verspüren eine gespannte, fast beklemmende Atmosphäre. Allen fällt es schwer, unbefangene Gespräche zu führen, jeder hat seine eigenen Gedanken und Sorgen, die ihn bewegen. Wir stellen uns vor und hören Namen, die uns Neuankömmlingen nichts sagen. Erst nach einer Weile beginnen wir, über die vor uns liegende Zeit zu sprechen – ein Thema, das uns alle beschäftigt. Ich gewinne den Eindruck, daß es den meisten Offizieren der NVA, den zivilen Mitarbeitern und ihren Angehörigen vor allem um Klarheit über ihre persönliche Zukunft geht, auch wenn sie wenig aussichtsvoll ist.

Um Mitternacht stoßen wir gemeinsam auf die Einheit Deutschlands und die Zukunft aller Deutschen an. Von diesem Augenblick an bin ich für die meisten dieser Menschen unmittelbar verantwortlich. Darum erscheint es mir angebracht, ein paar Worte zu sagen:

Deutschland ist wieder vereinigt. Alle wünschen wir, daß sich die Hoffnungen so vieler Menschen erfüllen. Vor uns liegen schwere Aufgaben, große Herausforderungen – viele blicken in eine ungewisse Zukunft. Wir können als Angehörige eines Volkes wieder frei zusammenkommen, als Soldaten und zivile Mitarbeiter dienen wir demselben Staat, der uns mit seinen Forderungen nach Menschenrechten, nach Ge-

rechtigkeit gegenüber jedermann und nach sozialer Verantwortung verpflichtet. In diesem Staat haben wir die größten Chancen auf eine gemeinsame friedvolle Zukunft.

Aber wir alle brauchen Zeit, um aus unseren unterschiedlichen Biographien Mut und Kraft zu finden für gemeinsame Erfahrungen, gegenseitiges Verstehen und Vertrauen in die gemeinsame Zukunft.

Die Bevölkerung der untergegangenen DDR hat sich ohne Gewalt von einem Unrechtsregime befreit, wir sind dankbar dafür und fühlen Ihnen gegenüber eine Verpflichtung zur Hilfe, die wir einzulösen haben. Wir aus dem Westen haben lange Zeit nur zugeschaut. Jetzt können auch wir Hand mit anlegen. Lassen Sie uns darum gemeinsam mit Zuversicht und Ausdauer an die Gestaltung unserer gemeinsamen Zukunft herangehen. Ich stoße mit Ihnen auf unsere gemeinsame Zukunft in unserem vereinten Vaterland an.

Als wir nach Mitternacht die Wache passieren, stehen dort Soldaten im Bundeswehrfeldanzug, dem uns vertrauten NATO-oliv, mit neuem Barett. Deutschland ist vereinigt, die Soldaten haben die Uniform des früheren Klassenfeindes angezogen und einer von ihnen meldet militärisch korrekt: »Herr General, keine Vorkommnisse!« Der Uniformwechsel ist verlaufen wie geplant. Aber die weiteren Ereignisse liegen noch im Nebel.

Mittwoch, 3. Oktober 1990 Ein strahlend sonniger Tag. Ich fliege morgens in einem sowjetischen Hubschrauber MI-8 mit dem Hoheitsabzeichen des deutschen Eisernen Kreuzes nach Berlin. Es ist ein eigenartiges Gefühl, über die Mark Brandenburg zu fliegen, Berlin zu überqueren, am Alexanderplatz vorbei. Das Brandenburger Tor liegt unter uns, der Tiergarten, die Siegessäule. In einem weiten Bogen fliegen wir zum Flughafen Tempelhof.

Ich komme zum ersten Mal als Soldat in Uniform nach Berlin und betrachte die schöne, aber geschundene Stadt aus der Luft. Die Mauer ist noch in Teilen erkennbar, nur im Bereich des Brandenburger Tors ist sie schon weitgehend beseitigt. Auch für den Abbau der Mauer und der Grenzbefestigungen, das Minenräumen und Auflösen der ehemaligen Grenztruppen ist mir noch die Verantwortung übertragen worden. Jetzt, da die geteilte Stadt unter mir liegt, begreife ich, daß der Mauerabbau in Berlin Vorrang vor vielem anderen haben muß, auch wenn das im Grunde nicht die Aufgabe der Bundeswehr ist. Aber mit den Kräften der ehemaligen Grenztruppen und der Unterstützung von Pionieren der ehemaligen NVA werden wir dieses verhaßte Bauwerk hoffentlich bald aus der Welt geschafft haben.

Bei der Landung in Berlin-Tempelhof begrüßt uns der amerikanische Air Base Commander, ein Luftwaffenoberst, als »Vertreter des freien, souveränen und vereinigten Deutschlands in der Hauptstadt Berlin.« Ich erwidere nur: »Haben Sie herzlichen Dank für diese freundliche Begrüßung. Ich weiß, daß ich heute als deutscher Befehlshaber des Bundeswehr-Kommandos Ost nur landen kann, weil Sie und unsere Alliierten während der letzten 45 Jahre hier in Berlin geblieben sind. Für diese Ausdauer und für Ihren Einsatz danke ich Ihnen und Ihren Kameraden. Wir werden das nie vergessen.«

Nach dem Staatsakt in der Philharmonie und dem anschließenden Empfang, auf dem mir von vielen Seiten Glück für meine bevorstehende Aufgabe gewünscht wird, fliege ich zur Übernahme des Kommandos nach Strausberg zurück. Die Übergabe des Bundeswehr-Kommandos Ost, der Außenstelle des Bundesministeriums der Verteidigung und der Wehrbereichsverwaltung VII findet um halb fünf nachmittags statt. Zahlreiche Gäste sind erschienen. Der Wehrbeauftragte des Deutschen Bundestages und die Mitglieder des Verteidigungsausschusses sind ebenfalls zugegen – auch dies ein Zeichen öffentlicher Anteilnahme und der Unterstützung durch alle Parteien.

Die Ansprachen aus Anlaß dieses Festakts werden musikalisch von einer symphonischen Besetzung umrahmt, die symbolische Bedeutung hat. Die Musiker kommen aus Ost und West, sie tragen eine gleiche Uniform und spielen gemeinsam die Werke alter deutscher Meister. Auf Wunsch des Generalinspekteurs halte ich keine kurze Ansprache über meine Zielsetzungen – ich hätte sonst als einziger Soldat gesprochen.

Bundesminister Dr. Stoltenberg gibt mit seinem Tagesbefehl die Richtung unserer künftigen Arbeit vor:

Am 3. Oktober 1990 hat sich das deutsche Volk wieder in einem Staat zusammengefunden. Mauern und Grenzen sind gefallen. Mehr als vier Jahrzehnte gewaltsamer Trennung haben es nicht vermocht, das Zusammengehörigkeitsgefühl der Deutschen zu brechen.

Die Bevölkerung der ehemaligen DDR hat mit großer Mehrheit den Beitritt zur Bundesrepublik Deutschland bejaht und aktiv unterstützt. Damit hat sie sich für die politische Ordnung des Grundgesetzes entschieden. Wir alle sind unserem Lande mit seiner freiheitlichen, demokratischen und rechtsstaatlichen Verfassung verpflichtet.

Unser vereintes Deutschland ist fest in die westliche Wertegemeinschaft integriert. Wir sind Mitglied der Europäischen Gemeinschaft ebenso wie der Atlantischen Allianz und der Westeuropäischen Union. Daraus ergeben sich Orientierung und Verpflichtungen auch für unsere Streitkräfte. Diese Verpflichtungen sind uns nicht aufgezwungen wor-

den, sondern wir haben sie freiwillig und bewußt übernommen. Sie sind ein wesentlicher Teil unseres Selbstverständnisses.

Für Deutschland einzutreten heißt heute zugleich einzutreten für Freiheit, für Demokratie, für Rechtsstaatlichkeit und für die Zusammenarbeit mit unseren Verbündeten in Europa und Nordamerika. Das bedeutet auch, auf der Grundlage der jetzt beschlossenen Verträge die Zusammenarbeit mit der Sowjetunion wie den jungen Demokratien in Mittel- und Osteuropa zu vertiefen.

Die Teilung unseres Landes ist überwunden. Nun gilt es, auch das Trennende im Denken und Empfinden zu beseitigen. Die Soldaten stehen dabei vor einer besonderen Herausforderung, sie müssen vom Gegeneinander zum Miteinander finden.

Der Abbau von Spannungen erlaubt es, Abrüstungsvereinbarungen abzuschließen und den Umfang unserer Bundeswehr zu verringern. Wir werden in wenigen Jahren 370 000 Soldaten im vereinten Deutschland haben. Dies führt zu einer Reduzierung im Westen wie im Osten Deutschlands.

Wichtige Voraussetzungen und Rahmenbedingungen für die Übernahme von Soldaten und zivilen Mitarbeitern der bisherigen NVA in die Bundeswehr sind im Einigungsvertrag vorgegeben. Viele werden diese Chance erhalten und nutzen. Andere müssen in den kommenden Monaten nach den im Staatsvertrag festgelegten Regelungen entlassen werden. Ich hoffe, daß sie nicht resignieren, sondern einen neuen Anfang machen, um am Aufbau der Wirtschaft in den neuen Bundesländern aktiv mitzuwirken. Soweit wir können, wollen wir diese tiefgreifende Umstellung durch Qualifizierung unterstützen. Von denjenigen, die sich für den Dienst in der Bundeswehr bewerben, erwarte ich Lernbereitschaft, bereitwillige Übernahme von Verantwortung und das offene Herangehen an neue Aufgabenstellungen. Die Soldaten der Bundeswehr fordere ich auf, die neuen Soldaten unvoreingenommen aufzunehmen, ihnen kameradschaftliche Hilfestellung zu geben und die schnelle Integration zu fördern.

Mit dem 3. Oktober habe ich die Befehls- und Kommandogewalt über die Streitkräfte des vereinten Deutschlands als Bundesminister der Verteidigung übernommen. Zugleich gilt die im Grundgesetz verankerte Wehrverfassung für ganz Deutschland.

Es kommt jetzt darauf an, den Prozeß der Integration und der Truppenreduzierung in solch einer Weise durchzuführen, daß wir nach der deutschen Einheit eine einheitliche Bundeswehr erreichen, die ihren Verfassungsauftrag im gesamten Staatsgebiet erfüllen kann.

Dazu brauchen wir die Mitarbeit der Soldaten und zivilen Mitarbei-

ter, nicht nur, um eine ordnungsgemäße Übergabe und Integration zu erreichen, sondern vor allem um unsere Bundeswehr der Zukunft aktiv zu gestalten.

Abends setze ich mich zum ersten Mal mit allen Abteilungsleitern, die in Zukunft meine engsten Mitarbeiter sein werden, zum Abendessen zusammen, um unsere gemeinsame Aufgabe zu besprechen. Wir alle wissen, was für ein Berg von Arbeit uns bevorsteht, aber noch während unserer Unterhaltung merke ich, daß wir eine gute Truppe sind, daß wir die gleichen Vorstellungen im Hinblick auf die Zukunft haben und mit Schwung und Optimismus an die uns gestellten Aufgaben herangehen werden.

Donnerstag, 4. Oktober 1990 Um 8.00 Uhr meldet mir Generalmajor von Scheven, mein Stellvertreter, den Stab des Bundeswehr-Kommandos Ost zum Aufstellungsappell vor dem Hauptgebäude des ehemaligen Ministeriums in Strausberg. Wir wußten vorher nicht genau, wie viele Soldaten an diesem Appell teilnehmen und wie viele zivile Mitarbeiter ihm beiwohnen würden. Es sind weit mehr als die 600 Soldaten, mit denen wir gerechnet haben. Sie kommen aus Ost und West. Trotz der gemischten Aufstellung sind die ehemaligen NVA-Angehörigen am Sitz des ungewohnten, noch steifen Baretts und an den neuen Feldanzügen zu erkennen. Es ist noch nicht das gewohnte militärische Bild, aber wir befinden uns ja auch in einer durchaus ungewohnten Situation. Die erstmalig am Appellplatz wehende Bundesdienstfahne legt davon ein deutliches Zeugnis ab.

Ich habe mich auf meine Ansprache besonders intensiv vorbereitet und stehe unter einer ähnlichen Spannung wie die Soldaten vor mir. Ich weiß, daß ich mit dieser – auch in meinem Leben – wichtigen Rede die Grundlagen für unsere gesamte Arbeit lege. Ich muß dabei die Reaktionen im Westen wie im Osten berücksichtigen und kann mich an bestimmten Fragen nicht vorbeimogeln. Außerdem darf die Rede nicht länger als die zehn Minuten dauern, die vor einer angetretenen Truppe üblich sind. So habe ich zur Indienststellung des Bundeswehr-Kommandos Ost, zur Übergabe der Luftwaffe, zur Übergabe des Wehrbereichskommandos VII in Leipzig und zur Übergabe des Heereskommandos am 4. Oktober die nachfolgend aufgeführte Rede gehalten:

Soldaten des Bundeswehr-Kommandos Ost, zivile Mitarbeiter,

seit gestern ist Deutschland wieder eins. Der Bundesminister der Verteidigung hat mir das Kommando über die deutschen Streitkräfte im Bereich der neuen fünf Bundesländer und Berlins übertragen. Mit die-

sem Appell stelle ich das Bundeswehr Kommandos Ost offiziell in Dienst. Ich danke allen, vor allem den ehemaligen Angehörigen der NVA, die die Vorarbeiten geleistet haben, so daß wir seit gestern funktionsfähig sind.

Für uns Soldaten ist dies eine besondere Stunde, eine Stunde der Hoffnung auf die Zukunft unseres Volkes. Es ist aber auch eine Stunde, in der viele unter uns die Sorge um die eigene Zukunft bedrückt.

Unser Volk lebt jetzt vereint in einem freiheitlichen, demokratischen, sozialen Rechtsstaat. Wir alle tragen Verantwortung dafür, daß auch in diesem Teil Deutschlands die Demokratie mit Leben gefüllt wird. Das Bundeswehr-Kommando Ost hat den Auftrag, die Truppenteile der bisherigen NVA in die Streitkräfte des demokratischen Deutschlands zu überführen – das geht nur miteinander, nicht gegeneinander.

Unser Ziel ist es, auch in diesem Teil Deutschlands die Streitkräfte so zu formen, wie es dem Leitbild des freien mündigen Staatsbürgers entspricht. Dies kann uns nur gelingen, wenn wir die Erfahrungen bedenken und nutzen, die wir in unserer Vergangenheit – der gemeinsamen wie der über vier Jahrzehnte hin getrennten – gesammelt haben oder sammeln mußten.

Ich erwarte von den ehemaligen Angehörigen der NVA, die mit mir von heute an als Soldaten der Bundeswehr der gleichen Aufgabe dienen und daher die gleiche Uniform tragen, daß sie die ihnen übertragenen Pflichten gewissenhaft erfüllen. Ich erwarte, daß sie bereit sind, das Grundgesetz und das Wehrrecht unserer Bundesrepublik Deutschland zur Grundlage ihres Handelns zu machen. Hierzu gehört auch unser Selbstverständnis als Staatsbürger in Uniform.

Von den Soldaten der bisherigen Bundeswehr erwarte ich Aufgeschlossenheit, Hilfsbereitschaft und Geduld für ihre neuen Kameraden. Zur Selbstgerechtigkeit besteht kein Anlaß – gehen Sie aufeinander zu. Wir dienen der gemeinsamen Sache – der Zukunft Deutschlands.

Vor uns liegen schwierige Aufgaben – Aufgaben, die in dieser Form noch nie zuvor an Soldaten gestellt wurden; das gilt für uns alle. Aus Teilen der von der SED aufgebauten und im Geiste des Klassenkampfes erzogenen Armee sollen Truppenteile der Bundeswehr werden, jener Armee also, die einst als der Gegner und Klassenfeind betrachtet wurde.

Trotz aller früheren Unterschiede und Gegensätze müssen wir künftig die Geschlossenheit der gesamtdeutschen Streitkräfte erreichen, um unseren gemeinsamen Auftrag, Frieden und Freiheit unseres demokratischen Staates zu schützen und zu wahren, erfüllen zu können. Diese Geschlossenheit und Gemeinsamkeit kann nur auf der Grundlage einer eindeutigen Absage an die Grundsätze der DDR und ihrer früheren Armee erreicht werden.

Klassenkampf, Klassenauftrag, Klassenhaß und Feindbild – welches auch immer – haben in der Bundeswehr keinen Platz. Der Respekt vor den Menschenrechten jedes einzelnen und ihr Schutz, die Beachtung der internationalen Rechtsordnung sind ebenso Staatszweck des vereinten Deutschland, wie sie es in der Bundesrepublik Deutschland schon bisher waren.

Es ist allein Ihre Sache, den Bruch mit der Vergangenheit zu vollziehen, in der Sie im Dienste eines Staates standen, der diese Normen verletzte. Ihr Weg in eine demokratische Armee wird Ihnen nur gelingen, wenn Sie zuvor aus Einsicht und Überzeugung den Bruch mit der Ideologie der DDR vollzogen haben. Auf diesem Weg wollen wir Sie helfend begleiten – als Kameraden.

Vor Ihnen liegt eine persönlich ungewisse Zukunft. Ich verspreche Ihnen heute, daß ich offen und verständnisvoll auf Sie zugehe – und Ihnen zum frühestmöglichen Zeitpunkt Klarheit über Ihre künftigen Perspektiven verschaffen werde. Von Ihnen wünsche ich mir Offenheit und Redlichkeit. Auf dieser Grundlage können der Zusammenhalt und die Kameradschaft wachsen, die die Bundeswehr benötigt und die wir uns alle wünschen.

Unsere Arbeit wird von unserem Parlament, der Öffentlichkeit, von allen Menschen in unserem eigenen Land, aber auch von unseren Nachbarn in Ost und West aufmerksam verfolgt. Wir müssen zeigen, daß uns diese schwierige Aufgabe des Zusammenführens, des Reformierens und des Reduzierens gelingt. Wir müssen das sichtbar vollenden, was am 9. November 1989 begann. Sie alle, vor allem aber unsere jungen Wehrpflichtigen, müssen schnell erleben, daß sie von nun an in einer anderen Armee dienen, in einer Armee, die nur den verantworteten, nicht aber den unbedingten Gehorsam fordert, einer Armee, für die die Feststellung des Grundgesetzes »Die Würde des Menschen ist unantastbar« wichtiger ist als jede Dienstvorschrift. Daraus ergibt sich der Geist der Armee. Das ist eine große Herausforderung an uns alle. Wir wollen sie gemeinsam meistern.

Wir, die wir jetzt als Ihre Vorgesetzten, aber auch als Ihre Untergebenen zu Ihnen gekommen sind, kommen nicht als Sieger oder Eroberer. Wir kommen als Deutsche zu Deutschen. Wir sind deutsche Soldaten, aufgewachsen in der Freiheit, im Schutze und im Anspruch der Demokratie erzogen und ausgebildet nach den Grundsätzen der Inneren Führung. Gestützt auf diese Werte und Erfahrungen, wollen wir helfen, die Einheit der Nation in einem freien Rechtsstaat zu verwirklichen. Es gilt, die Einheit auch für unsere Streitkräfte umzusetzen – ein Volk, ein demokratischer Staat, eine Armee. Unser Lohn ist die Einheit der Nation im demokratischen Rechtsstaat. An dieser Aufgabe mitwirken zu dürfen ist ein Privileg. Jetzt müssen wir zeigen, daß wir fähig sind, die gemeinsame Zukunft zu gestalten, Herausforderungen zu bestehen und unserem Vaterland eine gesamtdeutsche Bundeswehr aufzubauen.

Dadurch, daß von nun an alle jungen Deutschen in einer Armee dienen, statt sich in zwei Armeen gegenüberzustehen, erhält die Wehrpflicht eine zusätzliche Bedeutung. Sie wird sichtbarer Ausdruck des Willens, die Einheit und die eigene persönliche Freiheit zu bewahren. So wie unsere Bundesfahne und unsere Nationalhymne Symbol der deutschen Einheit sind, so müssen es auch die Streitkräfte werden – erlebte Gemeinschaft in den Streitkräften des geeinten Deutschland. Jeder von uns hier und bei den Truppenteilen hat hierzu seinen Beitrag zu leisten. Wir sind bereit, dieses zu tun.

Während ich nach dem Appell in Strausberg die neuen Befehlshaber des Heeres und der Luftwaffe einführe, hat Generalmajor von Scheven das Wehrbereichskommando VIII Neubrandenburg und das Marinekommando Rostock in Dienst gestellt. Die schlichten Appelle sollen deutlich machen, daß dieser Tag ein Neuanfang ist. Zum Abschluß wird die Nationalhymne gespielt. So soll sichtbar werden, daß Soldaten in gleicher Uniform auf gleiche Weise für die gemeinsame Aufgabe des wiedervereinigten Deutschland in die Pflicht genommen werden. Der Text unserer Nationalhymne hat sich nun bewahrheitet, und wir können aus vollem Herzen singen: brüderlich mit Herz und Hand; ein Bürgerkrieg ist jetzt nicht mehr vorstellbar.

In Leipzig nehme ich nach der Kommandoübergabe bei dem anschließenden Mittagessen die Gelegenheit wahr, mich mit Soldaten verschiedener Dienstgradgruppen zu unterhalten. Die jungen Wehrpflichtigen machen einen unsicheren Eindruck und sind zurückhaltend. Für die Offiziere scheint daran nichts Ungewöhnliches zu sein. Nach der Stimmung in der Truppe gefragt, erklären sie: »Die tun, was wir sagen. Kein Problem.« Nur der Gehorsam zählt. Ich versuche herauszufinden, ob sie sich vorstellen könnten, daß künftige Wehrpflichtige mehr Fragen stellen werden und vielleicht etwas mehr Widerspruchsgeist haben, und erfahre: »Herr General, das hat es bei uns bisher nicht gegeben, und ich glaube nicht, daß es das in Zukunft hier geben wird.« Als ich ihnen deutlich mache, daß sich hier wohl noch einiges ändern muß, verraten mir die Gesichter, wie überrascht sie sind, daß ihr oberster militärischer Vorgesetzter derart ungewohnte Auffassungen vertritt.

Die jüngeren Offiziere und Unteroffiziere hoffen, in der Bundeswehr bleiben zu können, weil sie wissen, daß die Wehrpflicht erhalten bleibt und neue Truppenteile aufgestellt werden. Die älteren Offiziere dagegen sind vollkommen verunsichert. Ihnen ist klar, daß sie auf Dauer kaum eine Chance in der Bundeswehr haben. Die unter Fünfzigjährigen wissen, daß sie im Falle der Entlassung außer dem Arbeitslosengeld keine weiteren Bezüge bekommen. So berichtet mir ein Oberst, er habe mehr als dreißig Jahre gedient, sei aber noch nicht ganz fünfzig Jahre alt und bekäme nur 23 Prozent seines Einkommens als Rente, sehr viel weniger als die Arbeitslosenhilfe oder -unterstützung. Meinen Hinweis, daß es in der NVA zu viele Stabsoffiziere gegeben habe und es auch daher unumgänglich sei, die Zahlen zu verringern, versteht er zwar, klagt aber über fehlende Chancen, einen anderen Beruf zu finden: »Wer stellt mich denn noch mit 49 Jahren ein, Herr General? Ich habe doch nichts gelernt, als Soldat zu sein.«

Mir wird schon bei diesen ersten Gesprächen deutlich, daß die Probleme vor allem in diesem Bereich der sozialen Absicherung liegen, daß wir gerade hier unsere Glaubwürdigkeit beweisen müssen. Die Begegnung mit den einzelnen Soldaten zeigt, daß die anstehenden Fragen nicht nur vom grünen Tisch her, sondern vor allem im Gespräch mit den Menschen gelöst werden müssen.

Zurück nach Strausberg, wo wir für den Abend alle Angehörigen des Bundeswehr-Kommandos Ost – die meisten von ihnen sind ehemalige NVA-Soldaten – zu einem Umtrunk eingeladen haben, dazu auch den Bürgermeister, den Landrat von Strausberg sowie den örtlichen Superintendenten der evangelischen Kirche. Sie folgen überrascht und interessiert unserer Einladung. Für alle drei ist es eine völlig neue Erfahrung, zu einer solchen Veranstaltung in das Ministerium eingeladen zu werden. Da wir wissen, daß es in der NVA kein gesellschaftliches Leben in unserem Sinn gegeben hat, legen wir gerade hier Wert darauf, einen neuen Stil einzuführen.

Von den etwa 1000 zivilen und militärischen Angehörigen des Stabes des Bundeswehr-Kommandos Ost sind 600 bis 700 gekommen. Die ersten Gespräche über alltägliche Fragen, aber auch über die Vergangenheit und die ungewisse persönliche Zukunft beginnen. Man lernt sich kennen. Noch aber scheinen unsere Offenheit und Selbstverständlichkeit im Umgang zu irritieren.

Unter den Gästen sind auch drei ehemalige Generale, die jetzt als Berater bei uns arbeiten. Ich hebe in meiner kurzen Ansprache noch einmal die Verdienste der NVA beim Übergang und die Arbeit der drei Generale hervor, die bis zum 2. Oktober sehr eng mit unserem Vorkommando zusammengearbeitet hatten. Die Anerkennung dieses Beitrages für den Übergang zu gemeinsamen deutschen Streitkräften tut den Angehörigen der ehemaligen NVA erkennbar wohl. Zu meiner kurzen Ansprache habe ich mich auf einen Stuhl gestellt und laut auf den Fingern gepfiffen, um mir Gehör zu verschaffen. Später höre ich, daß ich dadurch bei vielen ehemaligen NVA-Angehörigen das Bild ins Wanken gebracht habe, das sie bis dahin von einem Bundeswehrgeneral hatten.

Nach dem Empfang bitte ich die Abteilungsleiter zur ersten Stabsbesprechung in das sogenannte operative Führungszentrum, das dem Verteidigungsminister der DDR bei Übungen und in Krisen zur Führung der Streitkräfte diente. Die Führung sitzt auf einem erhöhten Podest vor nicht funktionierenden Computerkonsolen, während die Abteilungsleiter mit dem Rücken zu ihr placiert sind. Lediglich der Vortragende hat Blickkontakt – eine Diskussion mit mehreren ist somit nicht möglich. Wir wissen, daß alles, was wir in dieser Bunkeranlage mit den Abteilungsleitern – ausschließlich Offiziere aus dem Westen – besprechen, von ehemaligen Angehörigen der NVA mitgehört wird, die noch immer hier arbeiten. Außerdem müssen wir davon ausgehen, daß alle unsere Telefone abgehört werden und in allen Räumen Abhörwanzen montiert sind. Besonders empfindliche Fragen kann ich mit meinen Mitarbeitern darum nur unter »Schutzmaßnahmen« besprechen. Auch das gehört noch zu den neuen Gemeinsamkeiten!

Zunächst kommt es für uns darauf an, zu klären, was wir tatsächlich an Personal, Material und Liegenschaften übernommen haben. Für unseren Kommandostab müssen wir klären, warum wir statt der geplanten 350 Soldaten mehr als 700 vorgefunden haben; gleich zu Beginn unserer Arbeit werden wir viele Soldaten entlassen müssen, um den Stab überschaubar und führbar zu machen. Dabei gilt es herauszufinden, wer von den ehemaligen Angehörigen der NVA tatsächlich gewillt ist, gemeinsam mit den Bundeswehroffizieren an der Auflösung der NVA und dem Aufbau von Bundeswehrtruppenteilen mitzuarbeiten. Außerdem müssen wir die militärischen und zivilen Zuständigkeiten entflechten und einer Wehrverwaltung übertragen, die allerdings erst im Aufbau ist.

Was die Truppe angeht, so können wir nur hoffen, daß die Übernahme der Verbände durch die Westoffiziere reibungslos funktioniert und die Soldaten der NVA akzeptieren, daß einige wenige Bundeswehroffiziere jetzt ihre Vorgesetzten sind, die Ziele setzen, Aufträge geben und diese auch kontrollieren. Wird es den Offizieren gelingen, das alles mit Fingerspitzengefühl, aber auch mit der notwendigen Entschiedenheit zu tun? In der Presse, auch von Abgeordneten des Deutschen Bundestages, ist verschiedentlich schon darüber spekuliert worden, daß sich ein Teil der Offiziere allzu selbstherrlich aufführen könnte. Ich selbst jedoch glaube das nicht.

Wichtig für die Wahrnehmung unserer künftigen Aufgaben ist auch die Entscheidung der Teilstreitkräfte, westliche »Patenverbände« für die Osttruppenteile zu bestimmen, die schnell und unbürokratisch helfen sollen, sofern die Notwendigkeit dazu besteht. Wie sich später herausstellen wird, ist gerade diese Entscheidung von einer außerordentlichen Bedeutung gewesen, denn nur durch die enge Unterstützung der Patenverbände, durch die unbürokratische direkte Hilfe, sind wir über viele Schwierigkeiten hinweggekommen – von der Beschaffung von Fotokopierern, Vorschriften und Büromaterial bis hin zur kurzfristigen Abordnung von Fachleuten für alle möglichen Bereiche.

Leider stellt sich auch heraus, daß es erste Querelen zwischen Wehrverwaltung und militärischem Teil gegeben hat, da man sich in der Aufteilung der Arbeitsräume und Unterkünfte nicht hat einigen können. Außerdem ist es zu Auseinandersetzungen über bestimmte dienstliche Anordnungen gekommen. Ich bin enttäuscht, daß schon am ersten Arbeitstag die gemeinsame Vision von der Einheit Deutschlands und der gemeinsamen Aufgabe zurücktritt und in bürokratischem Gerangel verkümmert. Wir werden lernen müssen, über unser gemeinsames Ziel ebenso zu sprechen wie über die bestehenden Probleme.

Freitag, 5. Oktober 1990 Morgens führe ich ausführliche Gespräche mit den wenigen von uns ausgewählten NVA-Generalen, die uns in Zukunft als Berater in Zivil zur Verfügung stehen sollen. Aufgrund der Führungsstruktur der NVA waren die Organisation und das Wissen erst auf höchster Ebene im Ministerium zusammengefaßt, so daß nur einige wenige Generale den Überblick über das gesamte militärische System besaßen, auf deren Hilfe wir nun dringend angewiesen sind. Deshalb besprechen wir gemeinsam, welchen Beitrag sie leisten können, um jene Armee aufzulösen, die sie selber aufgebaut, der sie mehrere Jahrzehnte lang gedient haben und die jetzt auseinanderzubrechen droht.

Jeder von uns steht unter einer gewissen Spannung, noch ist ungewiß, wie wir miteinander zurechtkommen werden. Zunächst gehe ich mit jedem einzelnen von ihnen seine künftigen Aufgaben durch. Generalmajor a.D. Berger wird eng mit Generalmajor Mende zusammenarbeiten, der die Luftstreitkräfte übernommen hat. Generalmajor a.D. Engelhardt, kurzzeitig Chef der Landstreitkräfte, wird unsere Verbindungsgruppe zu den Sowjets beraten und mir für alle allgemeinen Fragen des Heeres zur Verfügung stehen. Generalmajor a.D. Schlothauer, kurze Zeit Chef des

Hauptstabes der NVA, wird mit meinem Chef des Stabes, Brigadegeneral Jacobs, zusammenarbeiten, und Generalleutnant a.D. Baarß wird meinen Stellvertreter in allen Fragen des allgemeinen Truppendienstes und der Ausbildung beraten. Der ehemalige Chef der Marinestreitkräfte, Admiral Born, den ich nicht eigens von Rostock habe kommen lassen, wird unserem Marinebefehlshaber zur Seite stehen.

Nach diesen Einweisungen und ausführlichen Gesprächen habe ich den Eindruck, daß wir sachkundige und bereitwillige Mitarbeiter gewonnen haben. Sie betrachten sich als Fachleute, vergessen aber, was sich noch alles ändern muß – vor allem im eigenen Bewußtsein und Menschenbild; wir werden noch viel zu besprechen haben und lernen müssen. Zum Wohle der gemeinsamen Aufgabe vertrauensvoll und offen zusammenarbeiten – konnten wir das wirklich? War die Vergangenheit schon bewältigt?

Anschließend erste »Wochenlage«, bei der sich herausstellt, daß der Anfang des Übergangs von der NVA zur Bundeswehr offensichtlich ohne Zwischenfälle oder Widerstände gelungen ist. Die Einkleidung mit dem NATO-Feldanzug ist abgeschlossen worden, alle Soldaten haben den Dienst angetreten. Auch dort, wo die Kommandeure und Stellvertretenden Kommandeure kurzfristig vor dem 3. Oktober freiwillig ausgeschieden sind, haben andere Offiziere der ehemaligen NVA ihre Aufgaben so lange wahrgenommen, bis sie durch Offiziere der Bundeswehr oder dienstgradhöhere Offiziere der ehemaligen NVA abgelöst worden sind. Die Übernahme der Lufthoheit hat ebenfalls reibungslos funktioniert, die Verbindung zu den Staaten des Warschauer Vertrages ist »abgeklemmt« worden. Die Zahl der Soldaten im Wachdienst ist um 5 500 Mannschaftsdienstgrade erhöht worden, weil zusätzliche Wachen die abgeschalteten Hochspannungssicherungsanlagen der Munitionsdepots ersetzen müssen. Derartige Anlagen hatte man in der NVA zur Sicherung aller großen Lager und Depots benutzt; sie bestanden aus mehreren Stacheldrahtzäunen und einem unter tödlicher Stromspannung stehenden Leitungssystem. Da diese Art von Sicherung unvereinbar mit unserem rechtsstaatlichen Verständnis ist, sind sie in der Nacht vom 2. zum 3. Oktober abgeschaltet worden. Dadurch aber hat sich die Wachbelastung entscheidend erhöht, was weniger Zeit für die Grundausbildung der Rekruten erlaubt und zu erheblichen Belastungen führt, da viele Munitionslager weitab von den Garnisonen liegen und keine Unterkünfte für das Wachpersonal besitzen.

Im Augenblick aber ist für mich entscheidend, daß die Sicherheitslage im großen und ganzen stabil ist und unsere Befehle und Fernschreiben im gesamten Bereich empfangen werden können. Allerdings stellt sich während der Lagebesprechung heraus, daß es auch hier Probleme gibt. Wir haben zwar von der NVA ein intaktes Fernmeldesystem übernommen, mit dem wir über Telefon und Fernschreiber alle Dienststellen der ehemaligen NVA erreichen können, aber diese Netze sind hoffnungslos veraltet und personalaufwendig. Außerdem gibt es überall »Abzweigungen« zur ehemaligen Fernmeldeüberwachung durch die Staatssicherheit. Obwohl wir glauben, alle diese Verbindungen gekappt zu haben, hören wir davon, daß sie hier und da doch noch bestehen – keiner weiß, wohin. In einigen Vermittlungen sind ehemalige Mitarbeiter der Stasi rechtzeitig abgetaucht und arbeiten ausgerechnet in diesem sicherheitsempfindlichen Bereich nun als »einfache Mitarbeiter« weiter. Es kostet uns eine geraume Zeit, sie alle herauszufischen.

An dem Telefonnetz der NVA hingen früher die fünfzehn Bezirkshauptstädte der DDR mit ihren Parteileitungen – jetzt sind es die zivilen Stellen wie Polizei, die Landesministerien oder die Treuhand. Leitungen nach Westdeutschland hingegen existieren kaum. Zum Bundesministerium der Verteidigung gibt es zunächst nur wenige Verbindungen, die außerdem fast immer besetzt sind. Anrufe über Postleitungen nach Westdeutschland sind ebenso wie Rückrufe in den Osten schwierig, ja zum Teil unmöglich, und tagsüber ist nicht einmal das Autotelefon benutzbar, da auch das C-Netz im Großraum Berlin ständig überlastet ist. Der schnelle Informationsaustausch zwischen Ost und West ist aber sehr wichtig- an der Verbesserung wird deshalb mit Hochdruck gearbeitet.

Abends um 18.00 Uhr empfange ich vier Oberste der ehemaligen NVA zu einem Gespräch, die sich am 2. Oktober in einem Fernschreiben an mich darüber beklagt haben, daß ihr Divisionskommandeur, ein Generalmajor, aller seiner Funktionen enthoben und in den Ruhestand versetzt worden ist. Sie hatten unter anderem geschrieben:

Herr Kohl hat sich unumwunden über den gewaltfreien Verlauf der Veränderungen in diesem Lande geäußert. Wir sagen, das war ohne die Loyalität, Umsicht und politische Position jener, die die Waffen in den Händen hatten, nicht möglich. Wir sind erschüttert, daß unser Kommandeur, Generalmajor N.N., mit Wirkung vom 2.10.1990 seiner Funktion enthoben und in den Ruhestand versetzt wurde. Dr. N. N. ist einer der loyalsten und fachlich kompetentesten Militärs in den Luftstreitkräften/Luftverteidigung, der durch seine persönliche Arbeit dafür gesorgt hat, daß die Division in allen Fragen der gesellschaftlichen Veränderung ihre Aufgaben erfüllte und die Sicherheit der Waffen und Munition bis zur heutigen Stunde gewährleistet hat. Wir erkennen an diesem Vorgehen, daß nicht Fairneß und Partnerschaft, Loyalität und Sachkompetenz, sondern politisches Kalkül die Grundlage personeller

Entscheidungen sind. Damit werden die Unsicherheit der Berufssoldaten und die Demotivation weiter geschürt.

Wir wissen, daß persönliche, personelle und strukturelle Entscheidungen anstehen. Die Frage ist, in welcher Art und Weise solche notwendigen Entscheidungen getroffen werden. Nach sorgfältiger persönlicher Prüfung oder mit dem politischen Rasenmäher? Für uns wäre es selbstverständlich gewesen, daß unser Kommandeur, beraten durch Vertreter der Bundeswehr, die Division in der Umstrukturierung selbst führt und letztlich sein Führungsorgan auflöst. Sollte dieser Stil personeller Entscheidung nach dem 3.10. weitergeführt werden, so werden anstelle der Mauer aus Beton menschliche Mauern errichtet werden.

Ich führe das Gespräch mit ihnen in Gegenwart von Generalmajor Mende, Kommandeur der 5. Luftwaffendivision, der die Verantwortung für die gesamten Luftstreitkräfte der ehemaligen NVA übernommen hat. Die Offiziere tragen ihre Punkte ruhig und sachlich vor und weisen darauf hin, daß ihr Kommandeur – bei den Soldaten allgemein beliebt und verehrt – mit lediglich drei Tagen Vorwarnung kurzfristig verabschiedet worden war. Da er unter fünfzig sei, erhalte er keine Rente, sondern nur Arbeitslosenunterstützung, und stehe jetzt im Heer der Arbeitslosen, was er in ihren Augen nicht verdient habe. Vor allem habe aber die Art und Weise seines Abschieds die Soldaten getroffen. In der NVA seien Generale normalerweise vom Vorsitzenden des Staatsrats ernannt worden, ihr Kommandeur sei hingegen nicht einmal vom Minister, sondern nur von dessen Staatssekretär in einer kurzen, beklemmenden Verabschiedung entlassen worden. Sei dies der Stil, den man in der Bundeswehr zu erwarten habe?

Ich versuche, den Offizieren meinen Standpunkt zu erklären. Die Bundeswehr sei in jeder Hinsicht eine andere Armee als die ehemalige NVA, was auch darin deutlich werden müsse, daß die alten Generale der NVA, ausgebildet im sozialistischen System und im damaligen Regime mit allen Privilegien versehen, in der Bundeswehr keinen Platz mehr haben dürfen. Der Neuanfang der Bundeswehr müsse gerade durch personelle Veränderungen an der Spitze sichtbar werden – auch die Bevölkerung könne eine andere Entscheidung mit Sicherheit nicht verstehen. In Zukunft müßten weiterhin noch viele Offiziere entlassen werden, und für uns, die wir nun unmittelbar Verantwortung trügen, sei klar, daß sie als Bürger der Bundesrepublik Deutschland Anspruch auf einen fairen Umgang und rechtsstaatlichen Beistand hätten.

Ich verspreche auch, daß wir uns trotz der Vielzahl der bevorstehenden Entlassungen bemühen wollen, die individuelle Lage soweit wie möglich zu berücksichtigen und gemeinsam mit der territorialen Wehrverwaltung und den Arbeitsämtern Vorbereitungen für die Berufsausbildung der Soldaten zu organisieren. Zudem würden wir versuchen, Offiziere und Unteroffiziere bei der Bundeswehr zu behalten, solange es von der Aufgabenstellung her gerechtfertigt sei.

Nach anfänglichen Spannungen verläuft das Gespräch verhältnismäßig offen und sachlich, und nach anderthalb Stunden bedanken sich die Offiziere für meine Erklärungen. Sie seien überrascht gewesen, daß ich sie überhaupt – und außerdem so schnell – empfangen hätte. Dies sei ein bisher unbekannter Umgang, der sich herumsprechen werde. Die Luftwaffe solle wissen, daß sie Befehlshaber hätte, die sich vor den Problemen nicht drücken würden, die die Soldaten verstünden, sich um die Menschen bemühten und versuchten, zu akzeptablen Lösungen zu kommen.

Abends im »Bericht aus Bonn« – wie auch in den großen Tageszeitungen – ein sehr positiver Beitrag über den Kommandowechsel. Dieses erfreuliche Echo darf uns nicht über die Herausforderungen täuschen, die noch vor uns liegen. Es geht jetzt darum, unsere Ideen und Vorhaben in mühevoller Kleinarbeit in die Tat umzusetzen.

Samstag, 6. Oktober 1990 Mit dem Hubschrauber nach Bad Salzungen in Thüringen. Wir wollen dem Minister vorschlagen, dort am 19. Oktober das erste feierliche Gelöbnis in der Öffentlichkeit abzuhalten. Den Ort hat mir einer der uns beratenden NVA-Generale empfohlen, nachdem ich ihm geschildert hatte, was wir mit einem öffentlichen Gelöbnis bezwecken. Wir wollen Staatsbürger als Soldaten öffentlich für den Staat in die Pflicht nehmen – auf dem Marktplatz einer Kleinstadt und mit Beteiligung der Bürger. Da keiner von uns mit den Verhältnissen und der Stimmung vor Ort vertraut ist, fliege ich im Vertrauen auf die Richtigkeit dieser Empfehlung am Sonnabendmorgen mit dem Hubschrauber zweieinhalb Stunden nach Bad Salzungen.

Der Flug über das Land ist eindrucksvoll. Den märkischen Seen und herbstlich gefärbten Wäldern folgen baumlose Ebenen und dann das deprimierende Bild des Braunkohletagebaus und der Chemieindustrie. Mondlandschaften, weit und breit kein Strauch, die Erde aufgerissen, umgegraben, ausgebeutet. Im Bereich der großen Chemiewerke eine Industrielandschaft wie aus der Zeit der Industrialisierung im 19. Jahrhundert. Rauchende Schornsteine, verrostete Industrieanlagen und Abwasserlachen in unterschiedlichen Farben um die wenigen abgestorbenen Nadelbäume. Der Anblick ist trostlos. Ich muß unwillkürlich an die Worte eines westdeutschen Bekannten denken: »Das ganze Land ist kaputt. Und so wie es in der Umwelt aussieht, sieht es auch in den Köpfen unserer Landsleute aus. Sie können nichts dafür, Schuld hat das furchtbare System gehabt! Glauben Sie mir!« Sollte er recht haben? Ich habe ihm damals widersprochen und würde es heute wieder tun. Denn auf vielen Schornsteinen und Hochspannungsmasten weht die deutsche Fahne als Symbol der Einheit und kündet von Hoffnung und dem Glauben an die Zukunft. Hoffentlich gelingt es uns, die Erwartungen zu erfüllen.

Wenig später das grüne Thüringen, dann die Wartburg, bevölkert von Touristen. Landung in der Kaserne in Bad Salzungen. Begrüßung durch den Regimentskommandeur von der Bundeswehr West und seinem jetzigen Stellvertreter, einem Major, früher Oberstleutnant und Kommandeur dieses Regiments. Im Offizierspeiseraum sind der Landrat und die Bürgermeisterin dieses Ortes anwesend. Es werden belegte Brote mit Kasseler, dickem Schinken oder Schweinefleisch gereicht – auf den Tischen liegen Plastikdecken; es riecht nach Lysol. Ich bedanke mich, daß beide als Vertreter der Kommune und des Landkreises zu diesem Gespräch gekommen sind, und erkläre, was wir mit diesem feierlichen Gelöbnis beabsichtigen. Ich erläutere meinen Zuhörern, daß wir das Gelöbnis nicht auf dem Platz am Stadtrand veranstalten wollen, wo es die NVA zweimal jährlich durchgeführt hatte, sondern auf dem Marktplatz, mitten unter der Bevölkerung. Damit wollen wir zeigen, daß sich die Bundeswehr nicht in den Kasernen versteckt, sondern von sich aus in die Öffentlichkeit geht. Die Menschen sollen erkennen, daß Soldaten und Bürger zusammengehören, der Bundeswehrsoldat tatsächlich ein Staatsbürger in Uniform ist.

Bürgermeisterin und Landrat verstehen meine Argumentation, haben aber doch gewisse Vorbehalte. Als das Regiment 1978 nach Bad Salzungen verlegt wurde, wurden Landflächen von etwa 3 400 Hektar einfach beschlagnahmt, die Kaserne gebaut und ein Übungsplatz für den scharfen Schuß angelegt. Die Bevölkerung hat diese Art der Besitzergreifung nicht verwunden, und die Kaserne wird noch immer als Fremdkörper empfunden. Wußten das meine Berater nicht, hatten sie es vergessen, oder betrachteten sie es als unwesentlich?

Ich weise in unserer Diskussion darauf hin, daß der Minister am 19. Oktober Gelegenheit finden wird, sowohl mit der Bürgermeisterin und den Vertretern der Stadt wie des Landkreises alle Fragen zu diskutieren, die von Bedeutung sind. Von daher gesehen sei das Gelöbnis in der Öffentlichkeit auch ein Vorteil für Landkreis und Kommune. Zudem würde der Kreis Bad Salzungen durch die Fernsehberichterstattung bekannt gemacht werden. Nach einer langen Aussprache stimmen die Bürgermeisterin und der Landrat der Veranstaltung endlich zu, wollen damit aber keineswegs nachträglich die Inbesitznahme des Landes billigen. Immerhin kann nun die Detailplanung zwischen dem Standort und der Gemeinde stattfinden.

Ein anschließender Besuch in der Kaserne zeigt das Bild, das sich später immer wieder zeigen wird: Obwohl der Bau noch nicht alt ist, sind die Unterkünfte in einem miserablen Zustand; der desolate Zustand offenbart die großen Schwächen der Plattenbauweise. Die Möblierung auf den Mannschaftsstuben – belegt mit acht bis zehn Mann – besteht aus je einem Bett mit schmalem Spind und einem Hocker ohne Lehne. Allen Bewohnern des Zimmers steht ein einziger Tisch zur Verfügung. Die Wände sind kahl – nichts Persönliches ist vorhanden. Im Mannschaftsraum sind Stühle um einen Fernseher gruppiert – abblätternder dunkler Kalkanstrich an den Wänden. Trostloses Grau überall. Es gibt keinen Raum, in dem man sich wohl fühlen und unterhalten könnte. Auch Küche und Duschgelegenheiten entsprechen in keiner Weise unseren Vorschriften.

Die Technik dagegen, also alles, was zu den gepanzerten Fahrzeugen eines Mot-Schützenregiments gehört, ist hervorragend untergebracht, die Ausbildungsanlagen sind gut. Die Gefechtsfahrzeuge sind jetzt zwar entmunitioniert, die Munition aber ist zum Teil noch in den technischen Bereichen gelagert, ein Zustand, der nur kurzfristig hinnehmbar ist. Insgesamt schiebt das gesamte Regiment bei einem Personalbestand von noch fünfzig Prozent und einer Materialausstattung von über hundert Prozent ausschließlich Wache. Soll das bei den Wehrpflichtigen als Ergebnis der deutschen Einheit in Erinnerung bleiben?

Der katastrophale Zustand der Kasernen, den ich auch bei meinen späteren Truppenbesuchen immer wieder vorfinde, hatte mehrere Gründe. Die NVA konnte nach ihrer Gründung nur im Ausnahmefall auf bestehende Kasernen zurückgreifen, da diese von den sowjetischen Truppen ebenso wie die Mehrzahl der Übungsplätze genutzt wurden. Die Partei- und Staatsführung hatte daher in den fünfziger und sechziger Jahren die Masse der NVA-Kasernen unter den vorhandenen begrenzten wirtschaftlichen Bedingungen bauen müssen. Das erforderliche Land für Kasernen und Übungsplätze wurde enteignet, die Eigentümer – wenn überhaupt – nur teilweise und dann mit Pfennigbeträgen abgefunden, was meist anhaltende Spannungen zwischen der Bevölkerung und der NVA zur Folge hatte.

Ein Teil der Kasernen wurde vollkommen neu aus dem Boden gestampft; das bekannteste Beispiel ist der Großstandort Eggesin, wo in strukturschwachem Gebiet eine Panzerdivision neu stationiert wurde. Die neu gebauten Kasernen entsprachen den damaligen Lebensbedingungen und der Auffassung vom Dienst des Soldaten. Sie waren teilweise mit den einfachen Mitteln der Truppe gebaut. Da eine leistungsfähige Bauwirtschaft fehlte, unterhielt die NVA mehrere Pionierbauregimenter ausschließlich zum Kasernenbau.

Die alten Kasernen wurden mit Kohleöfen auf den Stuben beheizt, die etwas neueren von Heizwerken unterschiedlicher Qualität. Die Mehrzahl der Heizwerke wurde mit Braunkohle betrieben. Ihre Umweltbelastung lag weit über unseren Werten, die Heizleistung dagegen war weit geringer. In den Waschräumen gab es im Regelfall nur kaltes Wasser, und Duschen waren nicht vorhanden oder funktionierten nicht. In den »moderneren« Kasernen wurden in den siebziger Jahren Duschhäuser gebaut – für 2500 Soldaten ein »Duschsaal« mit fünfzig bis siebzig Duschen. Wenn geduscht werden sollte, mußte das einheitsweise vorher angemeldet werden, damit es genügend warmes Wasser gab. War der Winter kalt und das Heizwerk voll ausgelastet, gab es häufig kein warmes Wasser für solche Massenduschen.

Die Mannschaftsstuben waren mit Betten, schmalen Spinden, einem Tisch und pro Mann einem Hocker eingerichtet. In den Einheiten gab es ungemütliche, schlecht möblierte Aufenthaltsräume und schäbige Speisesäle für die Mannschaften und Unteroffiziere. Der Kommandeur und einige wenige Offiziere hingegen durften im »wachstuchgedeckten« Kommandeurzimmer essen und bekamen gesonderte Verpflegung. Auch in Strausberg gab es bis September einen Speiseraum, der nur von Generalen benutzt werden durfte – und das in der Armee des »Arbeiter- und Bauernstaates«.

In die Einrichtung der Küchen wie in den gesamten Bereich der Verpflegungswirtschaft wurde nach der Fertigstellung der Kasernen jahrzehntelang kein Geld mehr investiert. Von später 141 überprüften Küchen hätten bei Anwendung unserer Maßstäbe alle wegen mangelnder Hygiene stillgelegt werden müssen. Im Regelfall gab es keine Dunstabzugshauben oder sie funktionierten nicht, so daß Fußboden und Wände mit Fett verschmiert waren – der Sinn für Sauberkeit und Hygiene war offensichtlich abhanden gekommen. Auch Spülmaschinen fehlten, die Soldaten mußten zum Spülen eingeteilt werden, und häufig gab es nicht einmal Spülmittel.

Unterkunfts-, Küchen- und Sanitätsbereiche waren in der Regel in allen Kasernen heruntergewirtschaftet, wenn auch in unterschiedlichem Grad. Die »Gefechtsparks«, in denen die Waffensysteme bereitgehalten wurden, befanden sich jedoch generell in einem guten Zustand. Da die verantwortlichen Kommandeure wenig Haushaltsmittel für die Instandsetzung bekamen, konzentrierten sie sich auf die »einsatzwichtige Infrastruktur« der Gefechtsparks. Überdies waren weit und breit keine Baumaterialien aufzutreiben, weshalb es kaum Möglichkeiten gab, die Unterkünfte durch Eigeninitiative zu verbessern. Aber dafür hatten die Vorgesetzten ohnehin keinen Sinn. Vorgesetzte und Untergebene hatten sich an diese miserablen Verhältnisse gewöhnt, und auch jetzt gab es offenbar wenig Bedürfnis nach Veränderungen.

Nachtrag von Herbst 1991.
Bei einem Unfall in einem Kasernenbereich fuhr ein Schützenpanzer gegen einen Pfeiler einer offenen Halle, die daraufhin zusammenbrach. Glücklicherweise wurde niemand verletzt. Eine sofort angeordnete Überprüfung der Statik und der verwendeten Materialien kam zu dem Ergebnis, daß ein großer Teil der Hallen nicht unseren Sicherheitsvorschriften entsprach und nicht weiter genutzt werden durfte. Sogar hier hatte der erste Augenschein in die Irre geführt.

Sonntag, 7. Oktober 1990 Vorbereitung auf die Kommandeurtagung, an der rund 420 Offiziere teilnehmen werden, die Hälfte ehemalige NVA-Soldaten. Durch einige Gespräche mit ihnen habe ich ein etwas besseres Gefühl für ihre Situation bekommen. Ich will ihnen zunächst einen sicherheitspolitischen Überblick geben, um deutlich zu machen, daß die Verringerung des Umfangs der ehemaligen NVA in ein sicherheitspolitisches Gesamtkonzept eingebettet ist, das nicht zuletzt zur Einheit Deutschlands geführt hat. Zudem möchte ich verdeutlichen, daß der Primat der Politik in der Demokratie auf eine andere Weise zum Ausdruck kommt als in totalitären Systemen. Die Offiziere müssen begreifen, daß in einem demokratischen Staat die Ergebnisse eines Meinungsbildungsprozesses nicht immer so ausfallen, wie sich das der einzelne oder eine Berufsgruppe manchmal vielleicht wünschen.

Die zentrale Frage bei meiner Vorbereitung aber ist für mich: wie ehrlich bin ich, was kann ich sagen, was ist verbindlich? Ich werde klarmachen müssen: die Mehrzahl der Stabsoffiziere hat langfristig keine Chance auf Übernahme, auch wenn ein geringer Teil von ihnen noch als »Soldat auf Zeit« für zwei Jahre übernommen wird. Darum gilt es, auch zu erklären, daß die NVA viel zu viele Stabsoffiziere hatte. Bei einer Gesamtzahl von 175 000 Soldaten standen 2.110 Oberste und Kapitäne zur See den 1 800 Offizieren der Bundeswehr im gleichen Dienstgrad gegenüber, die 495 000 Mann umfaßte. Das bloße Zahlenverhältnis zeigt, wie notwendig auch ein struktureller Abbau ist.

Am Sonntagabend mit dem Leiter der Außenstelle des Bundesministeriums für Verteidigung, Herrn Ablaß, abgestimmt, daß wir sehr eng zusammenarbeiten werden. Die Außenstelle Bundesministerium für Verteidigung und Bundeswehr-Kommando Ost dürfen sich nicht auseinanderdividieren lassen. Wir müssen darauf achten, daß wir gegenüber den »Bonnern« mit einer Stimme sprechen. Unseren Freiraum müssen wir gemeinsam nutzen – Gemeinsamkeit ist das Stichwort.

Der Alltag

Montag, 8. Oktober 1990 Gespräch mit dem Bundespräsidenten in Berlin, der uns Mut macht und unsere Zuversicht stärkt. Besuch der Operationszentrale der Luftwaffe in Fürstenwalde, die sich in einem Bunker, dem sogenannten »Fuchsbau« befindet, der als »geheim« eingestuft worden war. Hier wurde das Luftlagebild der ehemaligen NVA-Luftstreitkräfte erarbeitet und – soweit erforderlich – an die Nachbarstaaten übermittelt. Jetzt wird von hier aus der Luftraum kontrolliert und der Luftrettungsdienst organisiert, der sowohl dem zivilen Bereich wie dem Militär zur Verfügung steht. Ehemalige NVA-Offiziere, die man nur noch an den weißen Nähten ihrer neuen Stiefel und den noch fehlenden Namensschildern an der Uniform erkennt, arbeiten mit ihren Kameraden aus der Bundeswehr Seite an Seite – Experten unter sich. Hier ist schon nach kurzer Zeit eine Zusammenarbeit gewachsen, wie man sie sich in allen Bereichen wünscht.

Anschließend Besuch in einem großen Munitionslager, das im Wald versteckt liegt und in dem etwa 45 000 Tonnen Munition gelagert sind. Der zwölf Kilometer lange Zaun wurde bisher von einer Hochspannungssicherungsanlage gesichert und von nur wenigen Soldaten bewacht. Das Abschalten der Anlage hat zur Folge, daß neunzig Soldaten aus einem 250 Kilometer weit entfernten Standort transportiert werden müssen und unter provisorischen, kaum zumutbaren sanitären Bedingungen untergebracht sind, um eine Woche lang im Schichtwechsel Wache zu schieben. Immerhin gelingt es mit einigen Anstrengungen, die Wehrpflichtigen später in einer Bundeswehrliegenschaft fünfzig Kilometer entfernt unterzubringen, wo sie auch regelmäßig mit warmem Essen verpflegt werden können. Aber das bedeutet, daß sie nun täglich fünfzig Kilometer hin und her gefahren werden müssen. Die Wehrpflichtigen sehen nicht ein, daß sie jetzt nach der Wende so viel Wache schieben müssen, nur weil die Hochspannungssicherungsanlage abgestellt wurde. »Ich muß doch auch schießen, wenn einer kommt, Herr General.«

Der Kommandant dieses Lagers – ehemals ein NVA-Offizier – klagt schon jetzt über Personalmangel, da ein Teil der qualifizierten Feuerwerker ausgeschieden und zur zivilen Industrie gegangen ist. Er hat nicht genügend Offiziere und Unteroffiziere, immerhin aber eine ausreichende Anzahl von zivilen Mitarbeitern. Es stellt sich heraus, daß ein Teil der diebstahlgefährdeten Munition noch besser gesichert werden muß. Ich gebe entsprechende Anordnungen und kann nur hoffen, daß es keine bösen Überraschungen gibt. Auch hier zeigt sich, daß Truppenbesuche durch nichts zu ersetzen sind. Aus Berichten gehen die einzelnen Probleme häufig nicht deutlich genug hervor – Papier ist geduldig.

Abends ziehe ich von meinem provisorischen Zimmer in mein richtiges Dienstzimmer um, das erst entwanzt werden mußte. Das repräsentative Zimmer des Chefs der NVA habe ich nicht übernommen, um auch nur gedankliche Verbindungen mit ihm zu vermeiden. So sitze ich nun in einem teilweise mit hellem Holz getäfelten Zimmer, gelb-braungenopptem Teppich, grünen Vorhängen und vier unbequemen knallgelben Sesselchen. Vor meinem Schreibtisch stehen vier Stühle an einem Arbeitstisch, an dessen quer verlaufendem Brett man sich beim Hinsetzen die Knie stößt. Aber ich ertrage die groteske Einrichtung, lasse alles so, wie es ist, um nicht zu vergessen, wo ich bin. Die voluminöse Telephonanlage, das Klappbett in der Wand sowie die Geschirrausstattung in dem Einbauschrank weisen darauf hin, daß auch dieses Zimmer einen wichtigen Vorbesitzer hatte.

Dienstag, 9. Oktober 1990 Flug nach Leipzig, Besuch des Artillerieregiments, Gespräch mit Rekruten, die sehr verschlossen sind. Im großen Kreis beantworten sie meine Fragen kaum, erst in kleinen Gruppen sind sie zugänglich. Erst dann erfahre ich, wer arbeitslos ist, wer kein Geld nach dem Unterhaltssicherungsgesetz erhält, wer sich freiwillig verpflichten will. Die Soldaten sind am 1. September zur NVA einberufen worden und haben dort eine vierwöchige Grundausbildung absolviert, die sie jetzt noch einmal nach Bundeswehrstandard durchlaufen müssen – entsprechend den Grundsätzen der Bundeswehr, aber unter Führung eines ehemaligen NVA-Offiziers. Zur Unterstützung sind Offiziere und Unteroffiziere aus dem Westen eingesetzt. Sie leisten einen guten Dienst, sind motiviert und gehen mit ihren neuen Kameraden offen und ohne Herablassung um.

Der Kommandeur des Artillerieregiments trägt mir seine Sorgen vor, die im wesentlichen in der unsicheren Zukunft seiner Offiziere und Unteroffiziere liegen, in den fehlenden Ausbildungsmöglichkeiten, in dem fehlenden Personal und vor allen Dingen der großen Wachbelastung.

Anschließend Besuch der 4. MotSchützendivision in Erfurt. Ich erfahre, daß nur noch die Hälfte des Personals und nur ein Drittel der Kraftfahrer vorhanden sind, das Material hingegen noch komplett ist, einschließlich all der Waffen und Gerätschaften, die von Stasi und Grenztruppen übernommen werden mußten. Die Probleme zeigen sich in ihrer ganzen Spannweite. Die Besoldung der Soldaten ist unklar, die medizinische Betreuung macht Schwierigkeiten, Personal fehlt, die Munitionslagerung entspricht nicht unseren Bestimmungen, und aus den leck gewordenen Tankzügen tropft Benzin und Öl, das wegen Mangel an geeigneten Kapazitäten nicht abgetankt werden kann. Alles, aber auch wirklich alles ist heruntergewirtschaftet – sofern es nicht einsatzwichtig für Waffensysteme war. Sogar die asbestgedeckten Dächer der Kasernen bereiten uns Sorgen, weil unklar ist, wie sie behandelt werden müssen.

Gespräch mit dem Oberbürgermeister von Erfurt und dem Regierungsbeauftragten. Sie wollen von uns ein Gebäude zur Verfügung gestellt haben, damit der neu zu wählende Landtag zusammentreten kann. Wir können schnell und unbürokratisch helfen – das Zeichen des gemeinsamen Neuanfangs wird verstanden.

Rückflug nach Strausberg. Abends ein Gespräch mit den unmittelbar unterstellten Kommandeuren von Heer, Luftwaffe, Marine, in dem wir die letzten Absprachen für die am nächsten Tag stattfindende Kommandeurtagung treffen und erste Erfahrungen austauschen. Die Frage der zivilberuflichen Weiterbildung der zu entlassenden Soldaten steht wie eine Wand vor uns. Wir wissen, daß wir handeln müssen, haben aber noch kein Konzept. Klar ist lediglich, daß das Bundesministerium der Verteidigung zugesagt hat, so schnell wie möglich Beamte des Berufsförderungsdienstes in die fünf neuen Länder zu schicken, um im Rahmen der Amtshilfe für den Bundesminister für Arbeit und Soziales tätig werden zu können. Wichtig hierbei ist die Beratung der ausscheidenden Soldaten, die in einer auch durch Bürokratie und Paragraphen vollkommen veränderten Welt stehen und hilflos sind.

Am späten Abend erfahre ich, daß aus einer Abteilung des Bundeswehr-Kommandos Ost in bester Absicht als Vororientierung ein Fernschreiben herausgegeben wurde, das die im ersten Schritt aufzulösenden Truppenteile aufzählt. Grundlage ist eine Planung, die insgesamt noch nicht abgestimmt und von mir noch nicht genehmigt war. Das Rundschreiben mit einem sehr großen Verteiler unmittelbar in die Verbände hinein muß ohne jede Erläuterung Verwirrung stiften und Ratlosigkeit hervorrufen. Ich hebe es deshalb noch am selben Abend auf, da ich den Kommandeuren das weitere Vorgehen persönlich erläutern und erst dann Einzelentscheidungen treffen will. Meinem Stabschef und mir ist klar, wie notwendig eine straffe Führung ist, wenn die einmal begonnene Grundlinie tatsächlich durchgehalten werden soll.

Mittwoch, 10. Oktober 1990 In Strausberg findet die erste Kommandeurtagung des Bundeswehr-Kommandos Ost mit über 400 Teilnehmern statt – etwa zur Hälfte ehemals Bundeswehr und ehemals NVA –

bis zur Ebene der Regimentskommandeure und Kommandeure selbständiger Verbände. Ich hatte diese Tagung so früh angesetzt, um den Offizieren schnellstmöglich die Grundvorstellungen über das weitere Vorgehen zu erläutern, um sie kennenzulernen und um ihnen im Gespräch deutlich zu machen, daß wir als deutsche Offiziere eine gemeinsame Aufgabe zu erfüllen haben und später daran gemessen werden, ob und wie wir dies auch gemeinsam geleistet haben. Da es in Strausberg keine Unterkunftsmöglichkeiten gibt, kann die Tagung nicht vor 9.30 Uhr beginnen. Ein Großteil der Offiziere muß über weiteste Entfernungen aus dem Erzgebirge, dem Thüringer Wald oder Mecklenburg-Vorpommern mit Wartburgs oder Trabbis anreisen, Anreisen von vier bis viereinhalb Stunden bei unklarer Witterungslage, vor allen Dingen bei Nebel. So ist der zeitliche Rahmen von 9.30 Uhr bis spätestens 19.00 Uhr vorgegeben.

In der Einleitung stellte ich Besonderheit und Zielsetzung dieser ersten Tagung wie folgt heraus:

Vor einer Woche wurde die Einheit Deutschlands wiederhergestellt, dem Willen des gesamten deutschen Volkes wurde damit entsprochen. Viele von uns werden diesen Augenblick mit Befriedigung als Erfüllung dessen empfunden haben, was Grund für sie war, Soldat zu werden. Für viele unter uns ist dies auch der Beginn der Ungewißheit.

Auch der heutige Tag ist, wenn man so will, ein historischer Tag. Zum ersten Mal kommen Soldaten der Bundeswehr und der ehemaligen NVA zusammen, um über die künftige gemeinsame Aufgabe zu sprechen. Dieser Tag wird für uns alle auf unserem Berufsweg als Meilenstein in besonderer Erinnerung bleiben. Diese Tagung führt erstmals die Offiziere unterschiedlichen Herkommens zusammen, die für die gesamtdeutsche Bundeswehr im beigetretenen Teil an herausragender Stelle Verantwortung tragen.

Um den Weg deutlich zu machen, möchte ich Ihnen ein Zitat aus dem Buch ›Soldaten des Volkes‹ nicht vorenthalten, das bis vor kurzem noch für Bestleistung und als Geschenk in der NVA vergeben wurde. Dieses Zitat lautet: »Uns gegenüber steht das stärkste imperialistische Militärbündnis, die NATO, deren Speerspitze in Europa der BRD-Imperialismus mit der im Geiste des Militarismus und Antikommunismus erzogenen Bundeswehr ist. Innerhalb der NATO spielt die Bundeswehr eine besondere Rolle. Ihr Wesen und ihre Funktion werden von der äußerst aggressiven Vergangenheit des deutschen Imperialismus, von der revanchistischen Position des Imperialismus der BRD und durch das enge Paktieren mit den USA geprägt.«

Ich rufe Ihnen dieses Zitat in Erinnerung, um dennoch gleich deutlich zu machen: Ich bin der Befehlshaber aller anwesenden Kommandeure und Ihnen gegenüber als Vorgesetzter nach dem Soldatengesetz verpflichtet. Dies bedeutet Pflicht auch zur Fürsorge und zur Kameradschaft. Sie können von mir erwarten: klare Zielvorstellungen nach Abschluß der Bestandsaufnahme, Kameradschaft und Offenheit, mich Ihrer Probleme anzunehmen, und Fürsorge. Ziel der Tagung ist es, über aktuelle Entwicklungen, den gesamten militärpolitischen Bereich sowie über künftige Planungen und die Grundlagen der Personalführung und Fürsorge zu informieren und sich gegenseitig kennenzulernen und besser zu verstehen. Ich erwarte von Ihnen Offenheit in der Aussprache, Ansprechen von Problemen und Fakten, um die Entscheidungsgrundlage zu verbessern.

Wir sprechen als Soldaten zu Soldaten, als Deutsche, die ein gemeinsames nationales Interesse daran haben, den Willen zur Gemeinschaft im demokratischen Rechtsstaat für die Streitkräfte umzusetzen und den Umfang der deutschen Streitkräfte zu vermindern, so wie es dem Willen unseres Volkes und den international eingegangenen Verpflichtungen entspricht. Am Ende dieses Prozesses sollen Streitkräfte unseres demokratischen Rechtsstaates stehen ohne jeden Unterschied zwischen Ost und West. Vor diesem Hintergrund werde ich Ihnen den Auftrag der Streitkräfte im geeinten Deutschland erläutern sowie den militärpolitischen Handlungsrahmen verdeutlichen, woraus klar wird, daß die Streitkräfte ein Mittel der Politik sind.

Sodann stelle ich die Generalmajore, den Chef des Stabes und die Abteilungsleiter des Bundeswehr-Kommandos Ost vor und sage etwas zu meinem eigenen Werdegang innerhalb der Bundeswehr vom 1. April 1957 bis zum 3. Oktober 1990. Diese Vorstellung einschließlich einiger persönlicher Bemerkungen ist offensichtlich ungewohnt und stößt auf Überraschung.

Die Tagung beginnt mit einer militärpolitischen Einführung über den »Auftrag der Streitkräfte in einem geeinten Deutschland«, die deutlich machen soll, daß die Streitkräfte angesichts des weltpolitischen Umbruchs in Ost- und Westdeutschland drastisch verringert werden müssen. Anschließend erörtert der Stellvertretende Befehlshaber in seinem Vortrag »Die Bundeswehr in Staat und Gesellschaft und die Grundsätze der Inneren Führung« die wichtigsten Unterschiede zwischen Bundeswehr und NVA, um allen die Herausforderungen vor Augen zu führen, vor denen wir stehen. Ich selbst trage danach die Grundgedanken zur Bundeswehrplanung vor, um die enge Verknüpfung zwischen der Bundeswehrplanung und den Entscheidungen zum Haushalt und die Mitwirkung des frei gewählten Parlaments zu erläutern. Zum Abschluß spricht der Stellvertretende Befehlshaber über »Personalführung und Fürsorge im Bundeswehr-Kommando Ost«.

Nach jedem Vortrag ergeben sich nach einigem Zögern lebhafte, zum Teil heftige Diskussionen, die General von Scheven und ich persönlich leiten, um unser Engagement zu unterstreichen. Wiederholt erläutern wir den Zusammenhang zwischen unserem freiheitlich-demokratischen Rechtsstaat und der NATO als einem Bündnis von souveränen demokratischen Staaten, aber unsere Argumentation wird häufig nicht verstanden. Manchen Offizieren fällt die Vorstellung schwer, daß das Nichtangriffsgebot nach dem Grundgesetz wirklich verpflichtend war, daß die Bundeswehr kein Recht hatte, die innerdeutsche Grenze mit Kampftruppen zu überschreiten. Ebenso schwer ist zu vermitteln, daß wir unseren Dienst im Auftrag des Grundgesetzes, im Auftrag von Menschenrechten und im Interesse von Frieden und Freiheit verrichten.

Während der Diskussion meldet sich ein Oberst zu Wort. »Herr General«, hält er mir entgegen, »auch wir Soldaten der NVA haben nach unserem Verständnis und Willen dem Frieden gedient. Wir haben durch unseren Dienst einen Beitrag zur Stabilität in Europa geleistet und den friedlichen Wandel in der DDR mitgetragen. Das war unser gemeinsames Interesse.« Damit ist ein zentraler Punkt unserer Auseinandersetzungen angesprochen. Im Saal herrscht Ruhe und gespannte Aufmerksamkeit, als ich erwidere: »Herr Oberst, in der Bundeswehr dienen Sie für Frieden und Freiheit, für Menschenrechte, so wie es im Grundgesetz steht – in der DDR hingegen dienten Sie einem Frieden um den Preis der Freiheit des einzelnen, von vielen unserer Landsleute als ›Kirchhofsfrieden‹ empfunden. Dieses Verständnis vom Frieden ohne Bindung an die Menschenrechte und unser Grundgesetz reicht für die Zukunft nicht. Sie dienten dem Erhalt des kommunistischen Systems, das von der Mehrheit der Bevölkerung abgelehnt wurde. Sie haben als Kommandeure entscheidenden Anteil an dem friedlichen Übergang von der NVA zur Bundeswehr – und ich habe von demokratisch gewählten Repräsentanten gehört, daß örtlich NVA-Kommandeure ihnen versichert hätten, keine Waffen gegen Demonstranten einzusetzen. Wie es mit der Führung der NVA stand, wird man klären müssen. Wenn Sie in der Bundeswehr bleiben wollen, müssen Sie sich aber ohne Wenn und Aber von der Vergangenheit der sozialistischen Streitkräfte lösen!«

In der anschließenden Pause ist dies das beherrschende Thema. Aber es werden auch viele alltägliche Einzelfragen besprochen. Einem der Kommandeure, er war ein Oberst der NVA, stellte sich das Problem eines fehlenden Dienstsiegels für die Freifahrtscheine der Wehrpflichtigen. Die Reichsbahn würde nur gesiegelte Scheine akzeptieren – Vorschrift sei Vorschrift. Zwischen den seit dem 3. Oktober 1990 ungültigen NVA-Siegeln und den erst am 1. April 1991 gültig werdenden neuen Siegeln der aufzustellenden Truppenteile ergab sich ein Siegel-Vakuum. Mit den aus ihren westlichen Verbänden mitgebrachten Dienstsiegeln behalfen sich die West-Kommandeure und teilten sie mit den NVA-Kommandeuren.

Militärhistoriker finden vermutlich verschlungene Siegelspuren. Der mit der Auflösung der Grenztruppen beauftragte Oberst Ocken verwendete für »siegelgerechte« Entlassungen und Amtshandlungen mehrere aus der Panzergrenadierbrigade 16 stammende Siegel – er war als Kommandeur für ein halbes Jahr von dieser Brigade in den Osten abgeordnet.

Donnerstag, 11. Oktober 1990 Der Generalinspekteur besucht das Bundeswehr-Kommando Ost. Wir berichten ihm und diskutieren; anschließend macht er einen Truppenbesuch. Die Fülle von Problemen und Aufgaben wird ihm vor Ort klarer. Auch er beginnt zu ahnen, welche gewaltige Aufgabe und Herausforderung vor dem Führungsstab der Streitkräfte liegt, um diesen großen unterstellten Bereich zu führen und die Vielzahl von Aufgaben zu koordinieren.

Ich trage ihm meine Sorgen vor: Aus Unverständnis und in Unkenntnis unserer besonderen Lage trifft das Bundesministerium der Verteidigung Entscheidungen am grünen Tisch, ohne uns vorher zu beteiligen. Ich melde, daß ich entschieden habe, verschiedene Befehle nicht weiterzuleiten und sie gegebenenfalls dem Bundesministerium der Verteidigung mit der Bitte vorzulegen, die Sache noch einmal zu überdenken. Ich bitte ihn auch, die »Multiplikatoren« einzuladen, unseren Bereich zu besuchen, damit sie mit eigenen Augen sehen können, wie anders als im Westen hier die Verhältnisse sind. Der Generalinspekteur zeigt Verständnis und sagt uns seine Unterstützung zu.

Mittags fliege ich nach Rostock, um die Marine zu besuchen, diejenige Teilstreitkraft, auf die die größten Schwierigkeiten zukommen werden: Von ehemals 8 500 Soldaten müssen 7 000 Soldaten entlassen werden. Bei den Soldaten herrscht eine gedrückte Stimmung. Ihnen ist klar, daß keines der Boote übernommen wird und die Mehrheit von ihnen keine Chance auf eine Dauerverwendung hat. Sie werden aber noch gebraucht, um die Boote in einem technisch einwandfreien Zustand zu übergeben und sie dann gegebenenfalls einer anderen Verwendung zuzuführen. Die Schiffe machen einen gut gewarteten Eindruck.

Die jungen Maate und Bootsmänner sind aufgeschlossen, stellen sich der Diskussion. Der größte Teil von ihnen will ausscheiden, da sie hier keine berufliche Zukunft sehen. Sie wollen aber erst einmal abwarten, was die Bundeswehr ihnen bietet. Viele der Offiziere hingegen sind sehr niedergeschlagen, da sie wissen, wie gering ihre Chancen sind. Die Mehrheit von ihnen ist nur deshalb zur Marine gegangen, weil sie zur See fahren wollten. Aber schon jetzt zeichnet sich die Gefahr ab, daß wir am Ende viel zu viele Offiziere und zu wenig Unteroffiziere haben. Darüber müssen wir Aufklärung schaffen, auch wenn sie für viele unangenehm ist. Nichts ist bedrückender als die Unklarheit.

Ich sage den Offizieren und Unteroffizieren zu, mich dafür einzusetzen, so schnell wie möglich die für sie wichtigen Entscheidungen zu treffen, kann ihnen aber nicht versprechen, daß mir dies in den nächsten Wochen gelingt. Spätestens bis zum 31. Dezember 1990 müssen sie definitiv informiert sein, da dann die befristete erweiterte Versorgung der ehemaligen NVA ausläuft, die zu Beginn des Jahres 1990 noch von der Regierung Modrow eingeführt worden war, um den Soldaten den Entschluß zum Ausscheiden aus der NVA zu erleichtern. Abhängig von der Dauer der Dienstzeit und der Höhe des Dienstgrades wird eine Abfindung gezahlt. Alle Soldaten über fünfzig Jahre konnten eine Art Vorruhestandsregelung mit etwa zwei Dritteln ihrer Bezüge in Anspruch nehmen, was ein günstiges Angebot war. Soldaten, die jünger waren, erhielten eine einmalige Abfindung bis zu einer Höhe von 7000 DM, sofern sie ihren Abschied bis zum 31. Dezember 1990 nahmen. Das war gerade für diejenigen ein Anreiz, deren Verbände ohnehin bis zum 31. März aufgelöst werden sollten. Ich habe deshalb die Sorge, daß auch solche Soldaten ausscheiden werden, die wir für die Übergangszeit noch dringend benötigen. Nach der Rechtslage können wir keinen Soldaten zwingen, bei uns zu bleiben, jeder kann sofort auf eigenen Antrag – ohne Angabe von Gründen – ausscheiden.

Abends in Strausberg entnehme ich der Pressemappe, daß hundert Liegenschaften aus unserem Bereich an zivile Nutzer gegeben werden sollen. Es handelt sich um Gelände, das wir zum Teil noch nutzen und nun binnen einer zeitlichen Frist räumen müssen, die wir kaum einhalten können. So groß der kommunale Bedarf an der Nutzung dieser Liegenschaften auch sein mag – derartige Entscheidungen sollten in Zukunft in engerer Zusammenarbeit zwischen uns und dem Bundesministerium der Verteidigung abgesprochen werden. Weder die Außenstelle noch wir, noch die Wehrbereichsverwaltung VII sind bei den jetzigen Entscheidungen beteiligt worden.

In der Pressemappe finde ich ebenfalls einen kurzen Kommentar in der »Süddeutschen Zeitung« unter der Überschrift »Fingerspitzengefühl«. Dort wird mir vorgeworfen, ich wendete mich gegen drastische Einschnitte bei der Verringerung der Personalstärke in meinem Bereich. Ich hatte über diese Frage in keiner Weise öffentlich diskutiert, sondern lediglich das vorgetragen, was innerhalb des Bundesministeriums der Verteidigung abgestimmt worden war. Es erfolgt dann der Hinweis, daß ich den Unmut bei meinen Kollegen im Westen nähren würde, und der Artikel fährt fort:

Manche fragen sich, ob es wirklich notwendig war, einem einzelnen den Befehl und die Disziplinargewalt über drei Teilstreitkräfte zu geben, sei es auch nur für ein Jahr und auf einem begrenzten Territorium. Generalinspekteur Dieter Wellershoff, der Oberste Soldat der Bundeswehr, hat dagegen lediglich ein begrenztes Weisungsreicht gegenüber Heer, Luftwaffe und Marine. Er ist nicht truppendienstlicher Vorgesetzter wie Schönbohm. Es wird ihn wenig beruhigen, daß Schönbohm formal seinem Stellvertreter unterstellt ist. Reibungsverluste sind programmiert. Dem hätte man entgehen können, wenn von Anfang an klare, auf die gesamte Bundeswehr bezogene Strukturen geschaffen worden wären. Fingerspitzengefühl verlangt General Schönbohm im Umgang mit seinen Kameraden von der ehemaligen Volksarmee. Diese Forderung gilt auch für ihn selber gegenüber seinen Kameraden von der bisherigen Bundeswehr.

Dieser kurze giftige Artikel hat mich deswegen überrascht, weil ich mich zu all diesen Punkten nirgendwo öffentlich geäußert habe. Es ist mir ein Hinweis auf persönliche Empfindlichkeiten und möglicherweise Kompetenzbesonderheiten im Bonner Bereich, die von Strausberg aus nicht zu übersehen sind. Unsere Aufgabe verlangt dennoch vollen Einsatz in meinem Kommandobereich – und nicht in Bonn.

Freitag, 12. Oktober 1990 Unsere Wochenlage befaßt sich hauptsächlich mit den unbewachten Liegenschaften. Die Presse hat mehrfach über Einbrüche in Kasernen berichtet, die von uns nicht mehr genutzt werden, auch über Einbrüche in sowjetische Liegenschaften. Es gibt Überschriften wie »Sowjetische Liegenschaften werden zu Todesfallen«. Hier öffnet sich ein neuer Problembereich. Die Bundeswehr ist hierfür nicht zuständig, die Polizei aber noch nicht funktionsfähig, und die Sowjets haben diese Liegenschaften nicht ordnungsgemäß abgegeben. Erst nach dem 3. Oktober ist das Verfahren der Übergabe an die Bundesvermögensämter eindeutig geregelt. Aber schon jetzt ist erkennbar, daß die Liegenschaften, die nicht mehr genutzt werden und die in das allgemeine Grundvermögen des Bundes übergehen, dem Vandalismus preisgegeben sind. Es wird alles gestohlen, was nicht niet- und nagelfest ist. Wegen unserer eigenen Belastung durch Wachdienste können wir unmöglich noch zusätzliche Aufgaben übernehmen. Die Absicherung im gesamten Bereich der Bundeswehr ist zum Teil sowieso nur noch dadurch möglich, daß Offiziere bis zum Dienstgrad Hauptmann als Wachhabende eingesetzt werden; als Offizier vom Wachdienst werden zum Teil sogar Stabsoffiziere eingesetzt. Die Sicherheitslage ist nach wie vor angespannt und nicht überschaubar.

Montag, 15. Oktober 1990 Flug an die ehemalige innerdeutsche Grenze, um den Abbau der Grenzanlagen zu kontrollieren, den ehemalige Grenztruppenangehörige ausführen. In der Kaserne werde ich kurz in den Verlauf der Grenze und die Sicherungsanlagen eingewiesen. Die Kaserne macht einen verwahrlosten Eindruck, zerstörte Fensterscheiben, eine Vielzahl von Fahrzeugen steht kreuz und quer auf dem Gelände herum, die Munition liegt in Munitionsbunkern, die aber nur unvollkommen gesichert sind. Ebenso sind Handfeuerwaffen und Granaten nicht diebstahlsicher aufbewahrt. Die Angehörigen der ehemaligen Grenztruppen, zum Teil in Zivil, zum Teil im schwarzen Arbeitsanzug ohne Dienstgradzeichen – ein unwirklichliches Bild einer Kaserne. Sind die ehemaligen Grenztruppen zuverlässig? Ich habe Zweifel und weise an, daß aus den Kasernen der Grenztruppen alle Waffen und Munition so schnell wie möglich abgezogen werden. Angeblich, so war mir gemeldet worden, sei dies längst geschehen – eine der unliebsamen Überraschungen, die man täglich erlebt. Vertrauen ist gut, Kontrolle besser – hier gilt der Satz Lenins.

In einer großen Halle der Kaserne liegen Uniformen der Grenztruppen zuhauf durcheinander – es sieht aus wie nach einer Plünderung. Vier Frauen, die seit vielen Jahren bei den Grenztruppen als zivile Arbeiter gearbeitet haben, versuchen Ordnung in dieses Tohuwabohu zu bringen und die Uniformen zu sortieren. Da noch unklar ist, was mit den Uniformen anschließend geschehen soll – ob sie verwertet oder verkauft werden oder am Ende auf dem Müll landen –, kommt mir diese Arbeit überwältigend sinnlos vor. Aber die Frauen sind guter Dinge und froh, daß sie überhaupt Arbeit haben. Sie beantworten freundlich meine Fragen. Sie haben noch lange mit den Aufräumarbeiten zu tun, danach würde es schon irgendwie weitergehen.

In einem Grenzbunker außerhalb der Kaserne sehe ich mir das System der Grenzsicherung an. Für diesen Bereich hat man keine Kosten gescheut, nichts ist zu teuer gewesen. Der Bunker ist perfekt ausgestattet, mit Ruheraum, Sanitätsstation, einer kleinen Küche und der Führungszentrale. Dort liegen Übersichten und Karten herum, zahlreiche Signallampen und Telefone – an der Wand das Plakat einer sonnigen Mittelmeerlandschaft.

Die ehemaligen Grenztruppenangehörigen bemühen sich trotz des Zivilanzuges um straffes militärisches Auftreten. Ich fühle mich beklommen, unwohl in ihrer Gegenwart. Es wäre interessant, etwas aus ihren Lebensgeschichten zu hören. Warum sind sie zu den Grenztruppen gegangen? Wie standen sie zum Schießbefehl? Ich habe das Gefühl, daß solche Fragen verdrängt werden. Auch hier will man den Eindruck erwecken, man habe nur seine Pflicht getan. Von Gewissenskonflikten jedenfalls merke ich nichts.

Anschließend fliege ich mit dem Hubschrauber zum Harz, um mir dort die Arbeitskommandos anzuschauen. Als der Hubschrauber landet, kommen Touristen herbei. Man will wissen, was ein General der Bundeswehr mit den ehemaligen Grenztruppen zu schaffen habe. Ich erläutere meine Funktion als Befehlshaber des Bundeswehr-Kommandos Ost und erkläre, daß die Grenztruppen aufgelöst worden sind und nun in einem zivilen Status unter unserer Verantwortung arbeiten, um die innerdeutsche Grenze abzubauen. Die Reaktion zeugt von Feindseligkeit: »Gut, daß die Kerle jetzt wenigstens selber die Grenze abbauen, die sie aufgebaut und bewacht haben. Mit denen soll man kein Mitleid haben.«

An den Kränen und Lastwagen wird in Gruppen von zwei bis drei Mann gearbeitet. Ein Oberfeldwebel bedient den Kran, ein Oberstleutnant zieht die Drahtzäune aus der Verankerung, und ein Major macht die Zuarbeit. Was geht in diesen Menschen vor – werden sie mit ihrer Schuld fertig? Fühlen sie sich überhaupt schuldig, oder waren sie nur »Organe«?

Flug über den Brocken, um aus der Luft zu erkunden, welche Möglichkeiten es gibt, die Reste der Mauer in dem unwegsamen Gelände abzutransportieren. Unvorstellbar, mit welchem Aufwand und Einsatz das kommunistische Regime sich abgeriegelt hat. Unter schwierigsten Bedingungen wurden Hunderte von Tonnen Beton auf den Brocken gebracht, um ihn abzusperren. Vom Hubschrauber aus ist der Verlauf des Sperrsystems genau zu erkennen – über Stock und Stein läuft der Metallgitterzaun, kein Aufwand wurde gescheut. Und wir waren auf dem Weg gewesen, das als Normalität zu akzeptieren? Jetzt stehen wir vor der Schwierigkeit, das alles wieder wegzuschaffen. Die in der Nähe liegenden Gemeinden haben schon vorsorglich gegen den Einsatz von Lastwagen und den Bau neuer Straßen protestiert. Deshalb geht es nun um die Frage, ob die alte Brockenbahn wieder instand gesetzt wird, um das Material abzutransportieren. Dies wäre mit Sicherheit im Interesse der Gemeinden. Aber wer soll das alles bezahlen? Es fühlt sich ja keiner zuständig. Eine weitere »Denksportaufgabe«, die im Einvernehmen mit den verschiedenen Behörden gelöst werden muß.

Am späten Abend bekomme ich aus Bonn den telefonischen Auftrag, so schnell wie möglich zu melden, in welcher Reihenfolge wir die Verbände auflösen und welche Einheiten bis zum 31.12.1990 aufzulösen seien. Offensichtlich drängt der Haushaltsausschuß. Man geht davon aus, daß die Masse der Verbände bis zum 31.3.1991 aufgelöst werden kann. Ich erkläre, daß ich das für undurchführbar halte. Bei einer Auflösung zum 31.3.1991 müssen wir auch damit rechnen, daß die Offiziere und Unteroffiziere wegen der Vorteile der befristeten erweiterten Versorgung in Massen schon zum 31.12.1990 ausscheiden werden, was nicht nur die Bewachung von Waffen und Munition, sondern auch die Führungsfähigkeit gefährdet. Zudem ist das Konzept für die Verwertung des Materials noch vollkommen unklar. Jeden Tag erhalten wir neue Meldungen, und die Lage ändert sich ständig. Ich halte es für falsch und unverantwortlich, in unserer schwierigen Lage Entscheidungen zu treffen, ohne alle Fakten zu kennen und das Ergebnis abschätzen zu können.

Dienstag, 16. Oktober 1990 Frühmorgens Vortrag im Stab zu Überlegungen zum Verwertungskonzept für Waffen, Material und Munition. Die Größenordnungen sind in Umrissen erkennbar. Wir müssen Truppenteile auflösen und wissen zur Zeit noch nicht, wohin mit dem Material. Es gibt keine Vorgaben. Das ist nicht verwunderlich, da der Gesamtumfang der zu zerstörenden und zu entsorgenden Waffen und Munition nur ungefähr bekannt ist. Wir müssen jedoch zunächst für alle aufzulösenden Truppenteile die Waffen und Munition aus den Kasernen herausnehmen und sie irgendwo zusammenführen. Zweckmäßigerweise müßte das dort getan werden, wo die Munition anschließend auch entsorgt und die Gefechtsfahrzeuge zerstört werden. Doch darüber gibt es immer noch keine Klarheit. Wir können aber nicht auf ministerielle Entscheidungen warten, denn der Druck zur Auflösung von Truppenteilen und zur Entlassung von Berufs- und Zeitsoldaten ist groß. Deshalb legen wir die Verdichtungslager, in denen die Waffen zusammengefaßt werden, selber fest. Wir nutzen hierzu zunächst die vorhandenen Depots und müssen dann sehen, zu welchen Zwischenlösungen wir kommen – in der Hoffnung, daß bis dahin ein Verwertungskonzept vorliegt.

Von den immensen Schwierigkeiten, die mit der Auflösung von Truppenteilen verbunden sind, haben die wenigsten eine klare Vorstellung. Im Vordergrund stehen die Soldaten und zivilen Mitarbeiter, dann aber gilt es, die gesamte Bewaffnung, Ausrüstung und Munition, alle Radfahrzeuge, Funkgeräte und Uniformen, alles Pioniergerät und Quartiermeistermaterial, kurz alles, was in einer Kaserne vorhanden ist, geordnet zusammenzuführen, damit es anschließend – gemäß Bundeshaushaltsordnung – noch mit Aussicht auf Gewinn verwertet werden kann. Hinzu kommt, daß für einen Teil der Waffensysteme noch zu entscheiden ist, ob sie als ausgesondert gelten und damit zerstört werden können, oder ob sie später noch in der Bundeswehr weiterverwendet oder an Bündnispartner verkauft werden. All dies ist unklar, und auch von daher ist der Druck, die Verbände schnell aufzulösen, nicht zu verantworten. Das melde ich dem Bundesministerium der Verteidigung, um zu verdeutlichen, daß ich eine Weisung zum Auflösen der Truppenteile zum 31.3.1991 nicht durchführen würde.

Besuch in Eggesin bei der 9. Panzerdivision in Mecklenburg-Vorpommern, einem besonders strukturschwachen Gebiet. Beim Lagevortrag die üblichen Probleme, wie sie aus allen Bereichen bekannt sind. Vor allem die Fragen der Weiterverwendung der Soldaten, der Auswahl zum »Soldaten auf Zeit« für zwei Jahre und die sozialen Fragen überlagern wieder alle anderen Probleme.

Das Gespräch mit den Wehrpflichtigen beim Mittagessen ist mühsam. Sie sind verschlossen und gehemmt. Auf meine Frage lassen sie mich wissen, daß es heute besseres Essen gäbe, weil ich gekommen sei. Nach dem Mittagessen folge ich den Soldaten mit meinem benutzten Teller in einen Nebenraum und dann die Treppe herunter. Wir kommen in einen Raum mit einem breiten Spülstein und sechs Wasserhähnen mit kaltem Wasser. Die Soldaten halten die Teller unter den Wasserhahn und wischen sie dann mit einem Lappen ab. Es gibt kein heißes Wasser, kein Spülmittel, nichts. Ich frage den verantwortlichen West-Kommandeur, der dieses Bataillon übernommen hatte, nach einer Erklärung. »Ich habe auch gerade erst festgestellt, daß das hier nicht in Ordnung ist«, sagt er mir nur.

Das Gesamtbild ist erschreckend. In den Küchen gibt es keine Abzugshauben, die Böden sind fettverschmiert, der Putz fällt von den Wänden. In den Vorratskammern sind die Wände feucht. Für die Mannschaften gibt es keine Duschen, so daß ich erst jetzt verstehe, was mit dem Wort »Abschüsseln« gemeint ist. Die Soldaten mußten sich nach dem Sport in dem Waschraum mit Wasser aus Schüsseln waschen, das war der Ersatz für das Duschen. Manchmal nahmen sie Gartenschläuche und spritzten sich gegenseitig mit kalten Wasser ab. Nach unseren Maßstäben sind solche Verhältnisse katastrophal, die NVA-Soldaten, die jahrelang unter diesen Bedingungen gelebt hatten, finden jedoch nichts Besonderes dabei. »Wir kannten es nicht anders, Herr General«, erklärt mir der frühere Divisionskommandeur, »und haben das als normal empfunden. Außerdem hätten wir kein Geld für Verbesserungen gehabt. Das Geld reichte gerade, um die Infrastruktur für den technischen Bereich und die Unterbringung unserer Hauptwaffensysteme zu verbessern. Alles andere mußte zurückstehen.« Als ich ihn frage, ob er denn wolle, daß sein Sohn unter solchen Bedingungen bei der Armee diene, reagierte er erstaunt. Darüber hatte er bisher gar nicht nachgedacht. Das war auch nicht nötig gewesen. Denn auch seine Familie hatte Privilegien gehabt und war mit dieser Wirklichkeit nie richtig konfrontiert worden.

Am Abend habe ich etwa 100 bis 120 Offiziere in einer Art Erholungsheim der Division außerhalb von Eggesin zu einem Abendessen gebeten. Es sind von den Soldaten erbaute, einfache Hütten in der Nähe der Ostsee, wo man dem dienstlich bestimmten Alltag entrinnen konnte, um sich im dienstlich beeinflußten Urlaub zu erholen. Der Abend ist mit viel Sorgfalt vorbereitet worden und verläuft in angenehmer Atmosphäre. Die Divisionskapelle, die kurz vor der Auflösung steht, spielt einige Märsche, und nach dem Abendessen gebe ich einen kurzen Überblick über Lage und Auftrag im Bereich Bundeswehr-Kommando Ost. Anschließend versuche ich, mit den Offizieren eine Diskussion zu führen. Für die ehemaligen Angehörigen der NVA ist es eine vollkommen ungewohnte Situation, daß ein so ranghoher Vorgesetzter zu ihnen kommt, einen Vortrag hält und anschließend mit ihnen diskutieren will. So ist es nicht überraschend, daß die meisten von ihnen zurückhaltend sind und die ersten Wortmeldungen nur von Offizieren aus dem Westen kommen. Ich gehe auf diese Wortmeldungen kurz ein und sage dann zu den ehemaligen NVA-Angehörigen: »Ich bin hierhergekommen, um Ihre Probleme zu hören, stelle aber fest, daß Sie offensichtlich keine haben. Sie wissen also bereits, wie lange Sie bei der Bundeswehr bleiben. Ihnen ist klar, wann Sie «Soldat auf Zeit» für zwei Jahre werden, Ihnen ist klar, wie die Abfindung ist und wie die berufsqualifizierende Ausbildung funktioniert. Es gibt also keine Probleme. Dann können wir ja jetzt zum gemütlichen Teil übergehen. Oder hat noch jemand Fragen?« Damit habe ich eine ganze Flut von Fragen provoziert, und wir sprechen zwei Stunden lang über Probleme, die die Offiziere und ihre Familien bewegen. Nicht alle Fragen kann ich beantworten, sage aber zu, die Antworten der Division unverzüglich mitzuteilen, sobald in diesen Punkten Klarheit herrscht.

Anschließend gehe ich von Tisch zu Tisch und unterhalte mich mit den Offizieren bei einem Glas Bier. Die Atmosphäre lockert sich, es gibt einen regen Gedankenaustausch. Zum ersten Mal sitzen Offiziere aus Ost und West an diesem Abend in entspannter Atmosphäre zusammen. Es gibt viel zu besprechen. Die Vergangenheit und das kommunistische System werden heruntergespielt. Man war in der Partei, weil es dazugehörte – überzeugte Kommunisten waren die anderen, die Ausgeschiedenen. Hauptsorge ist die berufliche Zukunft – sie überlagert alles. Viele

Ehefrauen der Soldaten sind schon arbeitslos, und im Umfeld von Eggesin gibt es außer bei der Bundeswehr kaum Arbeitsmöglichkeiten. Durch die drastische Reduzierung sind zum Beispiel viele Geschäfte bereits geschlossen worden. Die Kindergarten- und Schulgartenspeisung wird von der Bundeswehr zwar noch weiter fortgeführt, aber auch die Zahl der Kindergartenplätze ist verringert und Kindergärtnerinnen sind entlassen worden.

Viele familiäre Sorgen kann ich den Soldaten natürlich nicht nehmen. Ich kann nur zuhören und sie ermutigen, möglichst so lange bei der Armee zu bleiben, bis die berufsqualifizierende Ausbildung erste Erfolge zeigen wird. Sie könnten darauf vertrauen, daß die Kommandeure vor Ort Initiativen zur Arbeitsvermittlung und Berufsqualifizierung entwikkeln würden – wie es auch im Westen von vielen Kommandeuren schon erfolgreich praktiziert werde. Und noch eine weitere entscheidende Sorge kann ich den Offizieren nehmen: Sie werden nicht aus den Wohnungen gekündigt, wenn sie aus der Bundeswehr entlassen sind. Dieses Gerücht hatte sich im gesamten Kommandobereich herumgesprochen. Die Männer sind sichtlich erleichtert.

Gegen Ende dieses Abends, um Mitternacht, kommt ein Oberstleutnant zu mir und sagt: »Herr General, ich bin achtzehn Jahre bei der NVA gewesen und habe in all der Zeit nie erlebt, daß ein hoher General die Division besucht, sich mit uns zusammensetzt und über unsere Probleme spricht. Wir merken, wie völlig anders als in der NVA die Verhältnisse in der Bundeswehr sind, aber wir brauchen Zeit, um uns daran zu gewöhnen.« Aber auch ich muß mich an die neue Situation gewöhnen. Nur zwei Wochen nach der Vereinigung Deutschlands sitze ich mit Soldaten einer ehemaligen NVA-Division zusammen und bespreche deren persönliche Sorgen und Nöte, für die ich jetzt auch verantwortlich bin. Das erscheint mir noch immer unwirklich.

Mittwoch, 17. Oktober 1990 Neblig, kein Flugwetter. Abfahrt um 5.30 Uhr über die holprigen, dunklen Straßen. Morgens Gespräch auf einem Fliegerhorst mit Piloten von zwei Verbänden, die bis zum 31.3.1991 aufgelöst werden. Die jungen Männer machen einen prächtigen Eindruck, sind temperamentvoll und engagiert. Noch immer ist nicht geklärt, wie viele Piloten in Zukunft übernommen werden sollen. Die Luftwaffenführung wollte sie alle entlassen: kein Bedarf, Umschulung zu teuer. Ich habe darauf gedrängt, wenigstens einen Teil der jüngeren Piloten zu übernehmen, damit es kein grundsätzliches Berufsverbot für eine bestimmte Gruppe von Offizieren gibt, aber bisher ist noch nichts entschieden. So muß ich den Piloten erklären, daß kaum einer von ihnen eine Chance auf Übernahme haben wird. Ich appelliere an ihre Einsicht und Initiative. Da meldet sich ein junger Hauptmann: »Herr General, ich bin der Sprecher meiner Kameraden und möchte folgendes feststellen: Wir sind Piloten geworden, weil wir gerne fliegen wollten, nicht aus ideologischen Gründen. Wer aber zur Luftwaffe wollte, mußte in die Partei eintreten. Inzwischen ist uns klargeworden, daß wir hier kaum noch Chancen haben, wir bemühen uns deshalb seit Wochen in Hamburg um eine Ausbildung zum Fluglotsen. Dazu aber müssen wir einen Englischkurs absolvieren, und der kostet Geld, nämlich 1 000 DM pro Mann. Genau hier liegt unser Problem. Wir sind fünfunddreißig Piloten, das heißt, wir brauchen 35 000 DM. – Woher sollen wir die Summe nehmen? Wir bekommen keine Unterstützung, weder vom Arbeitsamt noch anderswoher. Sie haben an unsere Initiative appelliert, also helfen Sie uns bitte!«

Ich verspreche, das Geld zu besorgen, ohne zu wissen, worauf ich mich damit einlasse. Nach Auffassung unserer Arbeitsvermittlungsbehörden und unseres Berufsförderungsdienstes bestand nämlich kein Grund für zusätzlichen Englischunterricht; es gebe genügend Bewerber mit Englischkenntnissen. Der Hinweis auf die besondere Situation der Piloten fruchtete nicht. Erst nach fünfwöchigen Diskussionen mit allen zuständigen Dienststellen gelang es dann einem findigen Beamten des Berufsförderungsdienstes, durch eine sehr weite Auslegung verschiedener Bestimmungen eine Lösung zu finden. Ich bin diesem Mann heute noch dafür dankbar. Hätten die Piloten das Geld nicht bekommen, hätte alles weitere Reden nichts mehr genützt, diese jungen Menschen hätten nichts mehr geglaubt – aber eine solche Begründung konnte es in den Vorschriften vor der Einheit nicht geben.

In Strausberg erhalte ich abends die Weisung Nr. 1 mit dem Auftrag, die 519 aufzulösenden Truppenteile baldmöglichst, spätestens zum 31. 3. 1991 aufzulösen und hierzu innerhalb einer Woche einen Durchführungsplan zu erarbeiten. Das Personal soll zum frühestmöglichen Termin, spätestens zum 31. 3. 1991 entlassen oder in andere, neu aufzustellende Truppenteile versetzt werden. Mein Protest vor wenigen Tagen, daß eine solche Weisung nicht ausführbar sei, hat also nichts bewirkt.

Im Zusammenhang mit dem 3. Nachtragshaushalt 1990 hat der Haushaltsausschuß festgelegt, daß der Umfang der Längerdiener im Bereich Bundeswehr-Kommando Ost 25 000 im nächsten Jahr nicht übersteigen und der Gesamtumfang nicht größer als 50 000 Soldaten sein dürfe. Das ist vorerst nur eine Beschlußempfehlung, aber sie wird von Teilen des Verteidigungsministeriums als verbindlich hingenommen –

ohne daß dem Ausschuß die Schwierigkeiten der Umsetzung erläutert worden wären. Man scheint gewillt, ein Risiko auf sich zu nehmen, dessen Ausmaß in Bonn niemand abschätzen kann.

In der Diskussion mit meinem Stab bestätigt sich, daß ich diese Weisung nicht ausführen darf. Ein überstürztes Auflösen von Truppenteilen hat den Verlust an Glaubwürdigkeit und Gemeinsamkeit zur Folge und kann zu unübersehbaren Schwierigkeitenen führen, vor allem im Bereich der Sicherheit und Zuverlässigkeit. Noch immer wissen wir nicht, wo wir Waffen und Munition der abzubauenden Truppenteile zusammenführen sollen; unsere Munitionsdepots sind randvoll bis unter die Dächer. Ich werde also den Bundesminister bitten müssen, mir entweder mehr Spielraum zu geben oder persönlich die Verantwortung zu übernehmen, die ich als sein Befehlshaber nicht übernehmen kann.

Außerdem haben wir Anweisung erhalten, gemeinsam mit der Verwaltung bis zum 31.12.1990 – also in gut zwei Monaten – 10000 zivile Mitarbeiter zu entlassen. Da jede Standortverwaltung mehrere hundert zivile Mitarbeiter hat, werden zum Teil die entlassen, die wir auch in Zukunft noch dringend benötigen, wie zum Beispiel die Vorarbeiter von Heizwerken, Krankenschwestern, Fernmeldetechniker. Aber wie sich später herausstellt, sind die Entlassungen zum Teil unter Mitwirkung der alten Kader und ohne Beteiligung des Personalrats ausgeführt worden und müssen deshalb wieder rückgängig gemacht werden. Überdies besitzen viele Angestellte nach dem alten DDR-Recht Kündigungsschutzzeiten von bis zu einem Jahr und mehr – dies wußte aber keiner so genau, als die Kündigungen ausgesprochen wurden. Damit wird die ganze Entlassungsaktion ein Schlag ins Wasser. Wir alle haben Vertrauen verspielt und Unsicherheit gesät, das Schlimmste, was in dieser angespannten Situation geschehen konnte.

Donnerstag, 18. Oktober 1990 Nachmittags in Berlin zum Jubiläum »40 Jahre Berliner Pressekonferenz«. Zum ersten Mal nimmt ein deutscher General in Uniform an einer solchen Veranstaltung teil. Ich bin erfreut und angerührt von der großen Zustimmung und Ermunterung, die ich von vielen mir unbekannten Menschen bekomme.

Nachtflug mit dem Hubschrauber nach Erfurt und Fahrt nach Bad Salzungen. Kurz vor Mitternacht letztes Gespräch mit dem Kommandeur zur Vorbereitung des ersten feierlichen Gelöbnisses in der Öffentlichkeit im Bereich Bundeswehr-Kommando Ost. Übernachtung in dem sogenannten Generalszimmer, das immerhin eine »Naßzelle« hat; aus dem Duschkopf rinnen ein paar dünne Wasserstrahlen – alles ist vergammelt, wie überall riecht es nach Lysol, der Linoleumfußboden zieht Blasen.

Freitag, 19. Oktober 1990 Das feierliche Gelöbnis auf dem Marktplatz läuft nach Bundeswehrzeremoniell ab. Der kleine Platz ist gut besucht. Einige tausend Zuschauer sind da, die beim Einmarsch der Soldaten sogar applaudieren. Auch für mich ist es ein glücklicher, erhebender Moment, als die Soldaten öffentlich geloben, der Bundesrepublik Deutschland treu zu dienen und das Recht und die Freiheit des deutschen Volkes tapfer zu verteidigen. Darüber hinaus haben Gelöbnis wie auch Eid eine ganz besondere Bedeutung: Die Deutschen sind in einem demokratischen Rechtsstaat vereinigt – einen Bürgerkrieg kann es nun nicht mehr geben. Trotzdem demonstriert eine kleine Gruppe von Menschen mit drei Transparenten gegen unsere Veranstaltung; abends im Fernsehen wird der Protest als »wichtige Botschaft« dargestellt.

Vor Beginn des Gelöbnisses war ich mit einem evangelischen Pfarrer ins Gespräch gekommen, den ich gebeten hatte, mit mir gemeinsam an der Veranstaltung teilzunehmen. Er hatte abgelehnt, mit der Begründung, daß es mit seinen Vorstellungen nicht vereinbar sei, er möge keine Militärspektakel. Vergeblich hatte ich zu erklären versucht, daß nach unserer Vorstellung in der Bundesrepublik Deutschland – zu der wir jetzt ja alle gehörten – die feierliche Inpflichtnahme von Staatsbürgern für ihren Staat keineswegs ein militärisches Spektakel, sondern für die jungen Soldaten und deren Angehörige durchaus ein wichtiges Ereignis sei. Dennoch ließ sich der Pfarrer nicht überreden, mit auf die Ehrentribüne zu kommen. Er versprach aber, sich unter die Zuschauer zu reihen und sich das Ganze anzuschauen.

Später, bei dem Empfang im Rathaus, kommt er spontan auf mich zu und gesteht, daß das Gelöbnis ganz anders abgelaufen sei, als er es sich vorgestellt habe. Er müsse seine Position überdenken, der Ablauf habe ihm gefallen. »Vielleicht«, räumt er ein, »müssen wir in all diesen Dingen noch sehr viel mehr aufeinander zugehen.« Für mich ist dies ein ermutigendes Erlebnis.

Im Anschluß an den Empfang lädt der Minister wehrpflichtige Soldaten und deren Angehörige zum Mittagessen ein. Ich spreche mit einigen Wehrpflichtigen über das seelsorgerische Gespräch, mit dem sie auf ihr Gelöbnis vorbereitet worden sind. Von 250 Soldaten, so erfahre ich, haben etwa 180 freiwillig daran teilgenommen. Sie selbst seien zwar nicht getauft, aber es hätte sie interessiert und sie würden wieder daran teilnehmen, wenn sie die Möglichkeit hätten. Man habe über Dinge geredet, die sie sonst nirgends so richtig besprechen könnten.

Eltern erzählen mir, sie hätten extra einen Tag Urlaub genommen, um an dem Gelöbnis teilzunehmen, das ihnen gut gefallen habe. Sie berichten von der Angst vor der drohenden Arbeitslosigkeit, aber auch über die Freude, in Freiheit vereinigt zu sein, ihre Verwandten im Westen besuchen zu können. »Herr General, das Schönste ist, daß wir keine Angst mehr haben müssen!«

Samstag, 20. Oktober 1990 Ein Mot-Schützenregiment auf dem Weg nach Hamburg besucht. Der Regimentskommandeur und einer seiner Stellvertreter, beide aus aus der Bundeswehr West, sind im Blick auf die Zukunft recht optimistisch. Aber auch hier zeigt sich in den Unterkünften, im Duschhaus, in der Küche das gleiche trostlose Bild. In der Küche herrscht unglaublicher Dreck. Der Küchenfeldwebel ist selbst fast so schmierig wie die fettigen, braunen Plastikbecher, die in den Regalen stehen. Hier müssen entscheidende Veränderungen geschehen.

Beim Mittagessen im Kommandeurspeiseraum mit Kunstblumen und Wachstuchdecken auf unserem Tisch erzählt mir ein ehemaliger NVA-Angehöriger, daß ein Truppenbesuch an einem Sonnabend, mit nur zwei Tagen Vorankündigung, zu Zeiten der NVA undenkbar gewesen wäre. Hohe Generale seien grundsätzlich mehrere Wochen vorher angekündigt werden. Vor ihrem Eintreffen sei das Programm noch einmal durchgegangen und von einer Inspektionsgruppe abgenommen worden. Der General habe sich nur auf vorbereitetem Terrain bewegt, auf frisch gefegten oder geharkten Wegen, entlang weiß gestrichener Bürgersteigkanten. Sogar Baumkronen seien bis zur Hälfte gestutzt worden, um dem Besucher vom Kommandeurzimmer aus eine bessere Sicht auf den Kasernenplatz zu verschaffen. Die ehemaligen NVA-Angehörigen müssen noch viel lernen – es stürzt auch viel auf sie ein.

Abends ein Gespräch mit dem Minister, auch über die Zeitfolge der Auflösung der Truppenteile. Ich bekomme mehr Spielraum: die Auflösung der Truppenteile kann lagegerecht und flexibel erfolgen, allerdings mit der Vorgabe, daß die Masse der Truppenteile bis Mitte des Jahres 1991 aufgelöst ist. Das ist das Minimum an Zeit, das ich brauche.

Sonntag, 21. Oktober 1990 Mittagsbesuch bei einem Munitionsdepot in Mecklenburg-Vorpommern, das ebenfalls zu unseren großen Einrichtungen gehört. Es ist noch Lagerkapazität vorhanden. Die Wachsoldaten kommen aus einer 150 km entfernten Garnison und sind für eine Woche nach hierher abgeordnet. Ihre Unterkunft ist besser als in den vorherigen Depots. Zu meiner Überraschung meldet mir jedoch der Kommandant, ein Oberstleutnant aus der NVA, daß er und seine beiden Stellvertreter sich entschlossen hätten, am 31. Dezember auszuscheiden, da sie gute Möglichkeiten in der Industrie sähen. Auf meinen Hinweis, daß sie auch bei der Bundeswehr vielversprechende Berufsaussichten hätten, daß wir Fachleute für die Organisation der Depots brauchten, reagieren sie mit der Frage: »Herr General, können Sie das garantieren?« Ich muß zugeben, daß ich das nicht kann, und wahrscheinlich werden sie also gehen. An diesem Beispiel wird erkennbar, was ich auch in anderen Bereichen festgestellt habe: Spezialisten werden zum Jahresende vermutlich in einer größeren Zahl ausscheiden, als wir verkraften können. Wir werden Schwierigkeiten haben, genügend Fachleute besonders für die Lagerung von Munition zu behalten. Darum müssen wir vorbeugen und den Offizieren klare Zusagen für ihre Anstellung zumindest als Soldat auf Zeit für zwei Jahre geben.

Anschließend Besuch in Schloß Rheinsberg. Es wirkt heruntergekommen und kann noch nicht besichtigt werden. Schloßanlage und Park haben dennoch ihren Reiz behalten – der Sozialismus hat nicht alles zerstört. Bei meinem Spaziergang werde ich – in meiner grünen NATO-Uniform – von mir unbekannten Bürgern aus Ost und West angesprochen. Man wünscht uns alles Gute.

Montag, 22. Oktober 1990 Besuch der Luftwaffendivision und des MIG-29-Geschwaders sowie des Kampfhubschraubergeschwaders. Überall die gleichen Fragen nach Klarheit. Die MIG-29-Piloten und Techniker können sich noch Chancen ausrechnen und hoffen darauf, daß ihr Flugzeug auf Dauer weiterverwendet wird. Nachdem diese Entscheidungen nun gefallen sind, wissen sie, daß sie zur Erprobung gehen und auf diese Art und Weise zumindest die nächsten zwei Jahre im Dienst bleiben können. Die militärische Führung wollte die MIG 29 ursprünglich verschrotten, weil kein Bedarf vorhanden, die Flugzeuge technisch zu aufwendig seien. Der Minister hatte dann zunächst eine Erprobung mit dem Ziel der Indiensthaltung angeordnet, denn die Verschrottung des modernsten Jägers hätte zweifellos zu Unverständnis und erheblichen öffentlichen Turbulenzen geführt.

Dienstag, 23. Oktober 1990 Arbeit im Büro. Ich stelle fest, daß ich mehr Zeit für den Stab brauche, weil die späten Abendstunden allein nicht reichen. Ich lese zwar alle Akten im Auto oder Hubschrauber und gebe auch schriftliche Anweisungen, habe aber zu wenig Zeit für Grundsatzdiskussionen im Stab. Dennoch haben in dieser Phase Truppenbesuche und das Gespräch mit den Offizieren Vorrang. Mein Chef des Stabes arbeitet hervorragend und nimmt mir wesentliche Aufgaben ab. Mein Stellvertreter und alter Freund, General von Scheven, ebenso.

Mittwoch, 24. Oktober 1990 Von 17.00 Uhr bis 23.30 Uhr die Befehlshaberbesprechung mit den unmittelbar unterstellten Kommandeuren und Befehlshabern von Heer, Luftwaffe und Marine sowie mit meinem Stellvertreter, dem Chef des Stabes und den Abteilungsleitern. Wir kommen übereinstimmend zu dem Urteil, daß die Lage sich insgesamt stabilisiert hat. Es gilt, den Weg der Reduzierung und Auflösung einzuhalten, wenngleich völlig klar ist, daß der Abbau nicht ohne Kenntnis der künftigen Planung der Stationierung und der Struktur von Bundeswehreinheiten vorgenommen werden kann.

Der Stab hat mit ungeheurem Einsatz einen Dreistufenplan erarbeitet, um die Verbände geordnet aufzulösen und diesen Prozeß mit der Neuaufstellung zu harmonisieren. Wir stellen ihn unseren Kommandeuren vor und kommen zu dem gemeinsamen Entschluß, daß er die Grundlage unserer weiterführenden Planung sein soll. Mir liegt daran, die Entscheidungen möglichst früh bekanntzugeben, um die Verbände nicht lange über ihr weiteres Schicksal im unklaren zu lassen. Den Offizieren und Unteroffizieren, die nicht als Soldaten auf Zeit für zwei Jahre übernommen werden können, ist möglichst persönlich Klarheit zu geben, wie lange sie in einem besonderen Dienstverhältnis bei der Bundeswehr bleiben können.

Als neues Problem stellt sich heraus, daß die Angehörigen der ehemaligen »finanzökonomischen Organe« der ehemaligen NVA (Offiziere und Unteroffiziere), die verantwortlich für das gesamte Geldwesen, für Gehalts- und Rentenzahlungen in den Streitkräften sind, in der Mehrheit voraussichtlich ausscheiden werden. Sie sind von Banken, Versicherungen und den neu entstehenden Finanzämtern umworben, da sie qualifiziert sind und einen guten Ruf haben. Wir dagegen können keine festen Zusagen geben, und die zur Zeit laufende, überraschend und kurzfristig angeordnete Kündigungswelle der zivilen Mitarbeiter macht unsere Argumentation nicht einfacher. Wir lassen die Offiziere wissen, daß wir sie auf jeden Fall benötigen, um unsere Aufgabe erfüllen zu können. Einzelheiten der künftigen Besoldung können wir jedoch nicht nennen. Ein größerer Teil will wenigstens noch bleiben, um die Besoldung der Kameraden zu gewährleisten. Sie tun es nicht ihrer Besoldung wegen, sondern aus Verpflichtung ihren Kameraden gegenüber, die sonst kein Geld erhielten. Wie lange sie ihr Wort halten, weiß keiner.

Prompt erhalte ich nur wenig später die Meldung, daß in einem unserer Bereiche kein Wehrsold gezahlt werden konnte, weil die Finanzökonomen ausgeschieden sind; der Wehrsold würde erst mit einigen Tagen Verzögerung gezahlt werden können. In einem anderen Fall wird mir erzählt, daß sich ein Bataillonskommandeur der Bundeswehr West von einer namhaften deutschen Bank für einige Tage 100 000 DM geliehen hat, um den Wehrsold auszahlen zu können.

Die wenigen Beispiele zeigen unsere neuen, vor allem durch Unklarheiten hervorgerufenen Schwierigkeiten. Sollten Wehrpflichtige in der Öffentlichkeit demonstrieren, weil sie ihren Wehrsold nicht erhalten, so könnte das verheerende Auswirkungen auf Disziplin und Vertrauen haben und zu Folgedemonstrationen führen – die Situation ist also außerordentlich prekär. Der entscheidende Fehler ist, daß ein Teil der Truppenverwaltungsbeamten zu spät in den Osten geschickt worden ist. So fehlen bei den Kommandobehörden, die für diesen Bereich unmittelbar verantwortlich sind, noch die leitenden Verwaltungsbeamten. Erst zum 29. Oktober treten sie ihren Dienst an. In meinem Kommandostab ist glücklicherweise eine kleine Abteilung vorhanden, die mit hohem Engagement arbeitet.

In der Diskussion der Verwaltungsangelegenheiten zeigt sich noch eine weitere Schwierigkeit: Die neu aufgestellten, von einigen wenigen westlichen Beamten geführten Standortverwaltungen sind zur Zeit nicht in der Lage, die von uns jetzt oder in Kürze freigeräumten Liegenschaften zu übernehmen. Nach dem festgelegten Verfahren muß die Standortverwaltung die Liegenschaften übernehmen und sie anschließend an das Bundesvermögensamt übergeben. Die Bundesvermögensämter existieren aber auch noch nicht. Das führt zum Teil zu grotesken Ergebnissen: Wir räumen mit Hochdruck Liegenschaften, zum Teil auf Drängen der Kommunen, die schon auf die Gelände warten. Anschließend können wir sie jedoch nicht abgeben, weil die Standortverwaltungen und Bundesvermögensämter noch nicht zur Übernahme bereit sind. Der Nebeneffekt ist, daß die Liegenschaften weiter von uns bewacht werden müssen.

Donnerstag, 25. Oktober 1990 Am Nachmittag Antrittsbesuch bei Armeegeneral Snetkow, dem Oberbefehlshaber der Westgruppe der Truppen, in seinem Hauptquartier in Wünsdorf. Mit Übernahme des Bundeswehr-Kommandos Ost ist mir die neueingerichtete Verbindungsgruppe zur sowjetischen Westgruppe der Truppen unterstellt worden, die unter Generalmajor Foertsch für alle Aufgaben im Rahmen des befristeten Aufenthalts und des Abzugs der sowjetischen Truppen verantwortlich ist. Die Kontaktaufnahme zu den sowjetischen Kommandeuren hat reibungslos geklappt; der ständige Dialog ermöglicht den Sowjets, die neuen Gegebenheiten zu begreifen und zu akzeptieren, daß sie nun in einem souveränen Land stationiert sind. Für die Kommandeure einer ehemaligen Okkupationsarmee ist das nicht leicht. Auch hier tragen unsere Gespräche zum Bewußtseinswandel bei, und es gelingt, Kontakte zwischen den Soldaten und den Kommunen und Kreisen herzustellen. Häufig geht die Initiative zu den ersten Gesprächen von den örtlich verantwortlichen Bundeswehrkommandeuren aus, um die beiderseitige Sprachlosigkeit zu überwinden.

Die Begegnung mit Snetkow ist für mich ein besonderes Erlebnis. Zum ersten Mal nach meinem Moskaubesuch in Begleitung von Bundesminister Scholz trete ich – nun als deutscher Befehlshaber und Vertreter des souveränen freien Deutschlands – einem sowjetischen General gegenüber, der mit seiner Truppe bei uns noch Gastrecht genießt. Ich lande mit meinem Hubschrauber sowjetischer Bauart im Hauptquartier und werde von dem Chef des Stabes abgeholt und zum Stab gefahren. Die Kaserne ist sehr groß. Die Straßen sind gefegt, an allen Kreuzungen stehen Verkehrsposten: Man bemüht sich erkennbar um ein großes Protokoll. Vor dem Stabsgebäude ein Ehrenspalier von jungen Soldaten mit sympathischen Gesichtern. Armeegeneral Snetkow – klein, drahtig, untersetzt – erwartet mich in seinem großen Zimmer.

Er erläutert mir die Geschichte der Westgruppe der Truppen vom Zweiten Weltkrieg bis heute. Es sei eine ebenso erfolgreiche wie stolze Truppe. »Herr General«, antworte ich ihm, »als Sie 1945 als junger Leutnant in die Mark Brandenburg stürmten, da floh ich mit meiner Mutter und meinen vier Geschwistern in den Westen, mein Vater war noch an der Front. Ich bin froh, daß ich heute als Vertreter des souveränen Deutschlands mit Ihnen zusammen sprechen kann und wir die Fragen diskutieren, die sich für uns Soldaten aus der glücklichen und friedlichen Entwicklung der letzten Jahre ergeben haben. Dies schließt den befristeten Aufenthalt und den Abzug Ihrer Truppe bis Ende 1994 mit ein. Wir wollen Ihnen helfen, Deutschland in Würde zu verlassen. Ich versichere Ihnen, daß wir alles dazu beitragen wollen, daß wir gute Nachbarn werden.«

Unser Gedankenaustausch dauert nicht – wie ursprünglich vorgesehen – 45 sondern 90 Minuten. Wir besprechen alle Fragen, die bei einem ersten Zusammentreffen überhaupt besprochen werden können. Snetkow will den Abzugstermin selbstverständlich einhalten und sehr eng mit den Landesregierungen, vor allem aber mit uns und dem Verbindungskommando zu den sowjetischen Streitkräften zusammenarbeiten. Meinen Hinweis, daß er durch einen Besuch bei den gerade demokratisch gewählten Ministerpräsidenten der Länder seine Unterstützung für diesen Prozeß öffentlich unterstreichen würde, nimmt er zurückhaltend auf.

Offenbar liegt ihm mehr an einer intensiven Zusammenarbeit mit der

Bundeswehr. Er möchte eine Standleitung zu mir legen lassen, so daß wir jederzeit miteinander telefonieren können – er habe immer einen Dolmetscher bei sich im Zimmer. In erster Linie geht es für ihn darum, Deutschland aufrecht und in Würde zu verlassen. Seine Truppe darf nicht das Gefühl bekommen, im nachhinein den Zweiten Weltkrieg verloren zu haben. Ich sage ihm eine enge Zusammenarbeit zu, mache aber auch deutlich, daß wir die unterschiedlichen Interessen und unterschiedlichen Standpunkte offen ansprechen müßten, da auch das zu einer guten Nachbarschaft gehöre.

Das Gespräch kann ein guter Ausgangspunkt für unsere weitere Zusammenarbeit werden. Ich bitte Snetkow, den Führer unseres Verbindungskommandos, Generalmajor Foertsch, zu empfangen, da er der Beauftragte der Bundesregierung für alle militärischen Fragen sei. Snetkow will das in Erwägung ziehen, macht aber keine festen Zusagen.

Besuch im Berliner Bundeswehrkrankenhaus, dem ehemaligen Krankenhaus der Volkspolizei, direkt neben der Charité gelegen. Für DDR-Verhältnisse ein ziemlich modernes Krankenhaus, jetzt aber ist eine dem westlichen Standard entsprechende Modernisierung unausweichlich. Krankenschwestern und Ärzte machen einen aufgeschlossenen und motivierten Eindruck – sie haben eine Perspektive.

Abends Flug nach Bonn. Zum erstenmal wieder zu Hause.

Montag, 29. Oktober 1990 Den ganzen Tag über Gespräche mit den Inspekteuren, Abteilungsleitern und Staatssekretären über die Lage geführt. Überall große Aufgeschlossenheit und die Bereitschaft zur Hilfe, aber noch nicht genug Kenntnis von der tatsächlichen Situation an Ort und Stelle.

Abends ausführliches Gespräch mit einem Kreis von Journalisten, aus deren Fragen und Ergänzungen klar wird, daß unsere Aufgabe in ihrem Umfang und ihren Problemen bisher nicht so recht erkannt worden ist. Ich nehme mir vor, mehr Gewicht auf die Pressearbeit zu legen.

Mittwoch, 31. Oktober 1990 Besuch der Grenztruppen; Abbau der Mauer in Berlin. Ein Offizier der ehemaligen Grenztruppe erklärt mir das System mit all seinen Raffinessen und Feinheiten. Das gesamte Grenzsicherungssystem war von einer Perfektion und technischen Intelligenz, die noch im nachhinein erschreckend ist. Das kleinste Schlupfloch ist versperrt, jeder Wasserlauf, jeder Kanal, jeder Graben. Der Offizier zeigt mir das alles ganz emotionslos. Absperrzaun, Sperrgraben, Mauer. Ich werde an eine Tagebuchnotiz Ernst Jüngers aus dem Krieg erinnert, in der er feststellt, daß die SS-Schergen mit derselben Akribie die Hinterköpfe lochen wie früher als Schaffner die Fahrkarten. Ob es hier ähnlich gewesen ist?

Die ehemaligen Grenztruppen arbeiten jetzt ohne jeden Vertrag und ohne jede Regelung der Besoldung und der sozialen Absicherung am Abbau der Mauer. Gearbeitet wird mit dem schweren Gerät der Grenztruppen. Die früher einmal ausgebildeten Bagger- und Planierraupenfahrer sind inzwischen in die sichere Bauwirtschaft abgewandert. So bilden wir immer wieder neue Fahrer aus, die dann kurzfristig ausscheiden. Auch ein Beitrag zur Berufsqualifizierung. Wir sind zwar über jeden froh, der einen sicheren Arbeitsplatz gefunden hat. Der Verantwortliche vor Ort aber weiß nie, wie viele Arbeiter er am nächsten Tag hat – und wir sollen und wollen die Mauer bis Anfang Dezember abbauen.

Anschließend Besuch beim Oberbürgermeister von Ostberlin und der Präsidentin des Abgeordnetenhauses. Lebhaftes Interesse an der Bundeswehr und der künftigen Stationierung von Truppenteilen in Berlin. An erster Stelle aber steht die Forderung, daß die Mauer bis Anfang Dezember weg sein muß! Wenn wir das schaffen wollen, werden wir neben den Grenztruppen auch zusätzlich Pionierkräfte einsetzen müssen.

Donnerstag, 1. November 1990 Nachmittags Besprechung mit dem Kommandeur der 5. Luftwaffendivision, Generalmajor Mende. Auch in seinem Bereich die gleichen Probleme. Ein Munitions- und Materialverwertungskonzept fehlt, zusätzliche Wachen werden benötigt, um aufgelöste Truppenteile zu entlasten. Die Piloten haben ihren Flugschein nur noch bis Mitte Dezember. Bis dahin müssen knapp vierhundert Düsenkampfflugzeuge, im wesentlichen die älteren Modelle Mig 21, Mig 23 und SU 22, auf vier Plätzen konzentriert werden. Bisher aber hat man sich im Ministerium noch nicht darauf verständigen können, wo das geschehen soll. Zudem ist noch nicht klar, in welchem technischen Zustand die Flugzeuge gehalten werden müssen. Sollen einige flugtauglich bleiben, damit sie später dorthin geflogen werden können, wo sie weitere Verwendung finden? Wir haben für solche Überlegungen keine Zeit mehr. Sobald die Flugzeuge aus dem Wartungszyklus herausgenommen werden, sind sie technisch nicht mehr sicher. Entweder wir fliegen sie in den nächsten 14 Tagen an ihre Bestimmungsorte, oder rund dreihundert Flugzeuge müssen im Landmarsch quer durch die fünf neuen Bundesländer transportiert werden, was mir nicht hinnehmbar erscheint. Aber die technischen Bestimmungen und die Flugbetriebsvorschriften müssen genau eingehalten werden, um das Risiko von Abstürzen zu vermeiden – also muß jetzt entschieden werden.

Freitag, 2. November 1990 Von den Problemen, die vor uns liegen und zu denen täglich neue kommen, ist bisher noch keines wirklich gelöst worden. Durch den Zwang zum schnellen Abbau des Personals wird die Lage noch komplizierter und unübersichtlicher. Die Flut von Briefen, die uns erreichen, zeigt uns den Unmut und die Erwartungen, die man an uns hat. Jeden Tag bekomme ich etwa dreißig bis fünfzig Briefe von Angehörigen der NVA, deren Familienangehörigen oder von ausgeschiedenen zivilen und militärischen Mitarbeitern. Aus diesen Briefen spricht zum Teil Hilflosigkeit, Unfähigkeit zu eigenen Entscheidungen, Verzweiflung – aber der Ton wird auch frecher und fordernder. Das ist wenig ermutigend.

Besuch des sogenannten »Ordenskellers«, in dem der Kriegsvorrat an Orden gelagert wird. Dort werden in Pappschachteln Orden für »Tapferkeit vor dem Feind« bereitgehalten. Sie sollten nach Ausbruch eines Krieges verliehen werden, tragen den bezeichnenden Namen »Blücher-Orden« und existieren in verschiedenen Ausführungen. Ebenso finden sich Feldmarschallschulterstücke für den früheren Verteidigungsminister der DDR, Armeegeneral Hoffmann, der im Kriegsfall offensichtlich befördert worden wäre. Hätte das vor der Wende irgend jemand geglaubt?

Wie hier, so zeigt sich im gesamten Bereich der NVA, wie ernst man den Kriegsfall nahm. Man war jederzeit auf einen Einsatz vorbereitet. Die Truppen waren in 85prozentiger Bereitschaft, die gepanzerten Kampffahrzeuge, die Hauptwaffensysteme des Heeres, standen voll aufmunitioniert im technischen Bereich bereit, zwischen dreißig Minuten und zwei Stunden nach Alarmierung mußten die Besatzungen abmarschbereit sein, je nach Auftragslage. Deshalb die starke Einschränkung der Bewegungsfreiheit von Offizieren und Unteroffizieren, besonders an den Wochenenden. Sie hatten nur an einem Abend in der Woche Ausgang. Ein Offizier, der an der Ostsee wohnte, erzählte mir, daß er sogar die Skizze von seinem Strandkorb hinterlassen mußte – für den Fall, daß er mit seiner Familie am Wochenende einmal an den Strand fuhr.

Die Komplexlager, in denen Gerät und Ausrüstung für die fünf mobil zu machenden Divisionen gelagert wurden, waren hervorragend ausgestattet und mit deutscher Perfektion und dem Einsatz erheblicher Mittel organisiert. Die Mobilmachung konnte sehr schnell durchgeführt werden: Alle Waffensysteme waren voll aufgetankt, aufmunitioniert und abmarschbereit – im Alarmfall konnten die Reservisten hier ihre Ausrüstung und Bewaffnung in entsprechenden Hallen empfangen und sofort gefechtsbereit ausrücken.

Aber auch an den zivilen Bevölkerungsschutz war gedacht, der rund

500 000 Mitarbeiter umfaßte. Millionen von ABC-Schutzmasken und und andere Ausrüstungstücke lagen bereit, um die Bevölkerung zu schützen. Hinzu kamen Lazarettschiffe, Lazarettzüge und Ersatzlazarette, die in den Bezirkshauptstädten bereitgehalten wurden. Sogar »Kriegsgeld« war ab 1980 für den Ernstfall vorsorglich bereitgestellt worden. Es handelte sich um alte Banknoten der Emission 1955, die 1970 zur Vernichtung vorgesehen waren, jedoch mit dem Aufdruck Militärgeld zusätzlich gekennzeichnet wurden. Das Militärgeld sollte bei »Handlungen auf dem Territorium des Gegners« als Zweitwährung zur Finanzierung der Ausgaben der NVA genutzt werden. Ähnliche Regelungen sind von der polnischen und tschechoslowakischen Volksarmee bekannt. Auf der gleichen Ebene liegt die Bereitstellung von etwa 200 000 Ausweiskarten für das Zivilpersonal, das den Streitkräften folgen sollte. Die Zahl gibt einen Hinweis darauf, in welchem Umfang nichtmilitärisches Personal zur Kontrolle und Verwaltung im besetzten Gebiet vorgesehen war. Auch gegen innere Unruhe war durch ein Bündel von Maßnahmen vorgesorgt, die bei Übungen im einzelnen überprüft wurden. Dem drohenden Personalmangel im Falle eines Krieges sollte durch den Arbeitseinsatz der Schüler der 9. und 10. Klasse oder von Studenten begegnet werden – hierfür soll Margot Honecker als Bevollmächtigte des Vorsitzenden des Nationalen Verteidigungsrates für Bildung und Kultur verantwortlich gewesen sein.

Schließlich hatte sich auch die politische Führung durch die Anlage eines Bunker- und Führungssystems so vorbereitet, daß sowohl die Regierung wie die fünfzehn Bezirksparteisekretäre mit ihren zuständigen Organen die Führung im Verteidigungsfall aus verbunkerten Anlagen übernehmen konnten. Konsequent war alles auf den Einsatz hin optimiert. Offensichtlich hat man allen Ernstes mit dem Krieg gegen den »imperialistischen Klassenfeind« gerechnet und daraus die äußersten Konsequenzen gezogen. Und dies perfekt organisierte und abgesicherte System brach in wenigen Tagen in sich zusammen – ich fand kaum noch Offiziere, die sich zu dieser Vergangenheit bekannten.

Mittwoch, 7. November 1990 Die Berichterstattergruppe des Verteidigungsausschusses – einschließlich eines Mitgliedes der PDS – besucht das Bundeswehr-Kommando Ost. Wir erläutern unsere Schwierigkeiten und die Notwendigkeit, mehr Zeit für die Umstrukturierung und die Auflösung zu erhalten. Das Verständnis für unsere Anliegen ist groß, ebenso die Bereitschaft zur Unterstützung.

Anschließend fliegen wir nach Staaken, um dort den Grenzabbau vorzuführen, dann zur 1. MotSchützenDivision in Potsdam-Eiche. Hier können wir den Abgeordneten einen Teil unserer Schwierigkeiten sehr anschaulich vor Augen führen. Ein Heizungswerk – Ende der dreißiger Jahre gebaut – wird mit Kohle betrieben und dient dazu, einen Teil der Kaserne mit Warmwasser zu versorgen. Wie im vorindustriellen Zeitalter schaufeln mehrere Arbeiter die Kohle auf Karren, die sie in das Heizwerk fahren und oberhalb der Kessel entleeren. Umständlich wird der Koks in die Öfen eingefüllt und von zwei Arbeitern losgestochert, so daß die glühende Asche ein Stockwerk tiefer fällt. Dort wird sie von einem Arbeiter mit einem Wasserschlauch abgespritzt, danach wieder in einen Kokskarren verladen, draußen auf eine Müllhalde gefahren und von dort abtransportiert. Ich frage lieber nicht, wohin. So wurden im Sozialismus Arbeitsplätze geschaffen. In den neuen Personalberechnungen aber sind die Heizer und das gesamte Personal für diese Arbeiten nicht vorgesehen.

Der Gang durch die Küche und die Unterkünfte ist ähnlich deprimierend. Die Küche ist dreckig, die Fettabsauger fehlen, der Fußboden ist nicht mehr zu reinigen. Küche und Nebengebäude werden von einem eigenen Heizwerk beheizt, das stinkende Rauchwolken in den Himmel schickt. In den Unterkünften blättert der Putz ab, es gibt keine richtige Möblierung, und die Duschen funktionieren nicht.

In einem Gespräch mit Soldaten aller Dienstgrade kommen auch die persönlichen Probleme zur Sprache. Ein Oberst und ein Major erklären uns, daß sie die Reduzierung zwar einsähen, fordern aber das Angebot zu beruflicher Weiterbildung, wenn sie ausscheiden müßten. Man beschwert sich über die unterschiedliche soziale Behandlung in Ost und West. Die Wehrpflichtigen begreifen nicht, warum sie weniger Weihnachts-, Urlaubs- und Entlassungsgeld als ihre Kameraden im Westen bekommen und weniger Abfindung für zusätzlich geleisteten Dienst unter erschwerten äußeren Bedingungen erhalten. Das ist in der Tat keine angemessene Entschädigung. Wäre aufgrund der Zustände nicht eher ein besonderer Bonus angebracht?

Den Abgeordneten gegenüber erläutere ich meinen Standpunkt, daß die Wehrpflichtigen als bundesdeutsche Staatsbürger dem gleichen Staat dienten und daß die Besoldung und Abfindung der Wehrpflichtigen sich nicht nach der wirtschaftlichen Leistungsfähigkeit der einzelnen Bundesländer richten dürfe – dies sei im Westen ja auch nicht der Fall. Daß hier im Osten eine größere Anzahl von Wehrpflichtigen arbeitslos und auf das im Westen übliche Entlassungsgeld von 2500 DM angewiesen sei, mache die Forderung nach Gleichbehandlung besonders verständlich. Die 500 DM, die hier im Osten gezahlt werden, seien auch vor diesem Hintergrund nicht zu vertreten.

Das Verständnis der Berichterstatter für unsere Schwierigkeiten stimmt mich zuversichtlich. Entscheidend scheint mir zu sein, daß sich die in Parlament und Regierung Verantwortlichen an Ort und Stelle ein Bild machen, da all das, was wir erleben, mit den normalen Erfahrungen aus der Bundesrepublik nicht zu vergleichen und deshalb nur sehr schwer zu vermitteln ist. Erfahrung kann man sich nicht anlesen.

Am Abend die alliierten Brigadekommandeure aus Berlin zum Abendessen eingeladen, um mich bei ihnen für die Hilfe zu bedanken, die sie uns beim Aufbau des Verteidigungsbezirkskommandos 100 in Berlin gegeben haben. Sie haben großes Interesse an unserer Arbeit und sind fasziniert, wie zwei ehemals feindliche Armeen nun miteinander umgehen. Sie hätten nicht geglaubt, daß es so reibungslos ginge. Man scheint zu vergessen, was es heißt, demselben Volk anzugehören und die gleiche Sprache zu sprechen.

Die ersten Entscheidungen zur Auflösung der Verbände

Donnerstag, 8. November 1990 Besuch beim Heereskommando in Potsdam. Der Flug über die Brandenburger Landschaft und Seenplatte rührt mich immer wieder an. Potsdam, dann Sanssouci, inmitten von Seen gelegen, wunderschön. Daß ich das alles aus der Luft betrachten kann, daß ich über ein vereinigtes Deutschland fliege, scheint mir noch immer wie ein Wunder. Das Briefing beim Heereskommando zeigt die üblichen Sorgen: Wir brauchen mehr Zeit, die Soldaten Klarheit für ihre Perspektive.

Anschließend Besuch bei einem ehemaligen Eliteregiment der NVA. Im Ernstfall wäre es noch vor zwei Jahren gegen Westberlin eingesetzt worden. Mir meldet ein zackiger Kommandeur, jetzt im Dienstgrad Major, der stolz darauf ist, 1989 Kommandeur dieses Regiments geworden zu sein, in das er zwanzig Jahre vorher eingetreten war. Die Soldaten zeigen uns bei ihren Vorführungen ihr besonderes Leistungsvermögen als Einzelkämpfer und als Infanteristen. Die Ausbildungsmöglichkeiten sind vorzüglich, könnten auch bei uns nicht besser sein.

Mein plötzlicher Wunsch, die Küche und die Unterkünfte zu besichtigen, schafft hingegen Unruhe, und das Ergebnis ist, wie ich erwartet hatte: die Küche in einem saumäßigen Zustand, der Putz fällt ab, der Boden ist fettverschmiert; die Zimmer karg wie überall, die Duschräume funktionieren nicht, obwohl in dem Verband viel Sport getrieben wird.

Beim Mittagessen spreche ich mit dem Kommandeur und einigen wenigen Offizieren über ihre Reaktionen zur Zeit der Wende. Der Kommandeur gibt offen Auskunft. »Herr General«, gesteht er mir, »als ich Soldat wurde, war ich davon überzeugt, das Richtige zu tun, und ich war stolz, in diesem Eliteregiment zu dienen. Als ich im September 1989 Kommandeur wurde, war das der Höhepunkt meiner Laufbahn. Unser Regiment führte alle Paraden an, wir marschierten immer vorn. Aber im Oktober und November 1989 gab es die ersten Unsicherheiten. Wir bekamen vollkommen unklare, zum Teil widersprüchliche Befehle. Wir wurden nach Leipzig zum Polizeidienst abkommandiert, zunächst mit Waffen, dann nur mit Schlagstöcken. Während einer der Demonstrationen entdeckten wir unter den Demonstranten fünf Wehrpflichtige aus unserem Regiment. Das machte uns doch etwas nachdenklich. Aber die Wende kam dann so schnell, Herr General, daß ich die Dinge noch immer nicht ganz verkraftet habe. Vor allem habe ich keine Ahnung, was ich in Zukunft machen soll. Bei der Bundeswehr gibt es für mich wohl keinen Platz.«

Auch ein anderer Offizier erzählt bereitwillig von seiner Vergangenheit. »Meine Eltern waren Lehrer, beide in der SED. Ich bin im Geist der Partei erzogen worden und habe geglaubt, dem Frieden zu dienen. Es war nicht immer leicht für mich. Als Offizier war ich ständig der 85prozentigen Bereitschaft unterworfen, ich hatte nie Zeit für Familie und Freunde. Meinen Bruder, der hier in der DDR lebt, habe ich im Jahr nur zweimal gesehen. Wir waren von der Bevölkerung getrennt, lebten in unserer eigenen Siedlung, und selbst für den Sportverein der Kaserne gab es keine Möglichkeit, mit anderen Vereinen zusammenzukommen. Wer einmal Offizier wurde, war da drin. Der hatte keine Zeit mehr zum Nachdenken, er lief mit. Erst im Oktober und November 1989, Herr General, begann ich, kritische Fragen zu stellen. Vorher haben wir vielleicht mal ein bißchen Zweifel gehabt, haben dies und das mal diskutiert, aber im Grunde geglaubt, daß alles in Ordnung sei. Dann aber, im Juli dieses Jahres, habe ich zum ersten Mal an dem Nymwegen-Marsch in Holland teilgenommen – als Offizier der NVA in Uniform. Dort habe ich wirkliche Kameradschaft, Freundschaft und Offenheit zwischen den Soldaten verschiedener Nationen erlebt, und mir ist aufgegangen, wie sehr wir betrogen worden sind, wie trostlos die Welt war, in der wir lebten. Bei uns gab es keine Herzlichkeit, so wie ich sie in Nymwegen erlebt habe. Wir hatten keine kameradschaftliche Verbindung zu anderen Streitkräften, und selbst die Freundschaft mit den Sowjets existierte nur in Verordnungen und Parolen.« Der Oberstleutnant hatte Tränen in den Augen.

Abends Besprechung mit Staatssekretär Dr. Carl. Er stimmt zu, daß wir sofort 1500 Offiziere als Soldaten auf Zeit für zwei Jahre übernehmen können. Diese Sache war bisher umstritten, da sie von der Personalstruktur her nicht eindeutig ist. Vor dem Hintergrund der unkontrollierten Abgänge und der Gefahr, daß in Teilbereichen das Gesamtsystem nicht mehr funktionsfähig gehalten werden konnte, habe ich mich dazu entschlossen, diesen Antrag zu stellen. Er war bisher abgelehnt worden und dann endgültig an diesem Abend bestätigt worden. Anschließend von 18.00 Uhr bis 24.00 Uhr Befehlshaberbesprechung mit dem Hauptthema: Auflösen der Verbände, Schaffen der Voraussetzungen im personellen und materiellen Bereich. Um die Entsorgung von Waffensystemen und Fahrzeugen zu beschleunigen, entscheide ich nach Rücksprache mit den Kommandeuren und dem Stab, daß die Waffensysteme an bestimmten Orten zusammengefahren und gebrauchsunfähig gemacht werden. Das sogenannte Peripheriegerät und sonstige Ausrüstungsgegenstände werden in Hallen zusammengepackt, die Hallen werden verschlossen; aus diesen Hallen heraus kann die Entsorgung später erfolgen. Wir melden dies als unsere Absicht und bringen auf diese Art und Weise andere Bereiche in Zugzwang.

Ich unterrichte die Befehlshaber über die Möglichkeit, nunmehr 1500 Soldaten auf Zeit für zwei Jahre als Schlüsselpersonal zu übernehmen, und lege fest, wie wir das tun und daß hier die Befehlshaber in ihrem eigenen Bereich nach vorgegebenen Quoten feste Zusagen machen können. Von dieser Zusage verspreche ich mir eine stabilisierende Wirkung auf den Gesamtbereich, weil nun den vielen Worten endlich auch Taten folgen. Wir lösen bei dieser Besprechung auch wieder einige Probleme, erkennen aber auch schon wieder neue, wie zum Beispiel die Unklarheit beim Anrechnen des Übergangsgeldes auf Arbeitslosengeld, die Übernahme des Wachdienstes durch Zivilwachen in den besonders kritischen Bereichen und das gesamte Thema Soldat auf Zeit für zwei Jahre.

Einer der Befehlshaber liest schließlich noch ein Fernschreiben vor, das von allen Verbänden und Dienststellen fordert:

Nach dem Vertrag über die Herstellung der Einheit Deutschlands, Kapitel 6, Abs. 3 Nr. 15, tritt die Verordnung über das Halten von Hunden im Freien vom 6. 6. 1974 in dem im Artikel 3 des Vertrages genannten Gebiet am 1. 7. 1991 in Kraft. Die Durchführung des Tierschutzgesetzes und der aufgrund dieses Gesetzes erlassenen Rechtsschutzverordnung obliegt für die Tiere, die sich im Besitz der Bundeswehr befinden, den zuständigen Dienststellen der Bundeswehr. Darum wird das Bundeswehrkommando gebeten, alle Diensthunde nach einem Schema zu erfassen und das Ergebnis der Ermittlung zu melden. U. a. sind anzugeben: die Zwingergröße mit sechs Quadratmeter Lauffläche, Zwinger mit geringerer Lauffläche, die Art der Fütterung der Hunde, wer das Futter beschafft, die Art des Futters, der geplante Verbleib der Hunde, zur Ausmusterung wegen Dienstunfähigkeit, Angabe des Grundes usw.

Ein Befehlshaber fragt zu Recht, ob die Anfragen über die Hunde nicht etwas intensiver sind als die Anfragen über die Wehrpflichtigen.

Am Ende der lebhaften Aussprache kurz vor Mitternacht – wir sind nun wirklich hundemüde – zeigt sich, daß die Erschöpfung vieler sichtbar ist und ein Teil von uns an der Grenze der psychischen und physischen Belastbarkeit steht. Wir alle sind angestrengt und erschöpft. Dennoch ist entscheidend, daß die Vorgesetzten Ruhe, Gelassenheit und auch Humor ausstrahlen. Trotz aller Anspannung sind wir ein harmonisches Team.

Freitag, 9. November 1990 Das Hauptproblem wird immer deutlicher: die deutsche Einheit ist für alle zu schnell gekommen; neue Prioritäten müssen gesetzt werden. Das gilt auch für die Bundeswehr. Im Westen scheint man man noch immer nicht ganz zu erkennen, daß Opfer und neue Schwerpunkte notwendig sind, um hier im Osten den Übergang zu bewältigen. Aufgrund der gesamtwirtschaftlichen Lage und der psychologischen Situation ist der Osten der viel schwächere Partner. Die Bundeswehr im Westen wird 1991 etwa um vier Prozent der Berufs- und Zeitsoldaten gekürzt, hier hingegen werden es vierzig Prozent sein – und das geht manchem noch nicht schnell genug.

Dienstag, 13. November 1990 Erste regionale Kommandeurtagung in Delitzsch mit gut 200 Teilnehmern, mit der ich die Information und den Gedankenaustausch verbessern will. Die Soldaten glauben aus ihrer tiefen Verunsicherung heraus allen möglichen Gerüchten, die ich durch Fakten, persönliche Ansprache und Vertrauen entkräften muß. Der Wehrbeauftragte des Deutschen Bundestages nimmt als Gast teil. Durch seine Präsenz unterstreicht er sein persönliches Engagement für unsere Probleme.

Mittwoch, 14. November 1990 Flug nach Peenemünde, um dort gemeinsam mit Staatssekretär Dr. Carl die Marine zu besuchen. Auf einem der modernen, nun aber nicht mehr benötigten Schiffe tragen Soldaten und zivile Mitarbeiter ihre Probleme vor: fehlende Informationen über soziale Fragen, unklare Kompetenzverteilung zwischen dem Bundesministerium für Verteidigung und dem Bundesminister für Arbeit und Soziales und weiteren Dienststellen. Bei der Marine sind die Probleme am gravierendsten, da hier die Reduzierung von 8 500 Soldaten auf 1500 vorgenommen wird, keines der Boote im Dienst bleibt und der Anteil der zivilen Mitarbeiter ebenfalls drastisch vermindert wird. Auch die überraschende und zum Teil fehlerhafte Entlassung der zivilen Mitarbeiter wird erwähnt, die zu erheblichen Irritationen und zu einem Verlust an Vertrauen beigetragen hat; das ist auch nach der teilweisen Rücknahme der Kündigungen nicht so schnell wiederherzustellen. Der Delegation aus dem Ministerium wird ein weiteres Mal klar, daß die Probleme sehr viel komplexer sind, als man aus der Ferne angenommen hatte.

Im Oktober 1988, ziemlich genau zwei Jahre vor der Auflösung der Sowjetunion, besuchte mit Rupert Scholz (2. v. l.) zum ersten Mal ein Verteidigungsminister der Bundesrepublik seinen Moskauer Kollegen, Armeegeneral Jasow. Zur Delegation gehörte Jörg Schönbohm (r.), damals Leiter des Planungsstabes des Bundesministers für Verteidigung.

In den Monaten der Vereinigung, als neben Bundesverteidigungsminister Stoltenberg auch die noch existierende DDR einen eigenen Minister für Verteidigung und Abrüstung in Gestalt des Pfarrers Eppelmann hatte, kam es mitunter zu heiklen Situationen. Eppelmann hatte der NVA ziemlich weitgehende Zusicherungen gegeben, daß sie zumindest während einer Übergangszeit als eigenständige Armee beibehalten werde. Nicht nur aus diesem Grunde versuchten beide Seiten, gemeinsamen Pressekonferenzen aus dem Weg zu gehen. An dem Tag der Übergabe aber lagen die Zwistigkeiten hinter ihnen.

Für die sowjetische Seite hatte sich die Lage im Jahre 1990 geradezu umgestürzt. Jetzt war die Westgruppe der sowjetischen Truppen keine Okkupationsarmee mehr, sondern eine zeitlich befristete »Restgruppe« der in Auflösung befindlichen Sowjetunion; ihr Abzug und ihr Verbleiben wurde von der Bundesrepublik mit Milliarden Mark beglichen. Trotz dieser – von beiden Seiten höchsten Takt erfordernden – Situation stellte sich sehr bald eine vertrauensvolle Zusammenarbeit zwischen Generaloberst Burlakow und General Schönbohm heraus, der inzwischen zum Kommandeur des Bundeswehr-Kommandos Ost mit Sitz in Strausberg ernannt worden war.

Im Dezember 1954 wurde auf einer Pressekonferenz in Berlin die Schaffung von »Nationalen Streitkräften« formell angekündigt.
Das Foto zeigt Otto Grotewohl, den damaligen Ministerpräsidenten der DDR, Walter Ulbricht und Hans Loch, den damaligen Finanzminister der DDR.

Die ersten Volksarmee-Einheiten wurden auf der traditionellen Maiparade im Jahre 1956 der Öffentlichkeit gezeigt; in Uniformen, die noch deutlich der Wehrmachtstradition verpflichtet waren, zogen sie über den Marx-Engels-Platz und die Linden Ostberlins. Das ostdeutsche Regime scheute jedoch merkwürdigerweise gleichzeitig die Öffentlichkeit. Nur wenige Ostberliner wurden durch die Absperrungen gelassen, so daß die Truppen praktisch durch menschenleere Straßen zogen. Gemeinsam mit Volksmarine-Einheiten erwiesen sie den kommunistischen Funktionären, an ihrer Spitze der erste DDR-Präsident Wilhelm Pieck, militärische Ehrenbezeigungen.

1. MAI
1956
2. FÜNFJAHRPLAN
1. MAI
1956
Es lebe der 1. Mai! Vorwärts für Frieden, Völke
iche Durchführung des zweiten Fünfjahrplanes!

Der Soldat des Wachregiments Felix Dzierzynski, nach dem ersten Chef der sowjetischen Tscheka benannt, trägt den Flachhelm, der mit geringen Abänderungen dem sowjetischen Vorbild nachempfunden war. Hier präsentiert er vor der Neuen Wache Schinkels Unter den Linden, die von Ulbricht zu einem Mahnmal für die Opfer des Faschismus und Militarismus umgestaltet worden war.

Auf der Ehrentribüne stand wie vor drei Jahrzehnten die erste Garnitur von Politbüro und Zentralkomitee, nur da inzwischen an die Stelle Ulbrichts der neue erste Mann der SED, Erich Honecker, getreten war. Der Vertreter der Sowjetunion, General Jefremow, hat wie selbstverständlich den Platz in der Mitte inne, zwischen dem Generalsekretär und dem Verteidigungsminister.

Dreißig Jahre nach der Gründung der NVA haben die Züge der Improvisation der Perfektion einer modernen Armee Platz gemacht, die durch Alleen mit Hochhäusern im sozialistischen Großplattenstil zogen. Die Truppen der DDR waren nun von denen der anderen Warschauer-Pakt-Staaten wenig zu unterscheiden und erinnerten auch in der Montur nicht mehr an die Wehrmacht des Dritten Reiches.

Die Waffen, mit denen Einheiten der NVA jetzt vor der Partei- und Staatsführung paradierten, waren hochmoderne Waffen sowjetischer Bauart. Aber die Panzer, Mannschaftswagen und Raketenträger fuhren auf der Misere der Wirklichkeit: Der Straßenbelag war auch in Jahrzehnten nicht erneuert worden, und Zeit, Energie oder Geld hatten nicht ausgelangt, die alten Straßenbahngleise vollständig zu entfernen.

Überall waren in Jahrzehnten seit der Gründung der DDR Kasernen entstanden, denn die alten Gebäude aus der Kaiserzeit oder aus dem Dritten Reich wurden zumeist von den Einheiten der Roten Armee genutzt. So lebte die Armee in so trostlosen Unterkünften wie das Volk – Großplattensiedlungen mit notdürftigen Maschenzäunen, hinter denen einige Trabis standen, deren Erwerb von den Vorgesetzten aber schriftlich genehmigt werden mußte.

Mit der Wende ist von der Bundeswehr auch die neueste MiG 29 übernommen worden, die sich bei näherer Inspektion als das modernste Kampfflugzeug der Welt erwies. Das Foto zeigt auf geradezu groteske Weise die Zeit des Umbruchs: Die Maschinen tragen bereits das Hoheitszeichen der Bundeswehr, während die Beschriftung im Innern noch in kyrillischen Buchstaben gehalten ist; melancholisch blickt der Pilot aus der Flugzeugkanzel. Das Foto rechts oben zeigt eine der erst vor kurzem von der NVA übernommenen MiG 29 auf dem Feldflughafen Preschen.

Die älteren Kampfflugzeuge der MiG wurden in den Wochen der Wende ganz einfach abgewrackt. Hier steht das ausgeschlachtete Skelett einer MiG mit voll erhaltenem Düsenaggregat am Rande einer wilden Müllkippe am Dresdner Elbufer.

29 20

meister
HAFEMEIS

Bei der Besichtigung von Kasernen der NVA fiel immer wieder der schreiende Gegensatz zwischen dem hochmodernen Kriegsgerät und den nahezu baufälligen Unterkünften ins Auge. Im Heizhaus Eiche war die Hälfte der Kohlenkiepen als nicht benutzbar gekennzeichnet, draußen lagerten die Braunkohlebestände in der DDR-typischen Manier unter freiem Himmel, und die Abfülleinrichtungen machten einen baufälligen Eindruck.

Trist sah es auch in der Küche der Kasernen aus, wo die Wehrpflichtigen nach dem Essenfassen ihr Geschirr in fünf rostigen Spülen selber abwaschen mußten und hier und da Wasserhähne völlig fehlten. Draußen standen aber die modernsten Waffen in bestgewartetem und jederzeit einsatzbereitem Zustand.

defekt

Der Stolz der NVA, die Panzer, Schützenpanzer, Mannschaftswagen und Jeeps, teilte das Schicksal einer in Auflösung befindlichen Armee. Wenige Bestände wurden von der Bundeswehr übernommen, noch weniger an befreundete Armeen übergeben, einige den Alliierten im Golfkrieg überlassen. Der Rest landete auf dem Schrottplatz. Aber auch das erwies sich als sehr aufwendig. Bis die Entscheidung in Bonn fiel, mußten sie jedoch gesammelt, gewartet und gesichert werden.

Die Übernahme von Teilen der NVA in die Bundeswehr war ein entscheidender Schritt auf dem Weg, der zu einer gemeinsamen Armee in einem einzigen Staat führen sollte. Auf dem Rathausplatz von Bad Salzungen in Thüringen fand demonstrativ das Gelöbnis in aller Öffentlichkeit statt; nicht nur den Soldaten, sondern auch den Bürgern sollte deutlich werden, daß die Soldaten auch im Osten von nun an Staatsbürger in Uniform sein würden.

Die Generale der NVA wurden nach der Vereinigung beider Staaten ausnahmslos entlassen, obwohl sich einige zum Dienst auch in einer demokratischen Armee bereit erklärt hatten. Aber für die höchsten Offiziere, die sich immer als politische Soldaten begriffen hatten, kam eine solche Übernahme nicht in Frage. Das mittlere und untere Offizierskorps wurde in der Regel um zwei Dienstgrade herabgestuft, sofern es überhaupt übernommen wurde, denn in der NVA war die Zahl der Offiziere unverhältnismäßig hoch gewesen. Die zunächst auf Zeit übernommenen Offiziere – hier in einer Kaserne in Fürstenfeldbruck – erhielten eine Ausbildung in Staatsbürgerkunde und wurden unter anderem mit dem Grundgesetz der Bundesrepublik vertraut gemacht.

General Schönbohm als Kommandeur des Bundeswehr-Kommandos Ost legte besonderen Wert darauf, Vertrauen auch bei der Truppe zu gewinnen, und besuchte deshalb häufig Truppenunterkünfte in allen Landesteilen, auch um sich mit den Alltagsproblemen der Soldaten vertraut zu machen. Da die Bestände der Bundeswehr zur Einkleidung der ehemaligen Volksarmee mit der regulären Bundeswehruniform nicht ausreichten und die übernommenen Soldaten daher nur mit dem olivfarbenen NATO-Feldanzug ausgestattet wurden, legte Schönbohm Wert darauf, daß auch die aus dem Westen überstellten Offiziere wie er selbst dieselbe Uniform trugen.

Rekruten aus Sachsen und Thüringen wurden in Wetzlar in einem Panzergrenadierbataillon ausgebildet. Ironischerweise präsentieren sie hier vor einem Schützenpanzer der Bundeswehr ihre Erbschaft aus der DDR-Zeit, einen »Trabant«, der sich in der westlichen Umgebung besonders seltsam ausnahm. Aber er war im Osten eine lang ersehnte Kostbarkeit gewesen, die eine fast zehnjährige Lieferfrist gehabt hatte; die jungen Soldaten aus dem Osten scheinen diesen Widerspruch selber empfunden zu haben.

In Neubrandenburg in Mecklenburg-Vorpommern erhielten die Einheiten der NVA in der »Eckelmannkaserne« ihre neuen Bundeswehruniformen. Hier wird sie von einem Unteroffizier ausgegeben, der selber noch die alte Uniform der NVA trägt. Aber in der Nacht der Einigung vom 3. auf den 4. Oktober sollte auch der letzte Soldat seine neue Uniform erhalten. Die NVA gehörte der Vergangenheit an, jetzt gab es nur noch *eine* Bundeswehr.

Erste Zwischenbilanz – zwischen Hoffnung und Resignation

Donnerstag, 15. November 1990 Auf der Kommandeurtagung in Basepol ist die Stimmung gereizt, die Fragen sind aggressiv, inbesondere im Hinblick auf die soziale Versorgung. Auf meine Erklärung, daß auch diejenigen Offiziere noch über den 31. Dezember hinaus benötigt werden, deren Verbände zum 31. März aufgelöst werden, wird mir folgende Frage gestellt: »Herr General, warum soll ich bis zum 31. März bleiben, um meinen Verband aufzulösen? Ich bekomme zusätzlich 7000 DM dank der befristeten erweiterten Versorgung, wenn ich schon am 31. Dezember gehe!« Ich versuche, eine Gegenrechnung aufzustellen, die mathematisch vielleicht richtig ist, aber kaum jemanden überzeugt. Einige Offiziere ziehen es vor, 7000 DM auf die Hand bekommen, selbst wenn sie anschließend arbeitslos sind. »Warum sollen wir uns noch einsetzen«, heißt es außerdem, »wenn wir doch bald entlassen werden?« Jetzt, da man nicht mehr weiß, wofür man dient, wird Geld der bestimmende Faktor.

In der Pause sprechen mich verschiedene West-Kommandeure an. Sie befürchten, die Funktionsfähigkeit ihres jeweiligen Verbandes vom 1. Januar an allein gewährleisten zu müssen, da völlig unklar ist, wer von den ehemaligen NVA-Offizieren noch dasein wird. Immer mehr wollen zum 31. Dezember ausscheiden, obwohl ich auch viel Bereitschaft zum Weitermachen finde. Entscheidend ist wohl, daß wir als Vorgesetzte mit den Soldaten sprechen, den Blick auf ihre zukünftigen Chancen lenken und die gemeinsame Verantwortung für die Zukunft betonen. Manche Sorgen kommen aus Unkenntnis und fehlerhafter und zu später Information oder sogar gefälschter Information. Wieviel Offiziere absichtlich Gerüchte in Umlauf setzen oder gezielt falsch informieren, läßt sich schwer abschätzen. Richtig zu informieren ist eine Führungsaufgabe. Wir müssen auch viel miteinander sprechen, nur so läßt sich auch gegenseitig Vertrauen gewinnen.

Die sehr angespannte, lebhafte Diskussion endet zwar damit, daß die Mehrheit der Soldaten die Notwendigkeit der Reduzierung einsieht, aber im Hinblick auf die persönliche Zukunft sind die meisten doch unsicher und skeptisch, einige verbittert – wer könnte das nicht verstehen? Wir fordern jetzt ihre Mitarbeit, weil wir sie brauchen, müssen aber in wenigen Monaten viele von ihnen entlassen. Dies ist die eigentliche Schwierigkeit: Mitarbeit und Zuverlässigkeit zu verlangen und dabei den meisten erklären zu müssen, daß sie auf Dauer keine Chance haben.

Im Anschluß an die Tagung und die bisherigen Lagefeststellungen schreibe ich einen Bericht an das Ministerium über die Lage im Bundeswehr-Kommando Ost, sechs Wochen nach Übernahme der Befehls- und Kommandogewalt durch den Bundesminister der Verteidigung. Er lautet auszugsweise wie folgt:

Lage Bundeswehr-Kommando Ost. Bisheriger Verlauf

1. *Die Übernahme der ehemaligen NVA in die Bundeswehr ist bemerkenswert geräuschlos verlaufen. Dies liegt im wesentlichen daran, daß die ehemaligen Offiziere der NVA bereit waren, mitzuarbeiten. Es hat keine erkennbaren Widerstände gegen einen gemeinsamen Weg gegeben. Bisher erkannte Fehler liegen in der anderen Mentalität und Ausbildung. Die Offiziere der Bundeswehr haben sich ihrer Aufgabe mit Fingerspitzengefühl und notwendiger Klarheit gestellt. Sie haben begonnen, einen neuen Führungsstil in die ehemalige NVA mit hineinzutragen.*
2. *Die Offiziere der ehemaligen NVA sind nach wie vor verunsichert. Sie haben zum Teil die Umstellung auf unser Ausbildungs- und Führungssystem formal vollzogen, sind aber zum großen Teil innerlich mit dem schnellen Ablauf der Ereignisse noch nicht fertig geworden. Hinzu kommt die unklare Situation im Hinblick auf die berufliche Zukunft und die wirtschaftliche Entwicklung des Landes für den Fall, daß sie sich eine Aufgabe außerhalb der Streitkräfte suchen müssen. Insgesamt sind diese Offiziere uns gegenüber aufgeschlossener geworden. Sie entwikkeln Vertrauen und beginnen, mehr Fragen zu stellen.*
3. *Bei zwei regionalen Kommandeurtagungen mit Kommandeuren bis zur Regimentsebene und Ebene der selbständigen Bataillone hat sich folgendes bestätigt:*

Die Einsicht in die Notwendigkeit des Reduzierens, des Reformierens und des Aufbaus neuer Truppenteile ist vorhanden. Ein Teil der Offiziere hofft, daß das Reduzieren an ihnen vorbeigeht.

Im sozialen Bereich gibt es noch eine Menge von Unklarheiten, als da sind: die Anwendung und Umsetzung des Arbeitsförderungsgesetzes und die Möglichkeiten des Berufsförderungsdienstes, die Verrechnung der Rentenansprüche und Übergangsgebührnisse der künftigen Gehaltsstruktur und alle mit der Besoldung verbundenen Fragen.

Alle Kommandeure teilen die Sorge um die hohe Wachbelastung mit ihren Auswirkungen auf die Ausbildung und Stimmung der Truppe. Ein Kommandeur berichtete mir, daß seine Wehrpflichtigen sich zusammengerottet hätten und dabei beklagten, daß sie sehr viel mehr Wache schieben müßten als ihre Freunde im Westen, dafür aber noch nicht einmal das gleiche Geld, vor allen Dingen Weihnachts- und Entlassungsgeld, bekämen. Nach meinen Feststellungen ist dies ein Einzelfall, aber er zeigt die Tendenz an.

4. Die Zusammenarbeit mit dem Bundesministerium der Verteidigung ist grundsätzlich gut; dabei ist zu berücksichtigen, daß hier eine komplexe Aufgabe zu lösen ist, die die Zusammenarbeit vieler Stabsabteilungen und Abteilungen erforderlich macht. Es zeigt sich jedoch im Alltag, daß diese Zusammenarbeit noch verbessert werden muß. Manchmal müssen die verschiedenen Weisungen des Ministeriums vom Bundeswehr-Kommando Ost dadurch koordiniert werden, daß einige von ihnen ergänzt oder aufgehoben werden. Vielfach fehlt den im Bundesministerium der Verteidigung Verantwortlichen die Vorstellung von den besonderen Bedingungen der Arbeit hier vor Ort und von der Verknüpfung der verschiedenen Bereiche, die weit in das Zivilleben hineingehen.

Folgende Defizite bestimmen den Fortgang der weiteren Arbeit:

a. Truppenteile haben zur Zeit etwa eine Personalstärke von fünfzig Prozent, aber noch die komplette Ausstattung an Waffen und Munition, teilweise noch zusätzliche Waffen und Munition von anderen, nicht der NVA zugehörigen Truppenteilen übernommen. Eine Auflösung dieser Truppenteile mit Personaleinsparung ist nur dann möglich, wenn über den Verbleib des Materials und der Munition entschieden wird. Ansonsten führt die Auflösung eines Truppenteils dazu, daß das Nachkommando zur Abwicklung und Bewachung in gleicher Stärke erhalten bleiben muß wie der vorherige Truppenteil. Dies ist für die künftige Reduzierung der begrenzende Faktor.

b. Es fehlen Konzepte für die Verwertung des ausgesonderten Materials und der ausgesonderten Munition, so daß noch keine Lagerorte für den Verbleib der Waffensysteme festgelegt werden können.

c. Entscheidungen im Leitungsbereich mit Auswirkungen auf das Bundeswehr-Kommando Ost werden erst sehr spät mit drei- bis vierwöchiger Verzögerung dem Kommando mitgeteilt, obwohl diese Entscheidungen wesentliche Auswirkungen auf unsere Arbeit haben.

Freitag, 16. November 1990 Die Befehlshaberlage zeigt, daß wir in vielen Bereichen noch auf der Stelle treten. Auf meine Meldung nach Bonn, daß die Flugzeuge auf vier Flugplätzen zusammengeflogen werden müssen, erhalte ich die Mitteilung, »den Dienstweg einzuhalten und die Flugzeuge so zusammenzuführen, daß sie funktionsfähig erhalten bleiben, gegebenenfalls zerstört werden können ohne eine erneute Bewegung.« Dieser Auftrag läßt alles offen, entscheidet nichts, obwohl wir dringend Vorgaben brauchen! So beschließen General Mende und ich, was wir für richtig halten, und melden dies. Wir hören nichts. Ein halbes Jahr später aber stellt sich heraus, daß unsere schnelle Entscheidung richtig war: Ohne sie hätten die Flugzeuge im aufwendigen Landmarsch transportiert werden müssen – das hätte dann keiner mehr verstanden.

Sonntag, 18. November 1990, Volkstrauertag Morgens Frühstück mit einem Bekannten aus dem Bundesministerium der Verteidigung. Er teilt mir mit, daß seinem Eindruck nach unsere Aufgabe im Bundesministerium der Verteidigung allzu geschäftsmäßig abgehandelt werde. Die Herausforderung sei wohl noch immer nicht ganz erkannt, lediglich der Minister, einige Staatssekretäre und Abteilungsleiter seien wirklich engagiert. Die meisten aber könnten sich kaum vorstellen, wie es tatsächlich im Osten aussehe. Während des Gespräches muß ich daran denken, daß die Mehrzahl meiner Besucher aus Bonn immer nur nach Strausberg kommt, aber nicht in die »Provinz« fährt, wo die wirklichen Schwierigkeiten sind – von den zivilen und militärischen Abteilungsleitern läßt sich jedoch keiner im Bundeswehr-Kommando Ost vor Ort über unsere Erfahrungen und Vorstellungen unterrichten.

Um 10.30 Uhr im großen Soldatenfriedhof in Halbe für die Gefallenen des Kessels eine Gedenkveranstaltung. Zum ersten Mal nach dem Krieg predigt ein evangelischer Pfarrer. Auf dem Friedhof ruhen 40 000 Tote: Opfer des Krieges und des Konzentrationslagers von Ketschendorf, das nach Kriegsende erst von den Sowjets, dann von der SED in Betrieb gehalten wurde. Auch mein Schwiegervater war 1945 für eine kurze Zeit hier interniert gewesen – danach als »Kapitalist« bis nach Karaganda in Sibirien verschleppt worden.

Beim gemeinsamen Mittagessen schildert einer der Teilnehmer mir die Schwierigkeiten, mit neun demokratisch legitimierten Mitarbeitern ein Landratsamt von 238 Beschäftigten zu übernehmen und in neue Formen zu überführen. Die alten Seilschaften wirkten noch immer, die Personen auf den Ämtern hätten sich – für die antragstellende Bevölkerung – nicht geändert. Auch deshalb gebe es erhebliche Barrieren, die man im Westen nur unvollkommen wahrnehmen könne. Aus der Sicht der Bevölkerung hätte sich erst dann etwas geändert, wenn *die* Funktionsträger, die sie vorher geschurigelt hätten, endgültig verschwunden seien. Er erzählt mir dann, daß die westdeutsche Industrie – insbesondere Versicherungen und Banken – ehemalige SED-Bonzen ohne Rücksicht auf deren Vergangenheit übernähmen, weil sie »leistungsfähig« seien. Neue Seilschaften der alten Kader? Mein Gesprächspartner selbst war nicht in der SED gewesen und daher nicht über den stellvertretenden Abteilungsleiter bei Interflug hinausgekommen.

Montag, 19. November 1990 Bürotag. Das Telefon zur Westgruppe der sowjetischen Truppen funktioniert und wird regelmäßig überprüft. Der Oberbefehlshaber weigert sich immer noch, Generalmajor Foertsch zu empfangen, da er »kein Zeitfenster offen« habe. Ich trage unserem stellvertretenden Leiter des Verbindungskommandos auf, meinen Kommentar zu übermitteln: Ein Oberbefehlshaber entscheide selber, wann er welche Fenster öffne, Snetkow wolle wohl das Fenster zu uns nicht öffnen. Ich hoffe, daß dies endlich Erfolg hat.

Generalleutnant a.D. Baarß berichtet mir über die Disziplinarordnung der ehemaligen NVA. Schon die Unteroffiziere hatten Disziplinargewalt. Besonders bedrückend war die Verknüpfung mit der SED: jedes Disziplinarverfahren hatte immer ein Parteiverfahren zur Folge. Die Verfilzung war perfekt. In der Personalführung spielte die Partei die entscheidende Rolle, alles wurde hier unter die Disziplin und Führung der Partei gestellt.

In der Nationalen Volksarmee waren Belobigungen, Prämien oder Sachleistungen nicht nur Mittel, um die Leistungsbereitschaft, sondern auch die Gefügigkeit zu steigern. Die zentrale Figur in diesem System war der Regimentskommandeur, der zwischen 80 000 und 250 000 Mark im Jahr zur Verfügung hatte, um hervorragende Soldaten auszuzeichnen. Diese Auszeichnungen wurden für gute Leistungen im dienstlichen Bereich – wie zum Beispiel bei der Ausbildung oder im Schießen verliehen, aber auch für gesellschaftspolitisches Engagement oder besondere Erfüllung der Normen. Sachleistungen waren Bohrmaschinen, Kaffeeservice, Besteckkästen und andere Dinge des täglichen Bedarfs, die in den Geschäften nicht zu kaufen waren. Prämien wurden von dreihundert Mark aufwärts gezahlt. So konnte ein Abteilungsleiter im Ministerium pro Jahr für 17 Mitarbeiter bis zu 8 500 Mark an Belobigungen ausgeben. In der Regel gab es Mehrfachbelobigungen pro Jahr; für den Regimentskommandeur war es wichtig, sie regelmäßig auszusprechen, weil dadurch deutlich wurde, daß sein Regiment besonders gut war und er leistungswillige Offiziere hatte. So erhielt einer der Offiziere in 26 Dienstjahren 53, ein anderer in 31 Jahren 93 und ein weiterer in 34 Jahren 114 Belobigungen.

Neben dem Lob gab es natürlich auch den Tadel und die Bestrafung – von einfacher Geldbuße, Ausgangssperre bis hin zum Disziplinarrest oder zur Degradierung. Viele dieser Maßnahmen konnten von den Disziplinarvorgesetzten ohne richterliche Mitwirkung getroffen werden – ein für unser Rechtsverhältnis unvorstellbares, willkürliches Vorgehen. Die Gründe konnten lächerlich sein. So wurde ein Offizier disziplinarisch bestraft, weil er sich nach einem Verkehrsunfall in der Tschechoslowakei von einem westdeutschen Landsmann abschleppen ließ.

Um so wichtiger ist es jetzt, den Disziplinarvorgesetzten schnell und gründlich Rechtsunterricht über unsere Disziplinarordnung zu erteilen. Leider haben wir von Anfang an nicht genügend Rechtsberater bekommen. Auch hier besteht mehr Bedarf. Eine »Marktlücke« – die von Freiwilligen nicht gedeckt wird. Die rechtskundigen Beamten gehen nicht dorthin, wo sie von Rechts wegen besonders gebraucht werden, sondern bleiben da, wo sie sind. Aber sie können nicht gegen ihren Willen versetzt werden – was Recht ist, muß Recht bleiben.

Dienstag, 20. November 1990 Besuch des Informationszentrums für Aufklärung, das mit ein paar hundert Mitarbeitern das Herzstück der militärischen Aufklärung der Nationalen Volksarmee war und zum Zeitpunkt meines Besuches von einem ehemaligen NVA-Oberst unter Aufsicht eines westdeutschen Oberst aufgelöst wird. Der Oberst verbirgt nicht seinen beruflichen Stolz darauf, welche Detailkenntnisse die Nationale Volksarmee über die Bundeswehr hatte. Ich habe Gelegenheit, mich davon zu überzeugen, daß man tatsächlich ein sehr klares Bild besaß. Sowohl personenbezogene Daten wie allgemeine militärische Erkenntnisse sind vorhanden; als Beispiel zeigt man uns Unterlagen über die Panzerlehrbrigade aus Munster, die detaillierte Informationen über Gefechtsstand, technische Ausrüstung und ähnliche Dinge enthalten. Die größte Sorge des vortragenden Offiziers bezieht sich auf den Schutz seiner früheren Spione – er hat Angst vor deren Enttarnung, sie hoffentlich auch.

Nach seinem Vortrag provoziere ich den Oberst mit einem Einwand: »Herr Oberst, in einem entscheidenden Punkt scheinen Sie keineswegs ein klares Bild gehabt zu haben. Bei all meinen Truppenbesuchen habe ich festgestellt, daß die NVA-Truppe von einem hohen Bereitschaftsstand der Bundeswehr und der NATO-Verbündeten am Wochenende ausging: Jederzeit hätte der Westen die Staaten des Warschauer Vertrages angreifen können – so höre ich es in der Truppe. Hätte ein wirklich informierter Aufklärungsdienst der NVA sie nicht in Kenntnis setzen müssen, daß die Bundeswehr am Wochenende nur eine Feuerwache und geringe Alarmbereitschaft hatte?« »Herr General,« lautet die Antwort, »wir haben das alles gewußt und es dem Chef der Nationalen Volksarmee gemeldet. Die Führung wußte eindeutig, daß die Bundeswehr und das NATO-Bündnis faktisch nicht überraschend angriffsfähig waren und am Wochenende nur einen geringen Bereitschaftsstand hatten. Aber dennoch hatte die politische und militärische Führung entschieden, daß für die Nationale Volksarmee die 85prozentige Bereitschaftsforderung rund um die Uhr gelten sollte. Das wurde mit der ständigen Aggressionsbereitschaft des Imperialismus und mit den Chemie- und Nuklearwaffen begründet; für die Aggressionsbereitschaft konnten wir aber aus der Sicht des militärischen Nachrichtendienstes – zumindest fürs Wochenende – keinen Nachweis führen.« Auf meinen Einwand, ob die politische Manipulation ihn selbst nicht sehr nachdenklich gemacht hätte, sagt er nur: »Herr General, die Partei- und Staatsführung hat diese Maßnahmen für richtig und notwendig gehalten, und wir sind dem gefolgt.« Wie umfassend sich die Partei- und Staatsführung informierte und wie unwissend sie ihre Soldaten und die Bevölkerung hielt – Information und Desinformation ergänzten sich auf fatale Weise. Den Mechanismus dieses Repressions- und Manipulationssystems hatte er nicht begriffen oder wollte ihn nicht begreifen, und nach dem Grund einer ständigen, alle Soldaten belastenden Bereitschaft zu fragen war ihm nicht in den Sinn gekommen. »Allzeit bereit« war ein Gruß der FDJ gewesen.

Da die Mitarbeiter des militärischen Nachrichtendienstes besonders ausgesuchte und ideologisch überzeugte Männer waren, interessiert es mich zu erfahren, wann ihnen die ersten Zweifel gekommen sind. Mein Gesprächspartner gesteht ein, daß der Bruch erst auf dem Parteitag der SED im November 1989 begonnen habe, als deutlich geworden sei, daß die Ideologie zusammengebrochen war und die Partei vor einem Scherbenhaufen ihrer Geschichte stand. Erst da habe sich für jeden überzeugten SED-Anhänger die Notwendigkeit einer Neuorientierung gestellt. Der Oberst selbst hat sich offenbar schnell in der neuen Lage zurechtgefunden. Er erklärt mir, daß er zum Ende des Jahres ausscheiden werde, um sich anschließend als Makler zu betätigen. Berufung – Beruf? Ich vermute, daß er ein erfolgreicher Makler geworden ist.

Wir gehen durch lange Gänge zu dem Neubau. An den verschlossenen Türen lese ich noch Namenschilder und Funktionsbezeichnungen, die nicht mehr gelten. In dem riesigen Bürohaus hört man außer unserem hallenden Schritt keine Geräusche – eine gespenstische Leere, alle entlassen – wie ein Spuk, der vorüber ist.

Ich besichtige das neue, noch im Bauzustand befindliche Gebäude, in dem das Militärische Nachrichtenwesen untergebracht werden sollte, von außen ein hohes, unscheinbares fünf- oder sechsstöckiges Bürogebäude, das sich erst von innen als ein mehrgeschossiger Betonbunker zu erkennen gibt. Nach anderthalb Jahren Bauzeit ist er fast fertiggestellt. Die Ausstattung einschließlich der Computeranlagen ist auf einem modernen technischen Stand; im obersten Stock befindet sich eine Turn- und Sporthalle mit Parkettfußboden, in der sich die in Schichten arbeitenden Soldaten körperlich hätten kräftigen können. Der ganze Bunker ist so eingerichtet, daß er auch im Kriegsfall Luftangriffen widerstanden hätte und funktionsfähig geblieben wäre.

Auf meine Frage, wie die Bevölkerung auf den Bau des Bunkers reagiert habe, sagt unser Begleiter: »Hier wurden keine Fragen gestellt und keine Erklärungen gegeben. Die Bevölkerung hatte keine Ahnung, was hier geschah. Die Bauzeit war zwar auffallend lang, aber daran war ja jeder in der DDR gewöhnt. Außerdem haben wir die Fassade hochgezogen, und dann erst innen den Bunker gebaut. Das war alles geheim.« Kaum zu glauben, daß dieses perfekte System wie ein Kartenhaus zusammenbrach und jetzt nur noch Bauwerke wie stumme Zeugen einer unheilvollen Vergangenheit uns erinnern.

Mittwoch, 21. November 1990 Am späten Vormittag den Minister in Tegel abgeholt und mit ihm und seiner Pressebegleitung nach Prenden zum Regierungsbunker gefahren, der für rund 500 Millionen Ostmark in der Nähe der Prominentensiedlung Wandlitz gebaut worden ist und von dort aus über die Autobahn schnell erreicht werden kann. Im Krisen- oder Spannungsfall sollte er die gesamte Partei- und Staatsführung der DDR aufnehmen. Auch hier zeigt sich von außen lediglich eine besonders gesicherte Kasernenanlage. Erst durch einen »normalen Kompanieblock« gelangt man ins Innere des Bunkers, zu dem auch Funkstationen und Ausweichbunker gehören. Alles war auf Tarnung ausgelegt, das Personal von der Staatssicherheit überprüft und ausgewählt worden, für den Ernstfall war der Einsatz eines besonderen Wachregiments zur »Gewährleistung der Sicherheit« vorgesehen. Mit ihren vor fremdem Zugriff und vor Störungen gesicherten Fernmeldeverbindungen zählte die Anlage zu einem Bunker-Führungssystem, das bis in die Bezirkshauptstädte der ehemaligen DDR reichte; von hier aus hätte die Partei- und Staatsführung die Regierungsgeschäfte auch unter Kriegsbedingungen weiterführen können, denn die Anlage war so konzipiert, daß man zwei Wochen unabhängig von der Außenwelt hätte überleben können.

Bemerkenswert ist, daß die Führungs- und Fernmeldeverbindungen in die Warschauer-Pakt-Staaten und vor allem in die Sowjetunion in der Hand der Staatssicherheit, nicht in der Verfügung der NVA lagen. Die Lageausschnitte, die in das »Führungskabinett« geschaltet wurden, wurden durch die Stasi ausgewählt und dirigiert, nicht durch die NVA. Wer Informationen aufbereitete und auswählte, erhielt den entscheidenden Einfluß auf die Führungsentscheidungen – das gilt auch hier.

Die Bunkerräume für die Führungsriege – für Honecker, Mielke und die Genossen – sind offenbar ganz nach deren Geschmack eingerichtet. Von Plastikpantoffeln, plüschigen gestreiften schweren Bademänteln und Unterwäsche bis zum Porzellangeschirr mit Blümchenmuster ist alles da, was man brauchte, um hier zu überleben. Kunstholz und künstliche Blumen im Wohnbereich erzeugen sozialistische »Gemütlichkeit«.

Und doch haben Bunker und Technik die innere Stabilität und Zustimmung der Bevölkerung nicht ersetzen können. Die Menschen verloren die Angst und befreiten sich vom Staat und der Partei.

Abends mit dem Stab noch einmal den Befehl zur Auflösung der Truppenteile Kategorie B besprochen und ihn dann unterschrieben. Es ist der wohl wichtigste Befehl, den ich in meiner Zeit in Strausberg unterschreiben werde. Es muß jetzt erkennbar sein, daß wir auflösen, aber auch mit dem Neuaufbau beginnen werden. Weiterhin stehen wir jedoch vor großen Schwierigkeiten, weil das Materialverwertungskonzept fehlt. Was sollte mit dem Material anschließend geschehen? Wo zusammenfassen, wie zerstören und entsorgen?

Immerhin wird die Kenntnis unserer Schwierigkeiten im Ministerium von Tag zu Tag besser. Aber die Zusammenarbeit zwischen den ministeriellen Abteilungen und meinem Stab ist noch unsicher, lückenhaft. Jede Vorgabe, die in einem Bereich gegeben wird, hat Auswirkungen auch auf andere Bereiche. So fordert die für die Versorgung zuständige Stabsabteilung uns auf, zusätzliches Personal einzusetzen, während die für die Personalplanung zuständige Abteilung von uns fordert, möglichst viele Soldaten zu entlassen, und die Gründe der »Versorger« nicht zur Kenntnis nimmt.

Im Anschluß an den Befehl bis weit nach Mitternacht mit dem Chef des Stabes über den künftigen Weg des Bundeswehr-Kommandos Ost gesprochen. Wir sind darüber einig, daß wir uns gegenüber den einzelnen Unter- und Stabsabteilungen des Bundesministeriums der Verteidigung durchsetzen müssen, auch wenn uns klar ist, daß wir uns dadurch keine zusätzlichen Freunde schaffen werden.

Donnerstag, 22. November 1990 Der Inspekteur des Heeres hat mich eingeladen, vor dem Führungskreis des Heeres bis hinunter zu den Divisionskommandeuren einen Sachstandsbericht über das Bundeswehr-Kommando Ost zu geben und deutlich zu machen, wo wir weitere Unterstützung brauchen. Dieses Gespräch findet in Koblenz statt und ist außerordentlich ermutigend. Der Wunsch nach einem wirklich vereinten Heer ist spürbar, aber die Gesamtproblematik, vor der wir im Bereich des Bundeswehr-Kommandos Ost stehen, und die Vielzahl der Aufgaben überrascht viele West-Kommandeure; einige von ihnen sind noch nicht lange genug an Ort und Stelle gewesen, um sich einen persönlichen Eindruck zu verschaffen. Es zeigt sich wieder, daß das entscheidende

Motto »Truppe hilft Truppe« und der Zusammenhalt durch Patenschaften wirklich etwas bewegen.

Montag, 26. November 1990 Gespräch mit einem sowjetischen General, der im Auftrag des sowjetischen Generalstabschefs zu mir kommt und einen Brief von Armeegeneral Moissejew überbringt, in dem er auf die Besonderheiten der Übergabe und Übernahme von Unterkünften hinweist. Er möchte, daß die Übergabe beschleunigt wird, und erinnert mich daran, daß wir Deutschen hier vertragliche Verpflichtungen haben. Ich weise meinen Gesprächspartner darauf hin, daß das in die Zuständigkeit des Bundesministers der Finanzen fällt, der mit dem Aufbau der Gesamtorganisation der Bundesvermögensämter bisher nicht so schnell voranschreiten und die volle Arbeitsfähigkeit herstellen konnte. Ich bitte hierfür um Verständnis. Aber es fällt schwer, dem General begreiflich zu machen, daß für solche Fragen der Finanzminister und nicht der Verteidigungsminister zuständig ist.

Und ein weiteres Dilemma wird deutlich: Die sowjetischen Truppen räumen rund tausend Liegenschaften in vier Jahren, das bedeutet fast täglich die Übergabe eines Übungsplatzes, eines Krankenhauses oder eines Kasernenbereiches in jeder Größenordnung. Voraussetzung für eine ordnungsgemäße Übergabe wäre eine funktionierende Bundesvermögensverwaltung, die aber so schnell gar nicht aufgebaut werden kann, weil es schwierig ist, genügend freiwillige Beamte zu finden.

Nachmittags bespreche ich mit dem Stab ein Problem, das aller Wahrscheinlichkeit nach mit dem ersten Kälteeinbruch auf uns zukommen wird. Bisher ist die DDR-Industrie im Winter regelmäßig von der Unterstützung der NVA abhängig gewesen – und in diesem Winter? Bis zu 55 000 Soldaten hatte die NVA in den Vorjahren während der kalten Jahreszeit in allen Bereichen der Wirtschaft eingesetzt. Unter äußerst schwierigen Bedingungen wurde besonders im Tagebau und der chemischen Industrie sowie bei der Reichsbahn und den Verkehrsbetrieben gearbeitet. Soldaten mußten zum Teil Aufgaben übernehmen, die auszuführen sich die normalen Arbeiter weigerten. Sie mußten bei Minustemperaturen im Braunkohlebergbau und bei der Reichsbahn Gleise verlegen und deren Wartung übernehmen, und in den Chemiekombinaten unter gesundheitsgefährdenden Bedingungen arbeiten. Ganze Verbände waren in die Braunkohlengebiete verlegt worden, zum Teil mußten sie in Schulen und Turnhallen übernachten und tagsüber »normal auf Maloche« gehen. In einigen Städten hielten sie den gesamten Fuhrdienst aufrecht, versahen den Winterräumdienst und trugen entscheidend zur Versorgung der Bevölkerung bei. Würde das jetzt auch wieder erforderlich sein? Auf einen solchen Fall sind wir jedenfalls nicht vorbereitet, haben keine »Fachkräfte« mehr und nicht die geringsten Erfahrungen. Auch die Gerätschaften für den Einsatz in der Wirtschaft fehlen, ebenso Kraftfahrer und ausgebildete Soldaten, die unter so schwierigen Bedingungen eingesetzt werden können.

Nach den in der gesamten Bundesrepublik nunmehr geltenden Bestimmungen ist es nur unter den Bedingungen der »Katastrophenhilfe« möglich, die Bundeswehr einzusetzen. Aber wenn es keine Braunkohle und damit keine Heizung mehr geben sollte, dann würde dieser Fall wohl eintreten. Ich bespreche dies mit den Territorialen Befehlshabern und bitte sie, in ihren Stäben die Unterlagen der vergangenen Jahre zu sichten und festzustellen, welche Anforderungen auf uns zukommen könnten.

Dienstag, 27. November 1990 Besuch der 8. MotSchützenDivision in Schwerin und des 27. MotSchützenRegiments im nahegelegenen Stern-Buchholz. Das Besuchsprogramm ist gut organisiert, und ich bekomme Einblick in den Ausbildungsstand und die Situation der Truppe: Die Ungewißheit ist überall gleich groß, Auflösungstendenzen sind erkennbar. Durch den Befehl für die Auflösung der Truppenteile herrscht jetzt über die zeitliche Perspektive Klarheit, aber nur wenige Offiziere haben bisher einen Antrag für »Soldat auf Zeit für zwei Jahre« gestellt; offenbar haben sie keine genauen Informationen erhalten und schenken statt dessen Gerüchten Glauben wie dem, daß Offiziere, die älter als dreißig Jahre sind, keine Chance mehr hätten, als Soldaten auf Zeit übernommen zu werden. Meine Aussage bei der Kommandeurtagung, alle Offiziere bis zum 45. Lebensjahr könnten zwei weitere Jahre im Dienst bleiben, eine geringe Anzahl könne sich auch anschließend weiterverpflichten, ist zwar bekannt, aber die Gerüchte sind offenbar überzeugender. Die Glaubwürdigkeit wird demnach eines unserer Hauptprobleme bleiben.

Bei einer Unteroffizierweiterbildung bitte ich einen der neuen Hauptfeldwebel, der an einem Führungslehrgang der Bundeswehr teilgenommen hat, seinen Kameraden das Prinzip der »Inneren Führung« mit wenigen Worten zu erklären. Der Hauptfeldwebel nennt einige Artikel des Grundgesetzes und Paragraphen des Soldatengesetzes, ist aber noch nicht in der Lage, die Kernpunkte der Inneren Führung und den wesentlichen Unterschied zwischen der ehemaligen NVA und der Bundeswehr zu erläutern. Ich bitte den anwesenden Hauptmann, das für seinen Hauptfeldwebel zu übernehmen, und stelle auch bei ihm Wissenslücken fest. »Staatsbürger in Uniform« – ein langer Weg. Der Wunsch zum Miteinander und Lernbereitschaft ersetzen nicht Wissen und gemeinsame Erfahrung mit der Demokratie.

Abendessen und Gespräch mit etwa fünfzig Offizieren aus der Division und dem MotSchützenRegiment. Die Offiziere erzählen von den früher hohen Bereitschaft in der NVA. Sie seien überzeugt gewesen, daß dies wegen der Bedrohung durch die NATO notwendig gewesen sei. Und nun? Ich berichte über mein Gespräch mit dem Oberst der Militärischen Informationszentrale und erzähle, daß die Staats- und Parteiführung über die Nichtangriffsfähigkeit der Bundeswehr durchaus im Bilde war. Sie glauben mir. »Aber wie konnten wir das damals wissen?« halten sie mir entgegen.

Zweifel kamen offenbar erst auf, als die Offiziere mit Teilen ihrer Verbände zum wirtschaftlichen Einsatz in den Raum Bitterfeld verlegt worden waren. Für die Division bedeutete dies, daß etwa dreißig Prozent der Soldaten im wirtschaftlichen Einsatz waren, die verbleibenden Soldaten aber den unverändert hohen Bereitschaftsstand hatten. Den verantwortlichen Kommandeuren dämmerte nun langsam, daß unter diesen Bedingungen die Bereitschaft zwar keinen militärischen, wohl aber einen ideologischen Sinn hatte. Zu diesem Zeitpunkt, im Winter 1987/88 begannen offenbar die ersten kritischen Diskussionen über die Glaubwürdigkeit des Systems – aber nur im kleinsten Kreise, sehr privat und immer risikoreich.

Ich erwähne, daß ich als Kommandeur der 3. Panzerdivision in Buxtehude 1988 sozusagen direkt auf der anderen Seite der Grenze stationiert war und oft über die Divisionsplanungen der 8.MotSchützenDivision nachgedacht hatte. Übereinstimmend erklären die Offiziere, daß sie selbst keinerlei Kenntnis von der Planung gehabt hätten. Lediglich der Divisionskommandeur, sein Stellvertreter und der Chef des Stabes sei unterrichtet gewesen. Sie mußten zu Besprechungen nach Neu-Brandenburg zum Militärbezirk fahren, wo die Operationsplanung festgelegt wurde.

Ein Oberst, der ausscheidet, erzählt mir von seinem Sohn, der jetzt als Unteroffizier bei der Bundeswehr dient und schnellstmöglich wieder ausscheiden möchte, da er sich in der NVA nur beworben hatte, um anschließend einen Studienplatz zu bekommen: »Herr General, wir haben unseren Unteroffiziernachwuchs bekommen, indem wir diejenigen, die studieren wollten, zwangen, erst zur NVA zu kommen. Sie können sich vorstellen, daß solche Leute keine sehr guten Unteroffiziere abgegeben haben. Letztlich mußten wir Offiziere uns um alles, ja zum Teil um den letzten Dreck kümmern.« Ein anderer Offizier gesteht mir, erst jetzt festgestellt zu haben, in welchem Ausmaß er und seine Kameraden von der

Partei- und Staatsführung hintergangen worden sind. Und was für Opfer seien mit der ständigen Bereitschaft und dem Verzicht auf Familienleben verbunden gewesen! Die Erkenntnis, betrogen worden zu sein, lasse sie auch jetzt nichts mehr glauben. Für alle ist die Veränderung noch immer kaum glaublich. Die persönliche berufliche Ungewißheit und die Frage nach den Konsequenzen aus der Vergangenheit bedrücken sie. Sie halten von ihrer früheren Armeeführung nichts mehr, mißtrauen den eigenen Institutionen, den vorherigen Vorgesetzten und sind sehr skeptisch gegenüber der Zukunft. Wird es uns gelingen, mit ihnen den Neuanfang zu machen?

Noch gut zwei Jahre vorher hatte ich in Buxtehude mit meinen Offizieren einen neuen Verteidigungsplan erarbeitet und in Zivil an der Elbe mögliche Übergänge der 8. MotSchützenDivision in unsere linke Flanke hinein erkundet – und heute bin ich Vorgesetzter dieser Division und mache mir Gedanken um die berufliche Perspektive ihrer Berufs- und Zeitsoldaten. Welche Ironie des Schicksals! Die Offiziere geben im Gespräch zu, daß sie uns im umgekehrten Fall nicht so behandelt hätten – sie wären ihrem anerzogenen Menschenbild und ihrer Ideologie treu geblieben, – so wie wir uns unserem Grundgesetz und dem Staatsbürger in Uniform verpflichtet fühlen.

Am nächsten Morgen Gang durch Schwerin – starker Braunkohleduft. Die Altstadt ist heruntergekommen, aber die Häuser sind erhalten geblieben. Ich bin sicher, daß die Stadt wieder schön werden wird.

Aus einem Haus kommt eine Frau, erblickt mich in meinem Kampfanzug, streckt mir die Zunge raus und wendet sich ab. Verblüfft reagiere ich: »Sie haben sich wohl die Zunge verbrannt?« Da dreht sie sich um und ruft: »Pfui, du hast ja doch nur das Hemd gewechselt!« Sie hielt mich für einen ehemaligen NVA-Offizier und sprach aus, was sich überall deutlich zeigt: Die Bevölkerung mißtraut den »Wendehälsen der NVA« und gibt das offen zu erkennen. »Originalbundeswehrangehörigen« gegenüber ist man hingegen trotz aller früheren Propaganda aufgeschlossen und freundlich. Unsere Kommandeure werden häufig um Rat in allen möglichen nichtmilitärischen Angelegenheiten gefragt. So ist ein im Westen ehemals auch kommunalpolitisch beschäftigter Kommandeur zum Berater des Bürgermeisters einer Kleinstadt geworden. Westliche Offiziere und Feldwebel sind in den neuen Ländern präsent und stellen ihre Erfahrungen zur Verfügung – und ernten Dankbarkeit und Anerkennung dafür.

Besuch eines westdeutschen Bekannten, der sich ehrenamtlich der neu gebildeten Landesregierung als Berater zur Verfügung gestellt hat. Er ist ein erfahrener und beruflich erfolgreicher Verwaltungsbeamter, der mir die Schwierigkeiten des Aufbaus der Ministerien und der Mittelbehörden erläutert. Es müßten viele qualifizierte Verwaltungsbeamte für längere Zeit abgeordnet werden, um eine effektive, rechtsstaatliche Verwaltung aufzubauen, aber es melden sich nicht genügend Fachleute. Ich erfahre, daß sich tendenziell für die hohen Dienstposten entweder ältere Beamte melden, die im Westen wenig Aussicht auf Beförderung haben, oder aber junge, tüchtige Kollegen, die gleich mehrere Besoldungsgruppen überspringen, jedoch über wenig Verwaltungserfahrung verfügen.

In einem der Vorzimmer werden die Briefe geöffnet in einem Pappkarton »abgelegt«; selbst die Büroordnung scheint im Anfang schwierig zu sein! Werden Beamte ohne unmittelbare Beförderungsmöglichkeit in den Osten gehen – so wie es bei Soldaten und Bundeswehrbeamten möglich ist?

Mittwoch, 28. November 1990 Befehlshaberbesprechung. Die Probleme werden komplizierter. Wir erhalten in verschiedenen Bereichen durch zunehmende Vorgaben immer weniger Handlungsspielraum, und der Handlungsdruck wächst. So ist in der Truppe allgemein bekannt, daß Soldaten, die bis zum 31. Dezember 1990 ausscheiden, im Rahmen der befristeten erweiterten Versorgung zusätzliche Leistungen bekommen. Jetzt aber ist bekanntgeworden, daß ein Soldat, der unter solchen Bedingungen zum Jahresende ausscheidet, gleichzeitig aber den Antrag als Soldat auf Zeit für zwei Jahre stellt, später wieder eingestellt werden kann, ohne auf seine Abfindung verzichten zu müssen. Die Gefahr droht, daß viele Offiziere versuchen werden, diese rechtliche Lücke auszunützen, indem sie zum 31. Dezember ausscheiden, um dann als Soldat auf Zeit wieder einzutreten. Wir machen uns Sorge um die Führungsfähigkeit, befürchten vor allem im Bereich des Fernmeldesystems, der Logistik und der Sicherheit chaotische Verhältnisse. Wir wollen daher diejenigen bevorzugt für zwei Jahre übernehmen, die über den 31. Dezember 1990 bei uns bleiben.

Zu allem Überfluß hat die Bundesregierung vorgeschlagen, den im Osten beförderten Offizieren aus dem Westen den monatlichen Beförderungsgewinn nur zu einem Drittel auszuzahlen. Also ein durch Verfügung reduziertes Gehalt für »minderwertige« Arbeit? Das wäre unakzeptabel. Zusätzlich wird gegen die erhöhte Abfindung für den Dienst in den neuen Bundesländern polemisiert. So schreibt ein Mitglied des Deutschen Bundestages unter der Überschrift »Buschgeld für Westbeamte in der ehemaligen DDR muß schleunigst abgebaut werden«, daß die westdeutschen Beamten – also auch die Offiziere – über Gebühr gut besoldet würden und damit nichts zur inneren Einheit beitrügen. »Der Vorgang«, so heißt es polemisch, »bekommt einen faden Beigeschmack hochbezahlter Kolonialbeamter, die die Dummerchen aus dem Osten anzulernen haben und dafür zusätzlich zu ihrem höheren Gehalt noch mehr bekommen.«

Aber die Polemik ist unangebracht. Viele der Offiziere und Unteroffiziere aus dem Westen hausen in militärischen, dienstlich bereitgestellten Unterkünften, die wir im Westen niemandem zumuten würden. Am Wochenende können sie häufig nicht nach Hause, weil die Entfernungen zu groß sind und der eingerichtete Shuttle-Dienst mit Transportflugzeugen nur mit Verspätung und erheblichen Widrigkeiten funktioniert. Offiziere, die umziehen wollen, bekommen keine Wohnungen oder Häuser, weil es noch keinen funktionierenden Wohnungsmarkt gibt. Sie können deshalb nicht mit ihren Frauen zusammenwohnen, haben kein gesellschaftliches Leben, kaum Kontakt zu der Bevölkerung. Ich erfahre, daß Arbeiter eines Münchner Bauunternehmens am Wochenende von Leipzig mit der Lufthansa auf Kosten der Firma regelmäßig nach Hause fliegen können. Aber der benachbarte Offizier oder Unteroffizier wird mit dem Bundeswehr-Shuttle zu seiner Familie geflogen – häufig über Umwege von mehreren Stunden, da von anderen Standorten weitere Soldaten abgeholt werden müssen. Daß wir im »Stil von Kolonialherren« leben würden, ist der ungerechtfertigte Vorwurf eines Mannes, der weit weg von unserem Alltag lebt. Eine solche Einstellung ist wenig hilfreich für uns und für die Einheit der Deutschen.

Besondere Schwierigkeiten gibt es auch im Bereich der Truppenverwaltung, da hier die Renten und die Besoldung noch nach ehemaligem NVA-Recht ausgezahlt werden müssen. Erst ab Januar 1991 wird die Bundeshaushaltsordnung gelten. Die Mitarbeiter der finanzökonomischen Organe sollen sich sozusagen im »Selbststudium« auf unsere Bundeshaushaltsordnung und unser Versorgungsrecht umstellen und mit geringem Personal gleichzeitig die Renten der in hoher Zahl ausscheidenden Offiziere berechnen. Weniger Mitarbeiter, mehr Arbeit und dann noch der Umgang mit einer neuen Verwaltungspraxis – das ist zuviel, das kann nicht funktionieren. Wer im Westen würde unter solchen Bedingungen überhaupt arbeiten? Hinzu kommen die Unklarheiten der künftigen Besoldung, da die Offiziere dieser Fachrichtung nur als Angestellte mit verringertem Gehalt weiter arbeiten können.

Die Stimmung unter den Befehlshabern und Kommandeuren ist recht angespannt. Ein Teil führt sich allein gelassen, weil die Unterstützung besonders im Bereich der Truppenverwaltung fehlt. Es entwickelt sich eine Situation, in der Dinge unklar sind und weitere Verunsicherung um sich greift. Aber jeder hofft, daß wir uns irgendwie »durchwursteln« können. Wir haben es bisher geschafft und immer rechtzeitig Unterstützung erhalten.

Donnerstag, 29. November 1990 Truppenbesuch bei der 1. Mot SchützenDivision in Potsdam und dem Artillerieregiment. Hier spüre ich Optimismus. Neben der Auflösung der Truppenteile ist die Planung für den Aufbau der neuen Einheiten eindeutig erkennbar. Die Kommandeure werden schon in die Aufgaben eingewiesen, die ab 1. April auf sie zukommen werden; die Rekruten machen einen lebhaften und offenen Eindruck. Sie verstehen aber nicht, daß sie als Staatsbürger der Bundesrepublik Deutschland weniger Entlassungs- und Weihnachtsgeld als ihre Kameraden aus dem Westen erhalten. Ich stimme ihnen zu.

Zum Mittagessen mit den Rekruten sind die Tische weiß gedeckt, und am Ende meiner kurzen Ansprache bemerke ich: »Ich vermute, daß die Tische jeden Tag so weiß gedeckt sind, nicht etwa, weil ich gekommen bin.« Darauf befreiendes Lachen und eine lebhafte Diskussion; dem Batteriechef rate ich, derartige Vorbereitungen in Zukunft nicht mehr oder besser jeden Tag zu treffen. Auch das sind noch Erblasten aus vergangenen Zeiten.

Als ich das Bataillon fast auf den Tag ein Jahr später wieder besuche, ist die Umgliederung vollzogen, die Ausbildung verbessert, »Westmaterial« ausgeliefert. In den Unterkünften wird renoviert und gebaut, an allen Ekken und Enden sieht man Fortschritte – auch die Menschen sind freier und natürlicher geworden. Der Verband hatte sogar schon eine »Prüfung« abgelegt und war nunmehr befähigt, bei einem Staatsbesuch Salut zu schießen.

Befehlshaberlage in Strausberg. Mir wird ein tödlicher Unfall auf der Wache gemeldet – Bauchschuß eines Soldaten durch seinen Kameraden, der mit der Pistole »spielte«. Schon mehrmals hat es Unfälle im Wachbereich gegeben, und anläßlich eines meiner überraschenden Truppenbesuche hatte ich bei der Überprüfung dieser Munitionswache festgestellt, daß die jungen Soldaten offenbar nicht richtig an den Waffen ausgebildet und leichtfertig im Umgang damit sind. Ich hatte den Kommandeur angewiesen, persönlich die Ausbildung zu überwachen und seinem Kompaniechef (ehemals NVA) entsprechende Anweisung zu geben. Trotzdem passiert zwei Wochen später dieser tödliche Unfall aufgrund des Verstoßes gegen alle Sicherheitsbestimmungen und mangelnder Fähigkeiten des Wachhabenden. Dem Disziplinarvorgesetzten läßt sich kein Vorwurf machen, die staatsanwaltlichen Ermittlungen führen zu keiner Anklage – aber jeder von uns, der Verantwortung trägt, macht sich seine persönlichen Vorwürfe. Jetzt müssen zum Teil Offiziere oder ältere Feldwebel als Wachhabende eingeteilt werden, um Sicherheit von Leib und Leben und die Bewachung zu gewährleisten.

Freitag, 30. November 1990 Heute werden die ersten vierzehn Feldwebel im Bundeswehr-Kommando Ost zu Soldaten auf Zeit für zwei Jahre ernannt und anschließend auf die Bundesrepublik Deutschland vereidigt. Übernahme und Vereidigung sind ein wichtiges Signal im Stab.

Montag, 3. Dezember 1990 Besuch in Berlin bei Bischof Demke, dem Vorsitzenden des Bundes der evangelischen Kirchen. Meinem Besuch vorausgegangen war ein Brief an alle Bischöfe der evangelischen und katholischen Kirche im Beitrittsgebiet, in dem ich die Aufgabe des Bundeswehr-Kommandos Ost erläutert und unseren Wunsch nach seelsorgerischer Betreuung unserer Soldaten zum Ausdruck gebracht hatte. Meine Briefe waren durchweg positiv beantwortet und das Gesprächsangebot angenommen worden. Die Unterhaltung mit Bischof Demke sollte der Auftakt für weitere Gespräche zwischen Kirche und Bundeswehr sein.

Der Bischof stellt die Vorbehalte der Kirche gegen eine Verwendung als Militärpfarrer dar, da die Sorge vor der Vereinnahmung durch den Staat sehr groß sei. Der Staat solle sich deshalb nicht aufdrängen, der einzelne Soldat solle sich an die Kirche wenden, es dürfe keinen verordneten Unterricht geben. Bischof Demke hat die Sorge, daß die Militärpfarrer weisungsabhängig vom Staat, der militärischen Führung oder einer nicht näher definierten politischen Leitung werden könnten, weil sie als Militärpfarrer vom Staat besoldet würden. Meine Hinweise auf die theologische Unabhängigkeit der Pastoren und die Freiheit der Lehre fruchten nichts. Das Mißtrauen gegen den Staat sitzt tief, auch die Angst, ein weiteres Mal in neue, unbekannte Abhängigkeiten zu geraten. Die Kirche will in den Ländern lediglich Beauftragte für die Soldaten ernennen und Pfarrer im Nebenamt als Seelsorger für Soldaten beauftragen. Sie reagiert vermutlich auch deswegen so zurückhaltend, weil sie befürchtet, daß wir Soldaten uns genehme Pfarrer unmittelbar vor Ort aussuchen und diese die Kirchen von unten »aufrollen« könnten. Andererseits aber sind im Bereich Bundeswehr-Kommando Ost nur etwa zehn bis fünfzehn Prozent der Soldaten getaufte Christen, und die Kirche hat die große Chance, mit jungen Menschen ins Gespräch zu kommen, die sich nicht nur in materieller, sondern auch in großer seelischer und geistiger Not befinden. Ergibt sich daraus nicht eine verstärkte Fürsorgepflicht – im Osten mehr als im Westen? Darum bitte ich dringend, Wehrpflichtigen und Längerdienenden überhaupt eine Möglichkeit zu geben, die Kirche und die Pastoren kennenzulernen.

Bischof Demke stimmt mir zwar zu, daß die Soldaten seelsorgerisch betreut werden sollen – auch bei Übungen und auf Truppenübungsplätzen –, aber die Notwendigkeit der organisatorischen Vorsorge und einer freiwilligen Teilnahme an dem geistlichen Unterricht erkennt er nicht an. Auch meine Schilderung der durchaus positiven Erfahrungen mit den jungen Rekruten in Bad Salzungen helfen in der Argumentation nicht weiter, sondern führen nur zu der Nachfrage, warum ein Militärpfarrer aus dem Westen das seelsorgerische Gespräch geführt habe. Es zeigt sich die Spätwirkung des kommunistischen Systems – das Mißtrauen gegen den Staat sitzt tief.

Ich erinnere mich an eine Begegnung mit einem Pfarrer aus der Kirche Berlin-Brandenburg Anfang Februar 1990 in Berlin. Wir nahmen beide an der Tagung »Forum Deutschland« teil, saßen zufällig nebeneinander im Bus auf der Fahrt zu einem Empfang und unterhielten uns über die wirtschaftliche Lage in der DDR, die Angst der Menschen vor dem »effizienten Westen«, vor den neu zu klärenden Eigentumsfragen, vor neuen Mißbräuchen. Mein Nachbar erzählte von seiner Erfahrung als Pfarrer in der DDR, von den Schikanen der Staatsorgane, den miesen Tricks der Volkspolizei und der Drangsalierung durch die SED-Parteisekretäre. Seine Kinder durften nicht studieren, sie mußten praktische Berufe ergreifen, nur das jüngste hatte dank der jetzigen Veränderungen eine Chance zum Studium erhalten.

Als er meinen Beruf erfuhr, war er überrascht: »Was denn, so sieht ein General der Bundeswehr aus? Den hab' ich mir ganz anders vorgestellt.« Dann unterhielten wir uns über die NATO, die in seiner Vorstellung auf die Präsenz amerikanischer Truppen und Nuklearwaffen reduziert war – das Ergebnis sozialistischer Indoktrination und »öffentlich-rechtlicher« Fernsehinformation? Mir wurde an diesem Abend im Februar bewußt, wie wichtig das Gespräch, der verständnisvolle Gedankenaustausch war. Einen Satz aus diesen abendlichen Gesprächen habe ich nie mehr vergessen: »Wissen Sie, ich habe in meinem ganzen beruflichen Leben gegen den Staat gekämpft, meine Familie mußte dafür bitter zahlen – sie hat mich darin aber immer unterstützt –, und jetzt auf einmal soll ich für einen Staat eintreten, den ich gar nicht kenne – wir brauchen Zeit, verstehen Sie das doch!«

Bei einem meiner folgenden Besuche fragt mich ein Bischof, was ich überhaupt von ihm wolle und warum ich käme. Meine spontane Antwort lautet: »Herr Bischof, ich bin der Befehlshaber einer atheistischen Armee. Ich biete Ihnen diese Armee zur Missionierung an, und Sie fragen mich, was ich von Ihnen will?« Das überrascht ihn, und wir geraten in eine lebhafte und interessante Unterhaltung. Ein anderer Bischof begrüßt mich später in seinem Dienstzimmer ganz anders: »Herr General, ich hätte nicht gedacht, daß mich noch einmal in meiner Dienstzeit ein deutscher General aufsucht, um mit mir Fragen der Seelsorge an Soldaten zu besprechen – das war vor gut einem Jahr noch unvorstellbar. Ich danke Ihnen von ganzem Herzen, daß Sie gekommen sind!« Aber auch er sagt abschließend: »Ich helfe, wie ich kann. Ich befürchte aber, daß ich nicht genügend Pfarrer habe, die bereit sind, die Arbeit eines Militärpfarrers zu übernehmen.« Ich weise ihn darauf hin, daß auf örtlicher Ebene zum Teil eine größere Bereitschaft zur Zusammenarbeit bestehe, als es möglicherweise in den Leitungsgremien der Kirche bekannt – oder erwünscht? – sei, und stelle mich zur Verfügung, dem Bischofskonvent einen Vortrag über Fragen der Bundeswehr und unsere Sicht der Militärseelsorge zu halten, um damit zu einem besseren Verständnis beizutragen. Das Angebot wird begrüßt, aber nirgendwo angenommen, auch später nicht.

Dienstag, 4. Dezember 1990 Besuch der 11. MotSchützenDivision und des MotSchützenRegiment 17, das aufgelöst wird. Ich lasse mir vortragen, wie der Kommandeur, ein Offizier aus der Bundeswehr West, an die Sache herangeht. Er hat eine örtliche Initiative für die Berufsvermittlung von ausscheidenden Soldaten mit recht gutem Erfolg gestartet und arbeitet eng mit dem Arbeitsamt und allen Behörden und Betrieben im Großraum Halle zusammen. Ein ehemaliger Angehöriger der NVA beschafft die nötigen Informationen und steht als Ansprechpartner zur Verfügung. Zusätzlich werden zentral alle regionalen und überregionalen Zeitungen ausgewertet, die Offiziere und Unteroffiziere über alle Stellenangebote informiert; mit Unterstützung des Berufsförderungsdienstes findet ein Bewerbertraining statt. So ist dafür gesorgt, daß die überwiegende Zahl der ausscheidenden Offiziere eine berufliche Weiterbildung erhält oder gleich ein Arbeitsverhältnis aufnehmen kann. Die überwiegende Mehrzahl weiß, was sie machen wird, wenn sie zum 31. Dezember ausscheidet. Hier hat die örtliche Initiative eines Kommandeurs bewiesen, daß wir die Verpflichtung zur Fürsorge ernst nehmen und alles in unseren Kräften Stehende tun, um zu helfen. Das schafft Vertrauen und Glaubwürdigkeit! Diese beispielhafte Zusammenarbeit finde ich an vielen anderen Orten.

Dementsprechend entspannt und offenherzig ist beim Mittagessen das Gespräch mit den Offizieren. Man schildert mir noch einmal, wie belastend der Einsatz der Soldaten in der Wirtschaft war: »Herr General, die Soldaten haben überall die Drecksarbeit übernommen, die sonst niemand tun wollte: in der Aluminiumfabrikation, in der Karbidproduktion, bei Leuna und im Kohlebergbau, manchmal bei Temperaturen von minus 10 Grad. Wir wurden in Massenquartieren, in Turnhallen untergebracht – mit noch schlechteren hygienischen Verhältnissen als in den Kasernen, mit miserabler, meist kalter Verpflegung. Wir waren Mädchen für alles. Und keiner der in der Chemie- oder Aluminiumfabrikation eingesetzten Soldaten hatte eine Ahnung, welchen gesundheitlichen Risiken er dabei ausgesetzt war. Die Wehrpflichtigen wurden nur kurzfristig eingesetzt, aber die Berufs- und Zeitsoldaten mußten das regelmäßig machen. Wenigstens in dieser Hinsicht müßten die Leistungen der NVA Anerkennung finden.«

Anschließend Besuch des Verteidigungsbezirkskommandos. Der Kommandeur hat die ihm unmittelbar unterstellten früheren Wehrkreiskommandos bereits alle aufgelöst und die Führungsfähigkeit in seinem Gesamtbereich hergestellt. Auch hier ist vorzüglich gearbeitet worden, die Zusammenarbeit mit der Stadt und anderen öffentlichen Körperschaften ist gut. Außerdem hat man Verbindung zu den sowjetischen Truppen aufgenommen und ein vernünftiges, sachliches Verhältnis hergestellt.

Mittwoch, 5. Dezember 1990 Abends ein Gespräch mit General Foertsch über seinen Besuch in der Tschechoslowakei. Er hat sich dort von sowjetischen Truppen verlassene Kasernen angesehen, die jetzt zum Teil nicht mehr benutzbar sind: Aus den Wohnblocks ist fast alles abgebaut und mitgenommen worden, was nicht niet- und nagelfest war, sogar die elektrischen Leitungen sind teilweise aus den Wänden gerissen worden.

Aber auch die Umweltschäden sind erheblich. Auf einem Flugplatz wurde bei einer Probebohrung in drei Meter Tiefe Kerosin gefunden. Wir beschließen deshalb, mit den in Deutschland stationierten Truppen frühzeitig Verbindung aufzunehmen – »Vorbeugen ist besser als heilen.«

Auch in Deutschland werden die Umweltbelastungen vermutlich sehr hoch sein, und es ist von ganz entscheidender Bedeutung, mit den Sowjets darüber zu sprechen. Wenn wir hier nicht gleich bei der ersten Übernahme auf der Einhaltung unserer Richtlinien bestehen, könnte sich das Beispiel aus der Tschechoslowakei bei uns wiederholen und das Problem der Umweltbelastung dürfte dann kaum zu bewältigen sein. Wir wollen nicht die Zuständigkeiten des Finanzministers übernehmen, ihn aber unterstützen.

Donnerstag, 6. Dezember 1990 Besuch des Verteidigungsbezirkskommandeurs 71 in Erfurt, wo gute Arbeit geleistet wird. Ein ehemaliger NVA-Oberst, der zum 31.12. ausscheidet, hat sich sogar bereit erklärt, freiwillig und ehrenamtlich bis zum Abschluß der gesamten Umgliederung mitzuarbeiten. Auch hier ist die Verbindung zu den sowjetischen Truppen, mit denen es viele Verständnisfragen zu klären gibt, aufgenommen worden.

Anschließend besuche ich Fernmeldesoldaten aus einem westlichen Verband, die im Wald oberhalb von Erfurt biwakieren und durch ihre Arbeit den Übergang vom Fernmeldenetz der NVA in das der Bundeswehr sicherstellen. Es sind freundliche junge Männer und überzeugende Vorgesetzte. Man merkt, daß in dieser Gruppe ein guter Geist herrscht. Ich versuche, den angereisten Journalisten anhand dieses Beispiels deutlich zu machen, wie junge Menschen, Soldaten, durch ihren persönlichen Einsatz am Zusammenwachsen Deutschlands mitwirken. Es ist kalt geworden, es liegt Schnee, und ich habe für die Soldaten Nikolauspäckchen mitgebracht. Auf meine Frage, wie es denn hier gehe, sagt einer der jungen Wehrpflichtigen: »Herr General, wir stellen durch unsere Arbeit sicher, daß Sie und Ihre Kameraden und Ihre Vorgesetzten in der ganzen Bundesrepublik Deutschland telefonieren können. Und wenn ich das meiner Freundin erzähle, ist sie damit auch einverstanden. Außerdem ist die Arbeit unter den ›feldmäßigen‹ Bedingungen mal was Besonderes! Uns geht es gut!«

Montag, 10. Dezember 1990 Abends Teilnahme am Jahresabschlußessen des Berliner Presseclubs. Beim Essen erzählt mir ein Ostberliner Politiker, wie nach seiner Sicht die Entwicklung verläuft. Die westdeutsche Bürokratie ufert immer mehr aus. Er selbst kann das aus eigener Erfahrung für Rechtsanwälte und Notare belegen. Neben notwendigen Änderungen erscheinen ihm und seinen Kollegen zusätzliche bürokratische Anforderungen aufgebaut, um zu verhindern, daß die ostdeutschen Notare bei dem zu erwartenden Kaufboom an Grundstücken und Häusern im Osten gleichermaßen beurkunden und verdienen können. Kein gleiches Recht für alle. Das Recht des Stärkeren entmündigt offenbar die Schwachen. Ähnlich ist es im Bereich der Ärzte. Seine Frau war als Internistin viele Jahre freiwillig in der Unfallversorgung tätig gewesen. Jetzt muß sie jedoch in Abendkursen und an Wochenenden lernen, wie man eine Erste-Hilfe-Tasche packt, wie man einen Totenschein ausfüllt und wie man mit den vielen anderen bürokratischen Schwierigkeiten fertig wird. Sie und ihre Kollegen fühlen sich durch diese Art der »Fortbildung« gedemütigt, entmündigt, beruflich disqualifiziert.

Dies ist genau der Ansatz, der in seiner rigiden Durchführung zu erheblichen Verständnisschwierigkeiten führt. Eine Anpassung an unsere Vorschriften muß sein. Es geht wieder um »Qualifikation« – auch vormals ein sehr gebräuchlicher Begriff –, aber nun *anders* gemeint! Wir sollten nicht mit dem Zwang neuer Reglementierungen auftreten. Wir blockieren mit diesem Anspruch viel guten Willen. Ich nehme mir fest vor, aufzupassen, daß dies in der Bundeswehr nicht eintritt.

Dienstag, 11. Dezember 1990 Mit meinen beiden Brüdern nach Bad Saarow an unseren gemeinsamen Geburtsort gefahren. In dem Haus, in dem wir aufgewachsen sind, wohnt jetzt ein Hauptmann der ehemaligen NVA, der es von einem Schornsteinfegermeister gekauft hat. Meine Eltern, die während des Zweiten Weltkrieges hier gelebt hatten, konnten ihr Vorkaufsrecht wegen des Krieges nicht mehr geltend machen. Wir sehen das Haus mit den Augen der Erinnerung.

Anschließend besuchen wir das nahegelegene kleine Schloß, in dem meine Mutter ihre Kindheit verbracht hatte und das von meinem Großvater in den zwanziger Jahren verkauft worden war. Es ist gerade erst renoviert worden. Da ich Uniform trage, werde ich von dem Verwalter mit besonderem Entgegenkommen begrüßt: »Herr General«, meldet er mir in fast militärischen Tonfall, »ich dachte mir, daß Sie hierherkommen würden. Ich weiß, daß das Schloß einmal Ihrer Familie gehört hat.« Er zeigt uns die Zimmer, bietet Kaffee an, erzählt über die Zeit vor dem 3. Oktober, von all den Versorgungsschwierigkeiten in früherer Zeit. Er kann sich jedoch nicht mehr daran entsinnen, daß er meine Mutter vor zwei Jahren vom Grundstück gejagt hatte, als sie sich das Haus ihrer Kindheit noch einmal hatte ansehen wollen. Die Stimmung ist nun nicht mehr so unbefangen, unser Gastgeber verweist auf die damalige Lage und seine Pflichten – wir verabschieden uns.

Mittwoch, 12. Dezember 1990 Wegen des schlechten Wetters fällt die Pressereise aus, die ich vorgesehen hatte, um Journalisten aus den fünf neuen Ländern einen Einblick in die Veränderungen zu geben, die sich bisher im Bereich des Bundeswehr-Kommandos Ost vollzogen haben. Statt dessen gebe ich eine Pressekonferenz. Es kommt mir darauf an, im Rahmen der Presse- und Öffentlichkeitsarbeit die Schwierigkeiten darzustellen, mit denen wir zu kämpfen haben, und in der Öffentlichkeit um Verständnis für die neue Armee zu werben. Denn die alte NVA und deren Repräsentanten waren von der Bevölkerung als Stützen des SED-Regimes in Bausch und Bogen abgelehnt worden, niemand wollte mit den Offizieren Berührung haben. Das privilegierte, abgeschottete Leben, das die NVA-Angehörigen und deren Familien führten, der Zwang und die Willkür, die im Innern wie auch nach außen herrschten, die außerdienstlichen Einsätze der Wehrpflichtigen – all das hatte die NVA in der Öffentlichkeit verhaßt gemacht. Der Bevölkerung muß nun deutlich gemacht werden, daß wir die NVA auflösen werden, um eine vollkommen andere Armee aufzubauen, die Bundeswehr, die sich von der ehemaligen NVA grundsätzlich unterscheidet, auch wenn in ihr ehemalige NVA-Angehörige dienen. Um das zu erreichen, müssen wir die Menschen informieren und sie an unserem Leben teilnehmen lassen, die Kasernen öffnen und erläutern, welche Truppenteile dort stationiert sind, was in den Kasernen geschieht, was und wie es sich ändert.

Außerdem aber soll deutlich werden, daß wir die vor uns liegenden Aufgaben gemeinsam mit den ehemaligen Angehörigen der NVA meistern wollen, die nach wie vor verunsichert sind und noch wenig Vertrauen zu ihren neuen Vorgesetzten haben. Sie sollen erfahren, daß ich mich als ihr verantwortlicher Befehlshaber für sie einsetzen werde. Deshalb gilt es, Gerüchten über die Hoffnungslosigkeit ihrer Lage zuvorzukommen und ihnen durch die aktive Pressearbeit mögliche Perspektiven für ihre persönliche Zukunft vor Augen zu führen, damit die geplanten berufsqualifizierenden Ausbildungsmöglichkeiten und andere Maßnahmen wahrgenommen werden. Ich hoffe auf das Prinzip der »Self-fulfilling prophecy«, wenn ich ihnen deutlich mache: »Es geht ja vorwärts, die ersten Anzeichen sind da.« Die Zaghaften können Hoffnung schöpfen, wenn sich die Lage insgesamt bessert. Auch das ist ein Ansatz unserer Pressearbeit. Der Information aus der Presse wird häufig mehr geglaubt als den offiziellen Verlautbarungen.

Das sehr offene, kritische Gespräch hat in den nächsten Tagen ein außerordentlich positives Echo. Es wird anerkannt, daß wir Soldaten bisher eine beachtliche Leistung vollbracht haben und die vor uns liegenden Aufgaben mit Schwung und klaren Zielen angehen.

Am Abend bekomme ich einen Anruf des für die Verwaltung zuständigen Staatssekretärs, der mich darauf hinweist, daß meine Frau am Wochenende mit der Bundesluftwaffe nicht nach Berlin fliegen kann, da es keine »Lex Schönbohm« geben dürfe. Grundsätzlich sei nicht gestattet, die Ehefrauen von Soldaten oder Beamten in Bundeswehrmaschinen mitzunehmen. Ich erwidere, daß ich diese Anordnung für wenig sinnvoll hielte, da ein großer Teil der Kommandeure am Wochenende an ihren Stationierungsorten bleibe und es deshalb wünschenswert sei, wenn die Frauen ihre Männer am Wochenende besuchen könnten, um deren Arbeitsplätze und Lebensbedingungen kennenzulernen und mitzuhelfen, gesellschaftliche Kontakte anzubahnen. Hier obliege den Frauen und

Familien ein wesentlicher Beitrag zur Entwicklung der inneren Einheit Deutschlands, auch wenn das in den Vorschriften nicht in Erwägung gezogen werde. Ich mache auch auf die schwierigen und zeitraubenden Verkehrsverhältnisse aufmerksam, die besonders am Wochenende Bahn- oder Autoreisen fast unmöglich machen. Aber der Staatssekretär zeigt wenig Verständnis. Es sollen noch eine paar Monate vergehen, bis den Ehefrauen gestattet wird, mit dem Bundeswehr-Shuttle oder auf Kosten der Bundeswehr mit regulären Fluggesellschaften zu fliegen.

Auf der gleichen Linie liegt ein Fernschreiben, das mit einem Verteiler bis auf die Bataillonsebene herausgegeben worden ist und die Benutzung dienstlicher Telefonverbindungen nur zu dienstlichen Zwecken erlaubt; für Privatgespräche sei grundsätzlich der nächstgelegene öffentliche Fernsprecher zu nutzen. Diesen »nächstgelegenen öffentlichen Münzfernsprecher« gibt es zwar im Verordnungsblatt von 1978 in der Bundesrepublik, aber nicht in den fünf neuen Ländern. Bisher konnten wir, nach einigen technischen Vorkehrungen, wenn auch umständlich, über das Bundeswehrnetz in die westlichen Standorte telefonieren und von dort aus dann über die Vermittlung ein Postgespräch führen, wobei die Kosten für das Postgespräch von den Soldaten übernommen wurden. Das ermöglichte den in den fünf neuen Ländern stationierten Soldaten wenigstens, von Zeit zu Zeit zu Hause anrufen zu können. Die neue Anweisung würde alle unsere Bemühungen hinfällig machen. Glücklicherweise wird sie auf meine Veranlassung hin wieder aufgehoben, hat uns aber allen ein weiteres Mal die Wirklichkeitsfremdheit verschiedener Mitarbeiter vor Augen geführt.

Donnerstag, 13. Dezember 1990 Stabsarbeit und Besprechungen. Unruhe in der Truppe, weil ein weiteres Mal widersprüchliche Fernschreiben im Zusammenhang mit Gehalts- und Rentenzahlungen direkt in die Truppe geschickt worden waren. Wir verlieren Vertrauen, weil eine Weisung wegen fehlender Praktikabilität wiederaufgehoben werden muß. Ich werde verhindern müssen, daß weiterhin aus allen möglichen Referaten Anweisungen in meinem Kommandobereich gegeben werden können.

Am Abend erzählt mir einer meiner Kommandeure folgende Begebenheit: Einer der Stabsoffiziere aus seinem Stab, ein Oberstleutnant, war bei ihm gewesen und hatte den Antrag auf Übernahme als »Soldat auf Zeit für zwei Jahre« zurückgezogen. Nach den Gründen befragt, berichtete er von einem anonymen Anruf am Vortag, in dem er auf eine Verpflichtungserklärung als Mitarbeiter für die Stasi hingewiesen worden sei, die er als NVA-Leutnant unterschrieben habe. Auch wenn er noch nie eingesetzt worden sei, gelte diese Verpflichtungserklärung dennoch – sie gelte, solange er Offizier sei, also auch in Zukunft. Der Oberstleutnant hielt sich für erpreßbar und zog aus diesem Grund seinen Antrag zurück. Ich befürchte, daß uns die Stasi noch lange begleiten wird.

Spätabends unter den Posteingängen der Brief eines ehemaligen Soldaten der NVA, der seine Rehabilitierung und Ernennung zum Oberfeldwebel der Reserve beantragt. In der NVA war er nach acht Dienstjahren vom Oberfeldwebel zum Schützen degradiert und ohne Abfindung aus der NVA entlassen worden, weil er gegen die Dienstvorschrift 10/9 verstoßen hatte. Aus der auszugsweise wiedergegebenen Beurteilung dieses Soldaten werden die damaligen Vorwürfe deutlich:

Beurteilung des Oberfeldwebels N. N.

Der Genosse N. N. verfügt über keinen gefestigten Klassenstandpunkt. Dokumente und Beschlüsse unserer Partei- und Staatsführung studiert er nur, um in der GWW (Gesellschaftswissenschaftliche Weiterbildung) geforderte Kenntnisse vorzuweisen. In Diskussionen kommt zum Ausdruck, daß er über keine festen Kenntnisse des Marxismus/Leninismus verfügt und somit nicht in der Lage ist, das aktuelle Zeitgeschehen richtig zu verstehen.

Eigene Schlußfolgerungen für seine Tätigkeit als Vorgesetzter werden in zu geringem Maße gezogen. Die Anforderungen der 80er Jahre werden nicht voll erkannt und umgesetzt.

In diesem Zusammenhang ist sein Verstoß gegen die militärischen Bestimmungen der Dienstvorschrift 10/9 zu werten. Durch seine negative politische Haltung ließ er es zu, daß seine Frau unmittelbaren Kontakt zu Personen aus der BRD unterhielt und er westliche Massenmedien (Fernsehen) empfängt. Die Ursachen hierfür liegen in seiner Inkonsequenz und oberflächlichen Einstellung zu den militärischen Bestimmungen. In den bisher geführten Aussprachen ist ihm die politische Bedeutung nicht klar geworden.

Der Oberfeldwebel N. N. leistet in seiner Tätigkeit auf technischem Gebiet eine gute und vorbildliche Arbeit. Sie ist gekennzeichnet durch hohes technisches Wissen und Einsatzbereitschaft. In der Organisation und Kontrolle gibt es keinerlei Mängel. Als Vorgesetzter ist er bestrebt, die militärische Disziplin und Ordnung und die Erfüllung der Aufgaben der Einheit durchzusetzen. Dabei fällt ihm das konsequente Auftreten als Vorgesetzter auf Grund seines Charakters nicht leicht. Die Disziplin des Oberfeldwebels N. N. gegenüber Vorgesetzten entspricht nicht immer den Bestimmungen. Er bildet sich persönliche Meinungen und

Standpunkte, vertritt diese offen und ist nicht in der Lage, sich im Kollektiv unterzuordnen.

Erhaltene Befehle, die von ihm nicht gleich verstanden werden, stoßen auf Ablehnung und Widerspruch.

Der Genosse N.N. ist physisch belastbar. Psychisch ist er etwas labil, was sich oft in unbegründeter Aufregung äußert.

Kritik und Selbstkritik werden vom Genossen N.N. nicht in ihrer Einheit betrachtet. Auf Kritik reagiert er uneinsichtig und widerspruchsvoll. Selbstkritik wird von ihm in geringem Maße geübt.

Die Einordnung in das Kollektiv ist nicht immer gewährleistet. Er stellt seine persönlichen Interessen über die der Gesellschaft. Das liegt auch zum Teil in seinem Charakter begründet, weil er sehr verschlossen ist und nicht immer ehrlich auftritt.

Gesellschaftlich ist er als Zirkelleiter tätig, wo er eine gute Arbeit leistet.

In der Zusammenarbeit mit Vorgesetzten läßt er sich sehr von persönlichen Differenzen leiten.

N.N./Oltn. — *N.N./OSL*
Kompaniechef — *Kommandeur*

Offensichtlich sollte mit diesem Vorgehen ein Exempel statuiert werden: der Soldat erhielt eine Strafe, die seine ganze Existenz gefährdete. Sind die Vorgesetzten, die solche Beurteilungen verfaßt haben, noch unter uns, sind sie noch im Dienst? Oder haben sie persönliche Schlußfolgerungen gezogen und sind freiwillig ausgeschieden, weil sie keinem Soldaten mehr in die Augen blicken können?

Freitag, 14. Dezember 1990 Morgens früh Flug mit der Antonow, dem Transportflugzeug der sowjetischen Luftstreitkräfte, nach Bonn, um an der Abteilungsleiterkonferenz teilzunehmen. Dort wird unter anderem das Infrastrukturprogramm für den Bereich Bundeswehr-Kommando Ost erörtert. Allein für die Sanierung und den Neubau von Unterkünften, Küchen, Sanitäreinrichtungen besteht ein Investitionsbedarf von insgesamt etwa 16 Milliarden DM. Die Planer sehen hierfür etwa 350 Millionen DM jährlich vor. In der Diskussion weise ich darauf hin, daß das Programm der Angleichung bei diesem Verfahren mindestens vierzig bis fünfzig Jahre dauern würde, was doch wohl kaum jemand wünschen könne. Wenn Deutschland zusammenwachsen solle, müsse dies schneller geschehen. Es gelte, deutliche Zeichen des Wandels zu setzen. Nicht nur durch unser Menschenbild und das Leitbild des Staatsbürgers in Uniform, auch in der Infrastruktur müßten wir uns von dem vorherigen System unterscheiden; schließlich bestimme das Menschenbild auch die Infrastruktur.

Man stimmt mir zu und verspricht Unterstützung, will sogar Mobiliar aus dem Westen in den Osten schaffen. Der Minister entscheidet schließlich, im Bereich Bundeswehr-Kommando Ost neue Schwerpunkte zu Lasten des Westens zu setzen. Wir bekommen kurzfristig zwanzig Millionen DM zur Verfügung gestellt, die in den nächsten zwei Monaten durch ein sogenanntes »Kommandeurprogramm« in enger Zusammenarbeit zwischen den örtlichen Kommandeuren und den Standortverwaltungen ausgegeben werden sollen. Das neue Programm wird künftig schwerwiegende Eingriffe in die Infrastrukturplanung West nach sich ziehen – aber jetzt wird wirklich geteilt.

Insgesamt gesehen hat sich das Programm später gut bewährt, und viel Einfallsreichtum hat dazu beigetragen, daß wir schnell Verbesserungen vornehmen konnten – durch die Anschaffung von Großspülmaschinen, Containerküchen und -duschen, aber auch durch Maler- und Installationsarbeiten innerhalb der Gebäude, die zum Teil von der Truppe selbst durchgeführt werden. Bei der Auftragsvergabe hat sich nämlich herausgestellt, daß es hier nicht genügend leistungsfähige Handwerksbetriebe gibt, die imstande sind, solche Aufgaben kurzfristig zu übernehmen. Mit einer Vielzahl von Maßnahmen, mit örtlichen Initiativen und den Ideen und Anregungen aller Beteiligten werden bis Ende Januar in einigen Kasernen Verbesserungen erkennbar, Fortschritte erreicht. Jedes einzelne Zeichen des Wandels ist wichtig – wir machen Ernst.

Während der allgemeinen Diskussion in der Abteilungsleiterkonferenz berichte ich anhand konkreter Beispiele von unserem Ärger über die vielen bis auf die untersten Befehlsebenen verteilten Anweisungen des Ministeriums, die ungeahnte Auswirkungen nicht nur auf die Truppe haben. Ich bitte um vorherige Abstimmung und weise noch einmal auf die Labilität der psychologischen Lage hin. Außerdem müsse die Einheitlichkeit der Führung sichergestellt sein. Am Ende der Debatte legt der Minister fest, daß Weisungen des Verteidigungsministeriums – auch in Verwaltungsangelegenheiten – künftig nicht mehr unmittelbar an die Truppe, sondern nur an den Befehlshaber Bundeswehr-Kommando Ost gehen sollen, der die Befehle dann weiterleitet. Diese Entscheidung hat die Zusammenarbeit und das Verständnis verbessert und Pannen wie vorher verhindert.

Abends haben wir das erste Mal seit dem 3. Oktober Gäste zu Hause, Offiziere aus meinem Stab. Ein gelöster, anregender Abend. Alle beschäftigt die Frage, wie wir die Einheit Deutschlands zustande bringen können. Wie viele Menschen im Westen erkennen, in welchem Ausmaß wir alle herausgefordert sind? Einige meiner Gäste haben den Eindruck, daß nur wenige sich ernsthaft mit dieser Frage auseinandersetzen, die Mehrheit der Bundesbürger fühle sich nicht angesprochen. Um so größer die Verpflichtung derjenigen, die Einblick in die Notwendigkeiten haben.

Dienstag, 18. Dezember 1990 Besuch beim Pionierregiment 2, einem Ausbildungsplatz chemischer Truppen. Wieder zeugt alles davon, wie ernst der Kriegsfall genommen wurde. Hier wurde die Abwehr chemischer Waffen für Heer, Luftwaffe und Marine geübt; die entsprechenden Attrappen, an denen unter realistischen Bedingungen geübt werden konnte, sind noch vorhanden. Das etwa neun Quadratkilometer große Areal ist mit allen Finessen ausgestattet, mit einer Panzerüberrollbahn sowie unter anderem mit einer Bahn für die Flammenwerferausbildung, auf der eine Spezialkompanie der 1. MotSchützenDivision für Angriffe durch die Kanalisation auf Westberlin trainiert wurde. Für die Ausbildung im Strahlenspüren sind strahlende Quellen im Gelände verteilt, um unter realistischen Bedingungen auszubilden und nachprüfbare Meßergebnisse zu erhalten. Auch Napalm-Einsätze wurden geübt. Das Kriegsvölkerrecht spielte offensichtlich eine ebenso geringe Rolle wie die Umweltvergiftung, die wir zwar noch nicht geklärt haben, die aber zweifellos vorhanden ist.

In der Kaserne nebenan das übliche Bild: desolate Duschräume und vergammelte Küchen – überall Schimmelpilz. Überraschenderweise aber befindet sich neben einem der Duschräume eine mit allem Komfort ausgestattete Sauna – einschließlich eines Solariums. Die Fliesen und Armaturen der Duschen sind westlicher Herkunft. Die Sauna war für die Führung der Pioniertruppe vorgesehen, hier »herrschte« der General der Truppe. Nach Auskunft eines ehemaligen Bediensteten wurden hier regelmäßig »Gelage« abgehalten; man war ungestört unter sich. Direkt daneben die unzumutbaren Duschräume mit verrosteten Duschköpfen und verdreckten Bodenplatten. Der Gegensatz deprimiert. Bedrückend, wie Macht und Befehlsgewalt in diesem Staat mißbraucht worden sind.

Am Abend haben der Stellvertreter, der Chef des Stabes und ich den gesamten Stab zu einem Jahresabschluß-Umtrunk eingeladen, nachdem heute 210 ehemalige NVA-Offiziere vom Chef des Stabes infolge ihrer Entlassung verabschiedet wurden. Wir bedanken uns bei ihnen für den gemeinsamen Dienst in den vergangenen drei Monaten mit selbstentworfenen und -gedruckten Urkunden – diese Geste wird dankbar registriert. In den vielen Gesprächen mit zivilen und militärischen Mitarbeitern höre ich, daß sie mit Zuversicht in die gemeinsame Zukunft blicken, wenn uns auch noch manche Schwierigkeit bevorsteht. Vor allem aber freut mich, immer wieder zu hören, man fühle sich fair behandelt, die Offiziere und Unteroffiziere der Bundeswehr seien ganz anders, als man erwartet habe. Ein neuer Anfang ist gemacht, der Einsatz lohnt sich.

Am späten Abend besuche ich noch unseren Bekannten in der Nähe von Strausberg. Ich hatte ihnen Schulbücher aus der Schule meiner Frau für die dortige Grundschule mitgebracht. Die Frau, eine ehemalige Grundschullehrerin, die in der DDR aus politischen Gründen entlassen worden war, erzählt mir, daß sie einen Antrag auf Wiedereinstellung abgegeben habe, denn sie sei ja aus Gründen entlassen worden, die heute nicht mehr gelten könnten. Auf dem Schulamt habe sie festgestellt, daß die Vorzimmerdame beim Personalamt die gleiche sei wie früher, wohl eine ehemalige Mitarbeiterin der Staatssicherheit, und auch bei der zuständigen Behörde habe sie mit derselben Frau gesprochen, die ihr vor fünf Jahren die Entlassung ausgehändigt hat. Denen, die damals zu den SED-Kadern gehört hätten, gehe es auch heute wieder gut. Sie würden wie Fettaugen auf der Suppe schwimmen. Ein großes Problem seien vor allem die Schulen. Dort habe sich nur wenig geändert. So seien die Lehrer und der Rektor an ihrer Schule nach der Wende zwar entlassen, später aber wieder eingestellt worden. So bleibe alles beim alten: Die, die vorher den Sozialismus gepriesen hätten, versuchten nun, die Demokratie zu erklären. Und ihre ehemalige Rektorin habe sogar die überraschende Feststellung von sich gegeben, daß die augenblickliche Phase des Kapitalismus nach Marx nur eine vorübergehende Zeit sei und sich selbst ad absurdum führen werde – dann werde der Sozialismus, der wahre Kommunismus endgültig siegen.

Mittwoch, 19. Dezember 1990 Gespräch mit Bischof Fork und Propst Furian. Erneut wird klar, welche Berührungsschwierigkeiten die evangelische Kirche mit den Soldaten hat. Man verstehe sich als kritischer Partner des demokratischen Rechtsstaates, Pfarrer könnten keine Militärseelsorger sein, weil sie dann als Bundesbedienstete in ein Abhängigkeitsverhältnis zum Staat gerieten. Mein Hinweis auf die Weisungsunabhängigkeit gegenüber Militär und Staat ändert nichts an der Absage der Kirche. Sind Pfarrer tatsächlich abhängig von dem, der sie besoldet? Sollte diese Aussage der Kirche nicht vielmehr nachdenklich stimmen?

Am Nachmittag veranstalten wir in unseren Tagungsräumen ein Adventskonzert mit dem Bundeswehrmusikkorps, das zum ersten Mal Weihnachtslieder und Weihnachtschoräle spielt. Wir haben den Strausberger Kreistag, einige Lehrer, den Bürgermeister und den Landrat eingeladen. Sie alle sind wohl zum ersten Mal in diesem Tagungszentrum, das seit 1985 besteht, aber der Öffentlichkeit zu Zeiten des Sozialismus verschlossen war. Nach dem Konzert laden wir zu einem Imbiß ein, bei dem es zu vielen lebhaften Gesprächen kommt. Für viele unserer Gäste mag es eine völlig neue Erfahrung sein, sich mit Soldaten über gemeinsame Sorgen und Nöte zu unterhalten. Gesprächsrunden entstehen, die später regelmäßig zwischen Strausberger Bürgern und Soldaten des Bundeswehr-Kommandos Ost weitergeführt werden. Ein besinnlicher, hoffnungsvoller Abend für uns alle.

Donnerstag, 20. Dezember 1990 Um 8.00 Uhr nehme ich an einem Gottesdienst im Besprechungszimmer des früheren Ministeriums für Abrüstung und Verteidigung teil. Hier war ich Ende Mai zum ersten Mal mit Gerhard Stoltenberg zu einem Gespräch mit Minister Eppelmann und Admiral Hoffmann zusammengekommen. An der Stirnseite des Saales hatten noch die Staatsembleme der DDR geprangt, Admiral Hoffmann, damals Chef der NVA, hatte fast herausfordernd die Eigenstaatlichkeit der DDR betont und die sich daraus ergebende Aufgabe der NVA erklärt. Der im SED-Staat zu Ämter und Würden gelangte Offizier hatte uns selbstbewußt die Grundlagen der begonnenen NVA-Militärreform und den Weg der NVA von der SED-Parteiarmee zur Armee in einer Demokratie erläutert und daraus gefolgert, daß es für Soldaten der NVA keinen Grund mehr zur Fahnenflucht gäbe – weshalb die in die Bundesrepublik geflohenen Soldaten ausgeliefert werden müßten. Das alles ist zum Glück Vergangenheit, überholt von den Ereignissen. Was für ein Wandel in sieben Monaten! Die sozialistischen Embleme sind verhängt, und ein ökumenischer Gottesdienst mit christlichen Weihnachtsliedern findet statt, in die wir von ganzem Herzen einstimmen.

Ein katholischer Pfarrer aus der näheren Umgebung hält den Gottesdienst, assistiert von einem unserer Offiziere, der zum Predigeramt befähigt ist. Obwohl die überwiegende Mehrzahl der Offiziere im Bundeswehr-Kommando Ost evangelisch ist, haben wir keinen evangelischen Pfarrer gefunden, der sich bereit fand, einen Gottesdienst vor Soldaten abzuhalten. Auch nach dem Fall der Mauer steht die evangelische Kirche vor ungeahnten Barrieren. Im preußischen Kernland des Protestantismus gibt es keinen evangelischen Militärpfarrer, wohl aber einen katholischen Militärdekan.

Anschließend Teilnahme an der konstituierenden Sitzung des Bundestages im Reichstag. In der Pause Gespräche mit verschiedenen Abgeordneten, die interessiert an unserer Arbeit und den Fortschritten sind. Sie wollen den »Osten« in Zukunft häufiger besuchen und an der gemeinsamen Aufgabe mitwirken. Mein Hinweis auf die Kosten der Einheit

Deutschlands – auch in den Streitkräften – wird aufmerksam, aber kommentarlos aufgenommen. Vielleicht hilft Klappern mit der Sammelbüchse?

Gespräch mit Lothar de Maizière, der trotz seines Rücktritts vom Amt des stellvertretenden CDU-Vorsitzenden und Vizekanzlers einen gefaßten, ruhigen Eindruck macht. Wie schnell ist vergessen worden, was dieser Mann für Deutschland und alle Deutschen geleistet hat.

Nach meiner Rückkehr Besuch des operativen Ausbildungszentrums in Strausberg, einer Ausbildungseinrichtung für die höhere Führung der NVA. Hier fanden regelmäßige Übungen statt, die von einem Angriff bis zum Rhein ausgingen. Da detaillierte Daten über die Bundeswehr elektronisch gespeichert waren, konnte für jeden Standort im Westen abgerufen werden, welche Truppenteile in welcher Gliederung dort stationiert waren. Auf einer großen Reliefkarte wurde ein Vormarsch der Truppen bis weit über den Rhein simuliert, die »Verteidigung auf dem Territorium des Gegners« geübt. Dieses Ausbildungszentrum war mit viel Fleiß und Hingabe zum Detail auf dem neuesten Stand gehalten worden – sowohl im Hinblick auf die Technik als auf die Informationen.

Abends erhalte ich einen Brief von Generaloberst Burlakow, dem neuen Oberbefehlshaber der sowjetischen Streitkräfte. Er hofft auf eine gute Zusammenarbeit und übermittelt mir die besten Weihnachtsgrüße – ein positives Signal.

Freitag, 21. Dezember 1990 Vormittags Gespräch mit Oberst Ocken, dem Leiter des Zentralen Auflösungsstabes der ehemaligen Grenztruppen, die über 40000 Soldaten und zivile Mitarbeiter verfügten und deren Aufgabe die militärische Sicherung der DDR-Grenze war – davon 1378 km der innerdeutschen und 161 km der Grenze zu Westberlin. Zur »Sicherung der Staatsgrenze« waren verbaut worden: 1476 km Vorderes Sperrelement, 1410 km Hinteres Sperrelement (Grenzzäune und Hinterlandmauern), 845 km Kfz-Sperrgraben, 715 Beobachtungstürme, 4507 km Kabeltrasse, 6637 km Fernmeldekabel und 19930 Grenzmelde-Sprechstellen.

Jetzt gehören dem Arbeitskommando der Grenztruppen noch 4900 ehemalige Soldaten in einem besonderen Arbeitsverhältnis an, aus dem sie jederzeit auf eigenen Antrag ausscheiden oder gekündigt werden können. Mit der Unterstützung von Pionierkräften der Bundeswehr haben sie die Mauer in Berlin termingerecht abgebaut: Ein Jahr nach der Öffnung der Mauer ist dieses Schandmal endlich verschwunden. Bei den Arbeiten aber gab es eine Menge Reibereien. Ein Teil der Mauerkrone war aus asbestverseuchtem Material, das besonders entsorgt werden mußte. Auch die Verwertung der Mauer war strittig. Noch in DDR-Zeiten war ein Kuratorium gegründet worden, das die Mauerteile verkaufen und den Erlös für kulturelle Zwecke verwenden sollte. Wir bekamen hingegen den Auftrag, die Mauer und andere Teile der Sperranlagen zu verkaufen und das Geld dem Bundeshaushalt zuzuführen, um auf diese Weise wenigstens einen Teil der Kosten für den Abriß zu decken. Dagegen machte nun aber das Kuratorium unter der Leitung eines Oberkirchenrates mobil und beschuldigte uns des »unrechtmäßigen Kassemachens« gemeinsam mit den ehemaligen Grenztruppen. Ein effektvoller, pressewirksamer Vorwurf, den wir erst durch eine sachliche Klarstellung unseres Auftrages zurückweisen konnten.

Da die Grenztruppen ihren Auftrag jetzt erfüllt haben, sollen sie so schnell wie möglich aufgelöst werden. Sie können aus dem begrenzten Bundeswehretat nicht mehr bezahlt werden und sind wegen ihrer Vergangenheit allgemein verhaßt. Andererseits verfügen wir mit ihnen über effektive und billige Arbeitskräfte, die auch die innerdeutsche Grenze abbauen und – vor allen Dingen – die Minen räumen könnten.

Anschließend zum letzten Mal in diesem Jahr die Befehlshaberlage mit meinem Stab. Es wird uns klar, daß wir aufgrund der eingehenden Anträge auf »Soldat auf Zeit« unser Ziel, 25 000 Soldaten für die nächsten zwei Jahre zu behalten, nicht erreichen werden. Bei den Offizieren können wir den Bedarf zwar decken, aber der Mangel an Unteroffizieren ohne Portepee wird erheblich sein. Auch Feldwebel werden uns fehlen, und der große Ausbildungsnachholbedarf wird überdies noch für lange Abwesenheiten sorgen. Die Personalfrage wird damit zum entscheidenden Problem. Erst Ende Januar werden wir endgültig Klarheit darüber haben, mit wieviel Offizieren und Unteroffizieren wir an die Aufstellung unserer neuen Truppenteile gehen können.

Für das kommende Jahr liegt der Schwerpunkt auf dem Aufbau neuer Truppenteile – wir dürfen uns davon auch durch die vielen anderen Schwierigkeiten nicht ablenken lassen. Der Aufbau, der Neuanfang hat Vorrang. Im Bundesministerium der Verteidigung ist zwar vielfach die Auffassung zu hören, zuerst sollte die komplette Auflösung vollzogen und dann erst der Aufbau begonnen werden – eins nach dem anderen. Aber eine Armee kann nicht nur abwickeln und auflösen. Wir müssen den Soldaten Ziele zeigen, wenn wir den Anfangsschwung bewahren und ausnützen wollen.

In unserer letzten Meldung zum Jahreswechsel fassen wir unsere Beurteilung zusammen:

Zum Jahresende werden mehr als 25 % der langdienenden Soldaten des Bundeswehr-Kommandos Ost entlassen. Führungsfähigkeit und

Sicherheit im Bereich Bundeswehr-Kommando Ost werden dennoch weiterhin gewährleistet. Vitalen Einbrüchen im laufenden Dienstbetrieb konnte bisher durch organisatorische Maßnahmen in eigener Zuständigkeit begegnet werden. Der Verlust an Wissensträgern und Spezialisten in großer Zahl wird aber nicht ohne Folgen auf die weitere Auflösung von Truppenteilen und auf die Absteuerung des Materials bleiben können. Auch Auswirkungen auf die begonnene Aufstellung der Truppenteile und Dienststellen im Rahmen der geplanten Bundeswehrstruktur sind nicht auszuschließen. Gelingt es nicht, im kommenden Jahr die laufenden Versorgungs- und Besoldungszahlungen sicherzustellen, sind die Folgen für das innere Gefüge und die öffentliche Meinung signifikant. Die konkreten Auswirkungen der erheblichen Personalabgänge zum Jahresende auf die Auftragserfüllung in der Zukunft werden erst in der zweiten Hälfte des Januar 91 abschließend beurteilt werden können. Zur Zeit ist die Auftragserfüllung insgesamt mit Einschränkungen sichergestellt.

Für die meisten von uns beginnt nun endlich der Weihnachtsurlaub. Ich verbringe mit meiner Frau und den Kindern noch ein paar Tage in den neuen Ländern. Wir wollen uns einen Eindruck von dem manchmal noch fremden Land verschaffen, besuchen Opernaufführungen, hören Konzerte, besichtigen Wittenberge, Leipzig und Weimar. Trotz der hohen Preise wird gekauft, überall herrscht vorweihnachtliches Gedränge.

Nach einem kurzen Weihnachtsaufenthalt fahre ich mit meiner Frau am 30. Dezember wieder nach Strausberg zurück, um an Ort und Stelle zu sein, falls es nach der großen Entlassungswelle von Offizieren irgendwelche Probleme gibt. Glücklicherweise zeigt sich, daß diese Sorge unbegründet ist. Die Lage bleibt stabil, die Führungsfähigkeit gesichert.

Zum Jahresende danke ich der Truppe mit einem Tagesbefehl für die gemeinsame Leistung und formuliere die Ziele für das neue Jahr:

Soldaten, zivile Mitarbeiter,
seit dem 3. Oktober arbeiten wir gemeinsam am Aufbau der Bundeswehr in unserem Kommandobereich. Uns allen ist eine Aufgabe gestellt, die von unserem Volk und unseren Nachbarn mit großer Aufmerksamkeit verfolgt wird. In der Bundeswehr als der Streitkraft unseres demokratischen Rechtsstaates findet die Vereinigung Deutschlands ihren sichtbaren Ausdruck – das muß für uns Ansporn und Verpflichtung sein.

Ich danke allen, die seit dem 3. Oktober mitgeholfen haben, die Führungs-, Funktionsfähigkeit und Sicherheit zu gewährleisten, den Um-

fang der bisherigen Streitkräfte zu vermindern, die Truppe zu reformieren und den Aufbau neuer Truppenteile vorzubereiten. Auf diese Gemeinschaftsleistung können wir stolz sein.

Ich danke besonders denjenigen Soldaten und zivilen Mitarbeitern, die trotz ihres bevorstehenden Ausscheidens und der drückenden Sorge um ihre persönliche Zukunft weiterhin ihre Pflicht erfüllen.

Das Jahr 1991 wird uns alle vor besondere Herausforderungen stellen. Der Umfang der Bundeswehr ist weiterhin zu verringern, die Grundsätze der Inneren Führung sind umzusetzen, und neue Truppenteile werden aufgebaut. Das wird nur möglich sein, wenn wir alle anpacken.

Es geht um unsere gemeinsame Zukunft und im besonderen um die Zukunft der Streitkräfte im vereinten Deutschland. Die Ungleichheiten zwischen Ost und West sind im sozialen und vor allem im finanziellen Bereich weder für die Bevölkerung noch für die Soldaten kurzfristig zu beseitigen. Wir können aber vertrauen, daß die Unterschiede zügig abgebaut werden. Entscheidend für uns in einer Wehrpflichtarmee ist, daß wir im Denken und Handeln Soldaten demokratisch legitimierter Streitkräfte sind – das muß für alle Angehörigen im Bereich des Bundeswehr-Kommandos Ost gelten.

Gemeinsam haben wir bisher unseren Weg erfolgreich zurückgelegt, gemeinsam werden wir die vor uns liegenden Aufgaben lösen.

Ich wünsche Ihnen und Ihren Angehörigen ein frohes Fest und ein glückliches neues Jahr 1991.

Schönbohm, Generalleutnant

Optimismus breitet sich aus

Montag, 7. Januar 1991 Stabsarbeit. Offiziere und Unteroffiziere sind erholt und ausgeruht aus dem Urlaub zurückgekommen. Neuer Optimismus macht sich breit, und die Überzeugung wächst, daß wir die Aufgaben gemeinsam schaffen werden. Hoffentlich bestätigt sich das.

Burlakow hat zum 31.12. den Abzugsplan noch termingerecht vorgelegt. Die sowjetischen Offiziere haben über Weihnachten gearbeitet; für sie haben die christlichen Weihnachtsfeiertage keine Gültigkeit.

Dienstag, 8. Januar 1991 Besuch der Raketentechnischen Basis 2 in Brück, einem Versorgungsdepot, in dem alle Raketen des Heeres der ehemaligen NVA gelagert werden, unter anderem auch 24 Raketen vom Typ SS-23. Zur Zeit wird die Frage der Vernichtung und Entsorgung auf politischer Ebene geklärt. Nach dem INF-Vertrag sind alle sowjetischen SS-23 Raketen vernichtet worden. Daß die NVA ihre Raketen behalten hat, ist politisch äußerst brisant. Die DDR hatte diese INF-Raketen klammheimlich nach Brück gebracht. Bei der Raketentechnischen Basis 2 wußten insgesamt nur fünf Offiziere von der Existenz dieser Raketen. Die Sprengköpfe sind abgezogen, lediglich die Raketenmotoren liegen noch da.

Nach der Wende wurde die Basis mit Handfeuerwaffen aller Art beliefert. Der Kommandant, früher Oberstleutnant der NVA, heute ein Hauptmann der Bundeswehr, erzählt mir, wie besonders im Frühjahr 1990, während der Verhandlungen an den runden Tischen, Handfeuerwaffen in Eisenbahnwaggons, in Lastwagen, Waschkörben, Obstkisten und allen möglichen Behältern angeliefert wurden. Die Waffen wurden der Stasi, den Betriebskampfgruppen oder der Gesellschaft für Sport und Technik abgenommen, zusammengepackt und nach Brück geschickt. Jetzt werden sie dort in fest verschließbaren Hallen gelagert. Es ist unvorstellbar, in welcher Anzahl sich alle möglichen Waffen dort auftürmen – Maschinenpistolen, Pistolen und Gewehre. Sie werden jetzt noch einmal gezählt, abgepackt und dann in eine der Untertageanlagen transportiert. In einer besonderen Waffenkammer werden mir Spezialwaffen der Staatssicherheit vorgeführt: in Kamerataschen versteckte Pistolen, als Spazierstöcke getarnte Gewehre und ähnliches mehr. So etwas kennt man sonst nur aus Agentenfilmen.

Anschließend Besuch in Dessau beim Pionierpontonregiment 3. Die Rekruten, Anfang Januar eingetreten, sind erfreulich offen und engagiert. Manch einer von ihnen hat in Leipzig gegen das alte Regime demonstriert, die meisten akzeptieren die Bundeswehr, weil sie in ihr den Ausdruck der Souveränität des demokratischen Rechtsstaates sehen. Nach kurzer Zeit aber geht das Gespräch auch hier wieder um die Frage der unterschiedlichen Besoldung und Urlaubsregelung für Wehrpflichtige im Osten und im Westen.

Der Kompaniechef ist ein ehemaliger Angehöriger der NVA, der sich sorgfältig auf seine Aufgabe vorbereitet hat. In seiner Ernennung zum Chef der Grundausbildungskompanie sieht er einen besonderen Vertrauensbeweis. Er wolle, so sagt er mir, alles tun, dieses Vertrauen zu rechtfertigen. Ein gutes Zeichen. Ein Teil seiner Gruppenführer sind Leutnants/Oberleutnants; nur so können wir den Mangel an Unteroffizieren ausgleichen.

Beim Mittagessen spreche ich mit den Offizieren über ihre Lage und erfahre, daß die Mehrzahl von ihnen den Antrag auf »Soldat auf Zeit« für zwei Jahre gestellt hat, ohne bisher eine Antwort erhalten zu haben. Sie sind enttäuscht, hoffen aber noch. Einige weisen darauf hin, daß sie keinen Gebrauch von der befristeten erweiterten Versorgung zum 31.12. gemacht haben, in der Hoffnung, wenigstens 1991 bei der Bundeswehr bleiben zu können – auch als Belohnung für ihre Treue. Wir müssen unsere Entscheidungen im Personalbereich zügiger fällen und schneller mitteilen; leichter wird es uns deshalb kaum fallen.

Besuch des Funktechnischen Dienstes, einer Einrichtung der Fernmeldeaufklärung, die besonders gegen die Bundeswehr eingesetzt war. Als Teil des NVA-Nachrichtendienstes war dieser Dienst technisch hervorragend ausgestattet, konnte sich an der Satellitenaufklärung beteiligen und Funkverkehr und Telefongespräche abhören. Die hier gewonnenen Erkenntnisse waren für die Führung der NVA von besonderer Bedeutung, da sie ein umfassendes, differenziertes und aktuelles Lagebild vermittelten. Die Offiziere waren gut ausgebildet und besonderen Sicherheitsbestimmungen unterworfen worden. Von der Bundeswehr fühlen sie sich diskriminiert, da sie in einem von uns verteilten Fragebogen gefragt worden waren, ob sie der Staatssicherheit oder dem Funktechnischen Dienst angehört haben. Sie machen mit Nachdruck auf den Unterschied zwischen beiden Institutionen aufmerksam und beteuern, mit der Stasi nichts zu tun gehabt zu haben.

Ich erkläre ihnen, daß wir dennoch niemanden von ihnen übernehmen können, da wir keine Verwendung für sie haben. Aber auch bei der Industrie, so erfahre ich, erhalten sie trotz ihrer Qualifikationen keine Anstellung, da es dort schon zur Ablehnung eines Anstellungsgesuchs führt, wenn der Bewerber jahrelang dem Funktechnischen Dienst angehört hat. Ich verstehe ihre Probleme, kann ihnen aber aus ihrer Vergangenheit nicht heraushelfen. Sie fühlen sich ungerecht behandelt, halten sich als technische Spezialisten für unentbehrlich. Und doch können wir ihnen nur das Angebot der Berufsausbildung machen – so wie allen Soldaten und Arbeitnehmern, die wegen Mangel an Arbeitsplätzen entlassen werden.

Besuch bei dem stellvertretenden Bürgermeister, den ich von früher aus dem Westen kenne. Er ist als pensionierter Richter nach der Wende sogleich mit seiner Frau in seine Heimatstadt zurückgekehrt, hat sich einer Partei angeschlossen und am Wahlkampf teilgenommen. Jetzt schlägt er sich mit den Problemen einer Großstadt im Umbruch herum, versucht, die Stadtplanung und Industrieansiedlung voranzutreiben und die Verwaltung neu zu organisieren. Seine Frau ist mit ihm übergesiedelt. Beide wohnen für eine nicht absehbare Übergangszeit in einer kleinen, mit Braunkohle beheizten Zweizimmerwohnung. Pioniergeist ist an keine Altersgruppe gebunden.

Mittwoch, 9. Januar 1991 Besuch beim Armeesportverein »Vorwärts« in Potsdam, der Kaderschmiede der Olympioniken, in die zu DDR-Zeiten Unsummen investiert worden sind. Schon die Kinder wurden sehr früh in die Hände der NVA gegeben, wenn sie sich durch besondere sportliche Leistungen ausgezeichnet hatten. Sie wohnten in einem Internat, das dem Sportverein angeschlossen war, gingen vormittags in die Schule und trainierten nachmittags. »Wenn ein Kind nicht mit fünfzehn, sechzehn Jahren Weltklasse ist«, sagt mir ein Trainer, »dann haben wir keinen Nachwuchs.« Die Kinder brachten große Opfer, erhielten aber für siegreiche Wettkämpfe Medaillen und hohe finanzielle und materielle Belohnungen. Dieser Anreiz ist jetzt geschwunden, und immer weniger Eltern sind bereit, ihren Kindern derartige Belastungen zuzumuten.

Anschließend Gespräch in Berlin mit Bischof Krusche, der als einziger Bischof als Vorsitzender der EKD auch Mitglied des Bundes der evangelischen Kirchen der ehemaligen DDR ist. Wir sind uns über die Notwendigkeit der Militärseelsorge einig, aber auch darüber, daß wir Geduld und Ausdauer brauchen werden, nichts überstürzen dürfen. Man muß verhindern, daß der Militärseelsorgevertrag durch die Erfahrungen und Vorbelastungen im Osten gefährdet wird.

Am Abend Diskussion im Deutschen Fernsehfunk zu Fragen des Bundeswehr-Kommandos Ost. In der Pause, während der Werbung, können die Zuschauer Fragen stellen. Die Telefone laufen heiß; es besteht ein großes Informationsbedürfnis quer durch alle Themenbereiche, von dem Problem der sozialen Absicherung bis hin zu Fragen nach den Möglichkeiten freiwilliger Bewerbung. Das zeigt ein weiteres Mal, wie groß der Bedarf an öffentlicher Aufklärung ist.

Soziale Fragen

Donnerstag, 10. Januar 1991 Frühmorgens erneut Gespräch wegen der Grenztruppen. Im Bundesministerium für Verteidigung ist eine Weisung in Vorbereitung, die ehemaligen Grenztruppen bis zum 30. Juni 1991 komplett zu entlassen und bis dahin auch alle Minen an der ehemaligen innerdeutschen Grenze räumen zu lassen. Diese Weisung ist nicht durchführbar, da wir angesichts des augenblicklichen Tempos mindestens noch bis 1993 mit dem Minenräumen beschäftigt sein werden. Bei der Auswertung aller Unterlagen hat sich ergeben, daß in einigen Bereichen der Grenzanlagen noch eine Menge Minen im Gelände liegen müssen. Von den unter Verantwortung der DDR verlegten Minen konnten etwa 30 000 nicht mehr aufgenommen werden, weil sie nicht auffindbar waren. So können in manchen Abschnitten noch zwischen fünf und fünfhundert Minen in einem Minengürtel liegen. Diese Gebiete müssen gepflügt, geeggt und genauesten abgesucht werden; der hierzu benötigte hohe Personaleinsatz und große Zeitaufwand läßt sich auch durch Befehle nicht verkürzen. Immerhin ist eine ausreichende Zahl von Angehörigen der ehemaligen Grenztruppen gewillt, diese nicht ganz ungefährliche Aufgabe zu übernehmen.

Anschließend Flug zum Flugplatz Drewitz, wo wir etwa 150 Flugzeuge MiG-21 und MiG-23 zusammengeflogen haben. Diese Flugzeuge werden dort bereitgehalten, bis endgültig über ihre Zerstörung entschieden ist. Die Abstellmöglichkeiten sind in Ordnung; wegen der bisher ungeklärten Frage, was mit ihnen geschehen soll, sind alle Flugzeuge aus technischen Gründen betankt. Wenn sie anschließend vernichtet werden – was vorauszusehen ist –, müssen sie wieder enttankt werden. Hierzu braucht man Spezialpersonal und -material, das nur noch in begrenztem Umfang vorhanden ist. Die noch immer ausstehenden Entscheidungen führen zu mehr Arbeit, zu höheren Kosten und einem größeren Personalbedarf.

Die Offiziere machen einen pflichtbewußten, aber sehr bedrückten Eindruck. Viele von ihnen haben sich als »Soldat auf Zeit für zwei Jahre« beworben, aber noch keine Entscheidung erhalten. Sie rechnen daher damit, mit zwei Monaten Kündigungsfrist aus der Bundeswehr entlassen zu werden. Ich kann mich nur ihren Fragen stellen, ohne sie alle beantworten zu können.

Besuch bei einem Panzerregiment, das früher zu den Eliteregimentern gehörte und mit dem modernsten Panzer, dem T-72, ausgerüstet ist. Das Regiment wird aufgelöst, die Panzer werden zusammengefaßt und abgeführt. In einer Kompanie findet noch die Grundausbildung statt; die Rekruten machen hier wie auch an den anderen Orten einen offenen, tatkräftigen Eindruck. Die Offiziere und Unteroffiziere – fast alle ehemals NVA-Angehörige – sind leistungswillig und lernbereit. Die neue Grundausbildung der Wehrpflichtigen macht ihnen Spaß. Wenn das Regiment zum 30. Juni dieses Jahres endgültig aufgelöst wird, haben manche von ihnen die Möglichkeit, als »Soldat auf Zeit für zwei Jahre« in anderen Standorten und anderen Verbänden weiterzudienen.

Rückkehr nach Strausberg zur Befehlshaberbesprechung. Die erste Besprechung im neuen Jahr, einhundert Tage nach Übernahme unserer gemeinsamen Verantwortung. Ich stelle einleitend fest, daß der Übergang von der NVA zur Bundeswehr insgesamt bemerkenswert gut gelungen ist und das Bundeswehr-Kommando Ost keinen Vergleich mit anderen Bereichen zu scheuen braucht. Die früher geäußerten Sorgen über Desertion, Meutereien, Schießereien haben sich glücklicherweise allesamt nicht bestätigt. Dafür sei nicht nur den Offizieren und Unteroffizieren, die aus dem Westen hierhergekommen sind, sondern auch den Angehörigen der ehemaligen NVA besonders zu danken, die sich von vornherein in den Dienst der gemeinsamen Sache gestellt haben. Den hohen Personalabgang zum Jahresende hat das Kommando recht gut verkraftet. Die Führungsfähigkeit und Sicherheit waren ständig gewährleistet. Für unseren Bedarf an Offizieren haben wir genügend Anträge als Soldaten auf Zeit für zwei Jahre, wohingegen bei den Unteroffizieren ohne Portepee sechzig bis siebzig Prozent fehlen, bei den Feldwebeln fünfzehn bis zwanzig Prozent. Wir können zuversichtlich in die Zukunft blicken, obwohl noch längst nicht alle Schwierigkeiten überwunden sind.

Montag, 14. Januar 1991 Gespräch mit einem ehemaligen Oberst der NVA, der wenige Tage Adjutant Eppelmanns gewesen war. Zusammen mit zwei Kameraden hatte er im Februar 1990 einen Brief an Minister Stoltenberg geschrieben, in dem er vorschlug, die Nationale Volksarmee und die Bundeswehr zu vereinheitlichen. Der Brief war in Bonn nie angekommen, offensichtlich abgefangen worden und erst im April der Öffentlichkeit bekanntgeworden. Die militärische Führung der NVA hatte daraufhin auf die Entlassung der Verfasser gedrungen, und Eppelmann hatte nachgeben müssen. Der Oberst lebte dann sieben Monate in Goslar versteckt, da er sich verfolgt fühlte. Jetzt wohnt er wieder in Strausberg und hat eine Arbeit im Zivilleben gefunden. Als »Zeitgenosse«

schildert er mir die kritische Zeit des Umbruchs, als die 1. Division in Potsdam Befehle erhalten hatte, die den Einsatz im Falle eines Sturms auf die Mauer vorsahen. Daß es nicht dazu gekommen ist, verdanken wir einem gnädigen Schicksal. Mein Gesprächspartner ist optimistisch, daß der Weg zu gemeinsamen Streitkräften gelingt, warnt aber gleichzeitig vor Wendehälsen. Leider kann aber auch er mir keinen Hinweis geben, wie man sie erkennt.

Dienstag, 15. Januar 1991 Tagung der kommandierenden Generale unter Leitung des Generalinspekteurs in Dresden. Von der obersten militärischen Führung wird einhellig die Aufbauleistung im Osten gewürdigt und weiterhin Unterstützung zugesagt. Ich bitte um unmittelbare, unbürokratische Hilfe nach dem Motto »Truppe hilft Truppe«. Nur diese Unterstützung versetze uns in die Lage, unseren Auftrag zu erfüllen.

Anschließend Gespräch mit dem katholischen Bischof von Dresden, bei dem ich mich dafür bedanke, daß wir jetzt einen katholischen Militärdekan bei uns im Kommando haben, der sich um die Militärseelsorge kümmert und sie koordiniert. Ich höre dabei von den Schwierigkeiten, die der Kirche gemacht werden, ein Gebäude für eine katholische Schule zu finden. Offensichtlich wollen die alten Seilschaften dies verhindern. Inwieweit kann die Bundeswehr auch hier helfen?

Die Lage am Golf hat sich weiter zugespitzt. Auch unser Kommandobereich muß Unterstützung leisten. Die Soldaten haben dazu mit Hochdruck und großem persönlichen Einsatz beigetragen. Offiziere und Unteroffiziere haben freiwillig über Weihnachten gearbeitet – und das, obwohl ein Teil von ihnen zum 31. 12. ausscheiden mußte. Sie wollten ihren guten Willen und ihr Leistungsvermögen beweisen. Die wehrpflichtigen Kraftfahrer haben die Transporte nach Bremerhaven zuverlässig durchgeführt. So sind innerhalb einer Woche zum Beispiel 6000 Krankenbetten abtransportiert worden.

Ich bin mir mit meinem Stellvertreter und dem Chef des Stabes einig, daß wir ab jetzt an den Wochenenden jeweils mit einem General in Strausberg in Bereitschaft sein müssen. Wir müssen Führungsbereitschaft rund um die Uhr aufrechterhalten, vor allem für logistische und sanitätsdienstliche Fragen ständig Experten verfügbar haben. Anforderungen kommen jetzt häufig sehr kurzfristig, und wir können unsere zahlreichen Lieferverpflichtungen nur erfüllen, weil alle anpacken und helfen wollen.

Donnerstag, 17. Januar 1991 Vortrag in Gütersloh und Diskussion im Bertelsmann-Forum über Aufgaben des Bundeswehr-Kommandos Ost, überschattet vom Ausbruch des Golf-Krieges, der uns auf Defizite aufmerksam gemacht hat. Kaum einer hat daran geglaubt, daß sich auch uns die Option des Krieges stellen könnte. Fast war in Vergessenheit geraten, daß Soldaten so ausgebildet werden müssen, daß sie kämpfen können – wozu eben auch Übungen und Tiefflüge gehören! Demnächst wird eine Diskussion über die Streitkräfte als Mittel der Politik und die Aufgaben der Bundeswehr angebracht sein; vor allen Dingen, da es die Bundeswehr eines vereinigten Deutschlands betrifft.

Beim Abendessen Gespräch über die Entwicklung im Beitrittsgebiet. Ich frage einen führenden kommunalen Verwaltungsbeamten, wie sich das auf seinen Verantwortungsbereich auswirke. Er erzählt mir von der Patenschaft seiner Stadt mit einer ostdeutschen Stadt und den sich daraus ergebenden Anforderungen im personellen und materiellen Bereich. So sind von der Stadtverwaltung für kurze Zeitabschnitte Beamte zur Amtshilfe abgestellt; für längerfristige Abordnungen fehle das Personal. In der westlichen Gemeinde sollte ein multikulturelles Kinozentrum mit Landesmitteln gebaut werden. Er hatte vorgeschlagen, den Bau zu verschieben und die Mittel – zumindest die der Stadt – für dringend notwendige Baumaßnahmen in den Osten zu transferieren. Die Diskussion über den Vorschlag dauere noch heute an.

Unwillkürlich muß ich Vergleiche anstellen: Wir bauen im Westen neue verkehrsberuhigte Zonen, pflastern Bürgersteige und Fahrradwege, legen Verkehrsinseln und plätschernde Brunnen an, während es unseren Landsleuten im Osten buchstäblich durchs Dach regnet und das Verkehrsnetz vor dem Zusammenbruch steht.

Montag, 21. Januar 1991 Gestern demonstrierten einige hundert Personen in Strausberg vor unserem Kommando gegen den Golf-Krieg, beschmierten Mauern und Fassaden, überstiegen den Zaun und streiften durch unser Gelände. Ein schwerwiegender Eingriff, Hausfriedensbruch zumindest, auf den unsere Wachsoldaten nicht ausreichend vorbereitet waren. Auch die Polizei, die frühzeitig alarmiert wurde, erwies sich als nicht fähig, gegen die Demonstranten vorzugehen. Es stellt sich heraus, daß unser weiträumiges Gelände nicht ausreichend gegen solche Überfälle abgesichert ist, da die NVA mit dergleichen nicht rechnen mußte.

Wie stehen wohl meine Soldaten der Demonstration gegenüber? Wie kann ich von den mehr als vierzig Jahre lang in politischer Unmündigkeit gehaltenen Menschen eine eigene, von marxistischer Denkweise schon unabhängige Stellungnahme erwarten? Wie weit reicht die westdeutsche Contra-Golfkrieg-Beeinflussung? Es wird jedenfalls demonstriert – und zwar gegen das Bundeswehr-Kommando Ost. Damit gemeint sind natürlich auch die Amerikaner. Daß die Amerikaner nur das tun, was die Vereinten Nationen vorgesehen haben, wird nicht wahrgenommen.

Heute heißt es nun, alles sei ganz friedlich gewesen; die Übergriffe seien nicht so gemeint gewesen. Aber trotzdem beschäftigt mich der Vorfall sehr. Ich empfinde ihn als einen Angriff auf die Bundeswehr, der sich nicht wiederholen darf. Wir müssen uns in Zukunft besser gegen solche Überraschungseffekte wappnen, müssen auf den »Frieden der Demonstranten« vorbereitet sein.

Besuch beim zentralen Auflösungsstab der Grenztruppen. Wir sitzen im Zimmer des früheren Kommandierenden Generals der Grenztruppen. Ich fühle mich befangen. Ein mehr als beklemmender Gedanke, daß aus diesem Zimmer die Mordbefehle herausgingen und von hier aus kontrolliert wurden. Das Büro ist trostlos eingerichtet, die Farben passen nicht zueinander – die Wände sind mit dunklem Holz getäfelt, um die Abhörgeräte zu verdecken, die schweren Möbel wirken erdrückend. Acht Herren in Zivil, ehemalige Offiziere der Grenztruppen, tragen die Lage vor, sachlich, klar und selbstbewußt. Sie fühlen sich kompetent und erläutern den technischen Abbau der Grenzanlage. Haben sie früher auch einmal so über den Aufbau der Tötungsanlagen vorgetragen? Die Männer leisten jetzt – wie auch früher – »gute« Arbeit. Sie sind vermutlich normale Familienväter, die einen »Beitrag zur Grenzsicherung« geleistet haben. Schwer vorstellbar, daß sie es waren, die die Schießbefehle an der Grenze gegeben haben, die sich diesem mörderischen Grenzsystem zur Verfügung stellten. Kann man sie überhaupt verstehen? Wann tun wir ihnen recht, wann unrecht? Wir müssen mit unserem Urteil überlegt und abgewogen sein, um nicht pauschal eine Verurteilung vorzunehmen. Ich persönlich aber werde mit den Angehörigen der Grenztruppen wohl nie meinen Frieden schließen.

Dienstag, 22. Januar 1991 Besuch der Handwerkskammer in Frankfurt/Oder, da ich die Zusammenarbeit der Handwerkskammer mit Teilen der Bundeswehr unterstützen möchte. Der Präsident und der Hauptgeschäftsführer stellen mir ihre zahllosen Schwierigkeiten dar. Aus dem Westen kommt eine Menge neuer Vorschriften, aber es fehlen erfahrene Praktiker, die sie umsetzen können, ebenso Schulungsmöglichkeiten und Ausbilder in den Betrieben. Es gibt viel Papier, aber wenig praktische Hilfe vom Westen. Inzwischen ist man entschlossen, die Dinge allein anzugehen. Man ist optimistisch und glaubt, nur so voranzukommen. »Wir sind hier zu weit im Osten, Herr General,« sagt man mir. »Hier kommt freiwillig so leicht keiner her. Darum müssen wir uns selber helfen!« Ich habe die Worte meines Schwiegervaters im Ohr – er war ein echter Märker und Berliner: »Hilf dir selbst, so hilft dir Gott«.

Anschließend Besuch beim Armeesportclub »Vorwärts« in Frankfurt/Oder, ebenfalls ein Verein der Medaillenjäger; 100 Medaillen bei Olympischen Spielen, Weltmeisterschaften, Europameisterschaften in den letzten acht Jahren. Das Engagement ist bewundernswert, aber wenn die Sportler 1992 bei den Olympischen Spielen erfolgreich sein sollen, müssen noch einige bürokratische Hemmnisse überwunden werden.

Mittwoch, 23. Januar 1991 Flug nach Hamburg zur Führungsakademie. Abends nach Dienstschluß vor fünfhundert Lehrgangsteilnehmern und Stammpersonal Vortrag und Diskussion über die Aufgaben des Bundeswehr-Kommandos Ost. Ich bin beeindruckt von der gespannten Aufmerksamkeit, von der hohen Anteilnahme und den differenzierten Fragen. Wiederum wird deutlich, daß eine Vielzahl von Soldaten an unserer Arbeit intensiv teilnimmt. Ein Teil dieser Männer wäre auch gewillt, freiwillig in die fünf neuen Länder zu kommen, um damit einen Beitrag zur Einheit Deutschlands zu leisten. Diese motivierte Grundeinstellung erfreut mich natürlich besonders. Ein Jahr später treffe ich einen der Teilnehmer wieder, der sich für seine erste Generalstabsverwendung in den Osten gemeldet hat und nun mit Frau und Kind in einer Plattenbausiedlung wohnt.

Anschließend noch Gespräche in dem »Arbeitskreis für Frieden und Sicherheit« von Christoph Bertram, an dem Journalisten, Professoren und andere Interessierte teilnehmen. Ich versuche, in zwanzig Minuten die Gesamtproblematik der Aufgabe darzustellen und sie in der anschließenden Diskussion zu erläutern. Mancher Zuhörer ist über die Dimension der Probleme und die Vielfältigkeit unserer Aufgabe überrascht. Das war bisher nicht so bekannt. Erst langsam setzt sich die Auffassung durch, daß die Armee eine wichtige Rolle bei der Überwindung der deutschen Teilung spielt, gerade als eine Armee von Wehrpflichtigen. Immer wieder überraschend, wie wenig Menschen sich mit dem Problem der inneren Einheit Deutschlands befassen.

Donnerstag, 24. Januar 1991 Rückflug und Befehlshaberbesprechung. Es gibt nach wie vor unterschiedliche Auffassungen über die Anzahl der Offiziere, die als »Soldaten auf Zeit für zwei Jahre« übernommen werden sollen. Von uns wird verlangt, im Haushalt eine detaillierte Begründung für alle Dienstposten zu geben – und das zu einem Zeitpunkt, wo sich ständig alles ändert und wir noch keine Materialabführkonzepte haben. Wir wissen nicht, wie schnell wir die Liegenschaften übergeben können, wer zu welchem Zeitpunkt all die Aufgaben von uns übernimmt, die wir im Augenblick noch zusätzlich ausführen – alles ist ungeklärt. Wir können nur mit der Daumenregel arbeiten – und da wird eine detaillierte Begründung von uns erwartet! Unter diesen Bedingungen wird die Aufbauphase zusätzlich erschwert; das haben noch nicht alle begriffen.

Von den ursprünglich vorhandenen 32 000 Offizieren sind von September bis Januar bereits 22 000 Offiziere ausgeschieden. Jetzt kommt es darauf an, eine neue personelle Struktur aufzubauen. Mehr Offiziere und Unteroffiziere müssen aus dem Westen in die neu aufzustellenden Verbände versetzt werden, wozu wir wenigstens einen finanziellen Anreiz durch angemessene Besoldungen schaffen müssen, da die sonstigen Lebensbedingungen – Unterkünfte, Schulmöglichkeiten und gesellschaftliches Leben – schwer ertragbar sind.

Montag, 28. Januar 1991 Flug nach Marienberg im Erzgebirge. Plötzliche Nebel zwingen zur Notlandung in einem zufällig an der Flugroute liegenden Depot der Bundeswehr. Der Kommandant ist erstaunt, erkennt mich – was mich erfreut –, reagiert sehr schnell und beschafft uns einen Bus, so daß ich weiter nach Löbau zur ehemaligen Offiziersschule fahren kann.

Sie wird aufgelöst, die Liegenschaft soll übergeben, ein Teil zur Abstellung von über zweitausend Panzern genutzt werden. An dem Gespräch mit dem Schulkommandeur, Oberstleutnant Förster, nimmt der Landrat teil, der sich besonders für die gute Zusammenarbeit bedankt und die Initiative lobt, mit der der Kommandeur Ausbildungsmöglichkeiten für die Soldaten geschaffen habe. Trotzdem stellt sich auch hier wieder die Frage manches Soldaten und zivilen Mitarbeiters nach der persönlichen Zukunft. Es ist außerordentlich schwer, darauf allgemein verbindliche Antworten zu geben. Nicht immer wird begriffen, daß die Zukunft auch von der persönlichen Initiative abhängt.

Von den vorgesehenen 2 000 sind schon ungefähr 1 000 Panzer zusammengezogen, die vor der Abstellung entsorgt werden müssen. Der technische Aufwand dafür – Ausbau der Batterien, Ablassen der Kühlerflüssigkeit und vieles mehr – ist hoch, wird aber zuverlässig ausgeführt; es gibt wenigstens etwas Sinnvolles zu tun.

Weiterfahrt mit dem Auto zum MotSchützenRegiment nach Marienberg, eine zweieinhalbstündige Fahrt durch eine hügelige, zum Teil bewaldete Landschaft. Die Straßen sind eng, kurvenreich und voller Schlaglöcher. Der Anblick der Städte und Orte ist deprimierend. Alles ist heruntergekommen, verrottet. Die sozialistische Planwirtschaft hat die Landschaft noch nicht zerstört, aber die Bausubstanz ist oft schon angegriffen.

Die Rekruten auf dem Standortübungsplatz zeigen sich im Gespräch mit mir zuversichtlich. Auf meine Frage, wie es denn mit der Arbeitslosigkeit sei, antwortet mir einer: »Herr General, das ist schwierig. Wenn wir hier keine Arbeit finden, müssen wir in den Westen gehen, ob wir wollen oder nicht.« Und ein anderer fügt hinzu: »Früher mußten wir hier leben, heute wollen wir hier leben, Herr General.« Das ist ein Bekenntnis eines jungen Menschen zu unserem Land.

Beim gemeinsamen Abendessen mit den Offizieren des Regiments halte ich wiederum einen Kurzvortrag, und anschließend diskutieren wir Fragen, die die Soldaten bewegen. Sie können nicht glauben, daß die Bundeswehr am Wochenende nur eine Minimalbereitschaft hatte, während sie in 85prozentiger Bereitschaft standen. Für sie ist nicht nachvollziehbar, warum das bei ihnen so sein mußte. Ein junger Offizier sagt schließlich: »Herr General, dann hätten wir ja mit einem kurzen Angriff am Wochenende bis an den Rhein vorstoßen und alles besetzen können. Ich frage mich heute, warum wir das eigentlich nicht gemacht haben?« Nach dieser spontanen Äußerung erschrecktes Zusammenzucken, verlegenes Lachen bei einigen. Die Gelegenheit ist günstig, und ich erwidere: »Jetzt hat endlich mal einer gesagt, was viele von Ihnen denken! War es nicht so? Aber hätten Sie sich eigentlich zugetraut, die Bundesrepublik anzugreifen und tatsächlich bis an den Rhein vorzustoßen?«

Bei der strategischen Erörterung dieser Frage stellt sich heraus, daß das Problem eines Bürgerkrieges – Deutsche kämpfen gegen Deutsche – in den Vorstellungen der NVA-Offiziere offensichtlich keine Rolle gespielt hat. Wir Deutsche im Westen waren für sie »die anderen« gewesen, sprachen zwar dieselbe Sprache, wurden aber nicht mehr als ein gemeinsames Volk empfunden. Unterschieden sie sich grundsätzlich von ihren gleichaltrigen Landsleuten im Westen?

Dienstag, 29. Januar 1991 Besuch des Verteidigungsbezirkskommandos in Leipzig. Auch hier ist der Übergang seit Oktober ziemlich gut gelungen: alle unterstellten Dienststellen sind aufgelöst, und die neuen Verteidigungskreiskommandos sind in der Aufstellung begriffen. Die Verbindungsaufnahme zu den Sowjets hat geklappt – auch auf örtlicher Ebene sind Kontakte geknüpft worden. Unsere Verbindungsorganisation zu den sowjetischen Truppen in Deutschland nimmt damit an Bedeutung immer mehr zu. In dem Korps- und Territorialkommando, in den Wehrbereichskommandos, Verteidigungsbezirkskommandos bis zur Kreisebene haben wir ehemalige NVA-Offiziere mit russischen Sprachkenntnissen eingesetzt, um die sprachliche Verständigung zu erleichtern und die gemeinsamen Probleme zu lösen.

Für die DDR-Bevölkerung sind die sowjetischen Streitkräfte seit 1945 eine Okkupationsarmee gewesen. Die angeordneten Freundschaftsbekundungen zur Sowjetunion haben daran nichts geändert. Nun müssen sich beide Seiten erst an den neuen Umgang miteinander gewöhnen. Unsere Kommandeure haben auf örtlicher Ebene dafür gesorgt, daß sowohl bei der Zivilbevölkerung als auch bei den sowjetischen Truppen ein großer Teil gemeinsamer Problembereiche angesprochen wurde: Wir können helfen, die Müllabfuhr und die Entsorgung mitzuorganisieren, Fragen der Verkehrsführung zu regeln und vieles andere in die Wege zu leiten, was das Nebeneinanderleben erträglicher macht und unserem Umweltbewußtsein entgegenkommt. Die sowjetischen Kommandeure sind überrascht, mit welcher Offenheit wir von der Bundeswehr auf sie zugehen. Unsere Kommandeure stellen vor Ort häufig die Gesprächsfähigkeit zwischen den sowjetischen verantwortlichen Offizieren und den Vertretern der Kommunen her. Der Weg von einer Okkupationsarmee zu einer Armee, die Gastrecht genießt, ist offenbar nicht ganz einfach.

Der Kommandeur in Leipzig hat die ehemaligen Angehörigen des früheren Wehrbezirkskommandos zum erstem Mal zu einem Dämmerschoppen eingeladen – von 46 eingeladenen Offizieren sind 43 gekommen. Sie sind ausgeschieden, zum Teil im Vorruhestand, zum Teil auf Arbeitssuche. Allgemein besteht aber großes Interesse an einem vernünftigen Umgang miteinander. Völlig neu ist die Erfahrung, daß das Führungszimmer, in dem vorher nur die fünf führenden Offiziere des damaligen Wehrbereichskommandos saßen, nun auch für alle anderen Offiziere geöffnet ist und daß sich sogar der Kommandeur unter sie mischt. Man beginnt, den neuen Führungsstil zu erkennen und reagiert mit Zustimmung. Allmählich zeichnet sich der Wandel ab.

Anschließend besuche ich zwei große Depots. Das eine wird von einem Offizier aus der Bundeswehr West, das andere von einem ehemaligen NVA-Offizier geführt. Der Offizier aus dem Westen ist erst kürzlich eingetroffen und klagt über die vielen Probleme hier, die er im Westen nie gehabt habe. Meine Bemerkung überrascht ihn: »Sie sollen hier nicht gleich nach Weststandard führen, sondern unter den vorhandenen Bedingungen arbeiten und die Sicherheit gewährleisten.« Er solle mir nicht seine Probleme vortragen, sondern erklären, welche Aufgaben er selber lösen könne und wo er meine Hilfe brauche. Allgemeines Problematisieren helfe wenig. Daraufhin erhalte ich einen präzisen, sachlichen Vortrag. Ich bin sicher, daß auch hier die Dinge vorankommen werden.

Der Leiter des anderen Depots, der ehemalige Offizier der NVA, früher Oberstleutnant, jetzt Hauptmann, hat aus den Bedingungen, unter denen er arbeiten muß, das Beste gemacht und ist dabei, die Bundeswehrbestimmungen Zug um Zug einzuführen, ohne viele Diskussionen, konsequent und klar. Ein erfreuliches Bild.

Donnerstag, 31. Januar 1991 Staatssekretär Dr. Carl besucht mit einem Teil der Abteilungsleiter das Bundeswehrkommando. Endlich werden dringend anstehende Entscheidungen gefällt: wir können unter anderem etwa 7000 Offiziere als »Soldaten auf Zeit für zwei Jahre« übernehmen. Das ist die Zahl, um die ich seit Monaten gekämpft habe. Am nächsten Tag erfahre ich im Gespräch im Ministerium, daß die Entscheidung schon vierzehn Tage vorher vom Minister getroffen, uns aber bisher nicht mitgeteilt worden war. Manchmal sollte heiß gegessen werden, was heiß gekocht wurde.

Montag, 4. Februar 1991 Am Nachmittag Gespräch mit Propst Dr. Furian von der evangelischen Kirche Berlin-Brandenburg. Wir haben uns jetzt weiter aufeinander zubewegt und wollen auf Standortebene Pfarrer einsetzen, die Gottesdienst halten, lebenskundlichen Unterricht geben und mit den Soldaten seelsorgerische Gespräche führen können. Dies ist ein hoffnungsvoller Anfang.

Abends Umtrunk mit Obersten aus der Bundeswehr West, die am 1. Februar zu ihrem Dienstgrad befördert wurden und die nunmehr als Dauerverwender im Bereich des Bundeswehr-Kommandos Ost dienen werden. Sie schildern mir die Schwierigkeiten auf ihren verschiedenen Dienstposten bis hin zur Ebene des Stellvertretenden Brigadekommandeurs, aber sie sind zuversichtlich. Umziehen wollen nur diejenigen, die keine schulpflichtigen Kinder mehr haben und deren Frauen nicht berufstätig sind. Aber auch sie haben bisher trotz allen Bemühens keine Wohnung oder kein Haus gefunden. Die Aussichten dafür sind sehr trübe; bisher tut sich überhaupt nichts – weder hüben noch drüben. Zwei der Soldaten wollen sich ein Fertighaus aufstellen.

Dienstag, 5. Februar 1991 Morgens wieder mit der »Antonow« nach Bonn geflogen, um an einer Besprechung über unsere Personalpolitik teilzunehmen. Das Ergebnis ist in unserem Sinne, die Zahlen für »Soldaten auf Zeit« stehen nun endgültig fest, ich kann die Truppe informieren, und wir haben Planungssicherheit. Ich erreiche, daß Soldaten und Beamte aus dem Westen zumindest einen Zwischenumzug in die Nähe der ehemaligen innerdeutschen Grenze bezahlt bekommen, wenn sie auf diese Weise die Entfernung zum Dienstort verringern.

Mittwoch, 6. Februar 1991 Besuch beim Wehrbeauftragten. Gedankenaustausch mit ihm und seinen leitenden Mitarbeitern über unsere Arbeit. Großes Engagement und viel Interesse an dem, was bei uns geschieht. Der Wehrbeauftragte will uns unterstützen und an die Aufgaben herangehen, so wie sie sich stellen. Er bestätigt die Notwendigkeit, mehr Unteroffiziere aus dem Westen in den Osten zu kommandieren, befürwortet die finanzielle Gleichstellung der Wehrpflichtigen und die Reduzierung der Wachbelastung.

Trotz der überwiegend reibungslosen Zusammenarbeit der Offiziere zweier ehemals feindlicher Armeen gibt es vereinzelte Beschwerden auf beiden Seiten. So berichtet mir ein Leutnant der ehemaligen NVA, daß ein Oberleutnant aus dem Westen einem Soldaten befohlen habe, das von ihm wegen des Verlusts seines Bundeswehr-Koppels kurzfristig genutzte NVA-Koppel sofort abzulegen – er würde ja wohl auch nicht mit einem SS-Koppel zum Dienst kommen. Außerdem beschwert sich dieser Leutnant darüber, daß derselbe Oberleutnant und der ebenfalls aus dem Westen stammende Kompaniechef ihn lächerlich zu machen versucht hätten, indem sie ihn vor der Truppe kritisierten und ihm rieten, lieber gleich wegen Untauglichkeit auszuscheiden. Einem jungen Soldaten habe der Kompaniechef empfohlen, das Inlett seines Schlafsacks herauszunehmen, da dieses nur für »dreckige NVA-Offiziere« gedacht sei. Außerdem würden beide Westoffiziere unmäßig Alkohol trinken.

Glücklicherweise handelt es sich hier um Einzelfälle – mir ist bisher nur diese eine Beschwerde über Westoffiziere bekanntgeworden. Sie zeigen aber mögliche Spannungen auf und die Notwendigkeit der Dienstaufsicht, vor allem durch die Kommandeure. Daß menschliche Enttäuschungen nicht ausbleiben, erfahre ich von einem West-Kommandeur, der sich mit seinen Offizieren in einer lebhaften Debatte über Fragen der Inneren Führung auseinandergesetzt hat. Auf der Toilette hört er – unabsichtlich – das Resümee zweier Teilnehmer: »*Den* Wessi haben wir ganz schön reingelegt!«

Nachmittags Teilnahme am Gespräch in Bonn zwischen dem Minister und Generaloberst Burlakow mit seiner Delegation. Burlakow ist eine stürmische Natur, offensiv im Gespräch. Man möchte keinen Streit mit ihm haben. Unklarheit scheint er nicht zu mögen, weshalb es mir angebracht erscheint, unsere Positionen konsequent und unmißverständlich zu vertreten. Er weist auf die Transportschwierigkeiten durch Polen im Zusammenhang mit dem Abzug hin, macht aber deutlich, daß er verpflichtet sei, den Vertrag einzuhalten – auch dann, wenn Mehrkosten auftreten. Außerdem beklagt er, daß nach dem Abzug aus Deutschland insgesamt 200 000 Soldaten in der Sowjetunion in Zelten leben müßten;

die mit den Geldern der Bundesrepublik gebauten Wohnungen reichten nicht aus. Dies sei für ihn nicht machbar, wir müßten deshalb weiterhin helfen und 19 000 zusätzliche Wohnungen bauen. Schließlich erwähnt Burlakow auch die Straftaten von Deserteuren, die in den Westen entkommen seien: ein Regimentskommandeur sei mit einer Geheimwaffe geflohen, ein anderer Soldat, des Mordes verdächtig, sei aus der U-Haft ausgebrochen. Beide hätten um Asyl gebeten und stünden damit unter deutschem Recht, müßten aber wieder ausgeliefert werden. Fast alle von Burlakow erwähnten Probleme liegen außerhalb der Zuständigkeit des Bundesministeriums der Verteidigung. Man kann Verständnis für einige seiner Sorgen haben, aber wir können sie nicht lösen. Das Treffen hat aber zu wechselseitigem Vertrauen beigetragen, Burlakow will mich demnächst besuchen.

Freitag, 15. Februar 1991 Wiederum Flug mit der »Antonow« nach Bonn, um dort mit meinen führenden Mitarbeitern unser Auflösungskonzept zum 30. Juni vorzutragen. Eine schwierige Frage ist, wer die Aufgaben übernimmt, die nach Auflösung des Bundeswehr-Kommandos Ost außerhalb der Teilstreitkräfte in der Übergangsphase gelöst werden müssen. Es handelt sich im wesentlichen um die Materiallager, für die in der Bundeswehr keine Verwendung mehr besteht. Nach unserem Verständnis muß die Hauptabteilung »Rüstung« das Material übernehmen und entsorgen, aber sie ist darauf nicht vorbereitet und hat dafür auch kein Geld. Die Entscheidungen drängen, aber wir müssen abwarten.

Abends Rückflug, Arbeit im Stab, Gespräch mit dem Vorstand des Verbandes der Reservisten der Bundeswehr. Sie wollen ehemalige NVA-Reservisten in ihren Verband aufnehmen. Ich mache sie darauf aufmerksam, daß diese nur dann »Reservisten der Bundeswehr« werden können, wenn sie auch vorher bei der Bundeswehr gedient haben und die Bundeswehr kennen. Der Verband kann nicht jeden Interessenten aufnehmen, nur um die Zahlen zu erhöhen.

Montag, 18. Februar 1991 Morgens anderthalbstündiges Gespräch mit Generaloberst Burlakow und Generalmajor Foertsch. Aufgrund der persönlichen Beziehungen, die wir inzwischen haben, können wir die schwierigen Aufgaben besprechen. Burlakow spricht die bekannten Probleme an: Desertion, Wohnungsbau, Transportkosten. Er sucht Kontakt mit uns und möchte Gesprächspartner haben, die Verständnis für seine Schwierigkeiten zeigen, sie nach Bonn weiterleiten und nach Möglichkeit auch Abhilfe schaffen. Im Verlauf des Gesprächs wird die große Bereitschaft zur Zusammenarbeit in allen Fragen des Abzugs aus Deutschland erkennbar, und wir bestätigen die Notwendigkeit unserer direkten Telefonverbindung.

Anschließend wird das Abkommen über die Nutzung des Luftraums mit einem Vertreter des Bundesministers für Verkehr und dem Inspekteur Luftwaffe unterzeichnet. Ein weiterer Schritt in der Durchsetzung unserer Souveränität.

Dienstag, 19. Februar 1991 Besuch der Raketentreibstoffbasis, einem Zentrallager für Oxidate und Treibstoffe für die Flugabwehrraketen. Das Lager ist randvoll, und die Verwertung ist zwingend geboten, um weitere Verbände auflösen zu können. Wir lösen Flakverbände auf und geben die Waffensysteme ab, aber Treibstoff und Oxidator sind nirgends unterzubringen. Erst sobald neue Lagerkapazität geschaffen oder der Raketentreibstoff entsorgt wird, kann dies geschehen. Bis dahin müssen die Kasernen streng bewacht werden, um den Betriebsstoff unbefugtem Zugriff zu entziehen.

Die Raketentreibstoffbasis liegt gut versteckt im Wald – ohne jedes Hinweisschild. Die Bevölkerung weiß zwar, daß dort etwas ist, aber keiner weiß, was. Hier treffe ich zum ersten Mal auf einen Offizier, bei dessen Vortrag ich mir nicht sicher bin, ob er aus der Bundeswehr West oder ehemaliger NVA-Angehöriger ist. Erst nach fünf Minuten wird an verschiedenen Formulierungen deutlich, daß er ein ehemaliger NVA-Angehöriger ist: »Wir treffen folgende Maßnahmen.« »Das Objekt auf dem Territorium der Gemeinde XY wird von den Organen besonders gesichert.« »Gestatten Sie, daß ich fortfahre.« »Herr Generalleutnant, Ende meines Auskunftsberichtes.« In der NVA hatte sich ein bestimmtes Sprachbild entwickelt, das einer weiterführenden Untersuchung wert wäre. »Herr Generalleutnant, gestatten Sie, daß wir mit der Maßnahme beginnen…«, war die häufigste Floskel. Ein General »gestattete«, und mit dem Begriff »Maßnahme« wurde von der Abendeinladung, der Übung bis zur Besprechung alles bezeichnet – auch die Arbeit der Kader in den Kollektiven.

Anschließend Besuch eines ABC-Abwehrbataillons. Das übernommene Material zeugt davon, daß die NVA damit rechnete, sich gegen chemische Waffen schützen zu müssen. Man hatte viel konsequenter gedacht und gehandelt als wir in der Bundeswehr! Der für ein halbes Jahr eingesetzte West-Kommandeur hat zugleich eine Patenschaft mit seinem alten Verband aus dem Westen und bekommt von dort viel praktische Unterstützung, die er dringend braucht.

Der Aufbruch wird erkennbar

Mittwoch, 20. Februar 1991 Flug nach Eggesin mit eingeladenen Journalisten aus Ost und West zu unserer Pressereise, um ihnen an konkreten Beispielen zu zeigen, unter welchen Bedingungen wir arbeiten, in welchem Zustand wir die Infrastruktur übernommen haben und was sich von Oktober bis Februar schon verändert hat. Ich selbst bemerke erhebliche Fortschritte in allen Bereichen seit meinem Besuch Mitte Oktober. Handwerker renovieren in den Kasernenblocks, die Küchen werden erneuert, Großspülmaschinen werden ausgepackt und aufgebaut. Die Ausbildung beginnt sich zu normalisieren – mit tatkräftiger Unterstützung aus dem Westen. Die Unmengen überzähligen militärischen Geräts werden zusammengefaßt, und die Wachbelastung kann wenigstens etwas vermindert werden. Ein Teil der Offiziere und Unteroffiziere ist schon als Soldat auf Zeit übernommen – den Worten folgen Taten. Aber auch »Eigentore« beschäftigen uns. So wird einem Kommandeur, der aus dem Westen in den Osten abgeordnet ist und hier über die Standortverwaltung eine Zweizimmerwohnung gemietet hat, von derselben Verwaltung gleich wieder gekündigt, da er nicht wirklich umzugswillig sei und sein Wohnungsanspruch damit entfalle. Laut Wohnungsvergabebestimmungen werde nur der als umzugswillig eingestuft, der mit seiner Familie umziehe. Aber wer hat denn schon bei der Erstellung der Wohnregelungen im Westen an die späteren Wohngegebenheiten im Osten gedacht? Es gibt in Eggesin weder einen funktionierenden Wohnungsmarkt, noch ein Offizierswohnheim. Dieses Thema nehme ich bei weiteren Besprechungen auf.

Die Journalisten erfahren, daß Ost und West zusammenarbeiten und zusammenwachsen. Die »neuen« Offiziere bestätigen, daß es auch für sie um die gemeinsame Zukunft geht, und erläutern, wie die Westoffiziere ihnen hierbei helfen. Die aus dem Westen kommenden Offiziere haben hier einen Auftrag, der erkennbar weit über den Truppenalltag im Westen hinausgeht. In besonderem Maße sind wir auch in der Öffentlichkeitsarbeit gefordert. Unsere Offiziere vertreten den Westteil der Bundesrepublik – als Staatsbürger in Uniform.

Der Divisionskommandeur hat mit Landräten Verbindung aufgenommen, mit den Schulen, mit den Kirchen und durch eine Vielzahl von Initiativen dafür gesorgt, daß im regionalen Bereich die Bundeswehr als eine andere Armee wahrgenommen wird, daß der Osten unseres Landes sich uns aufschließt. Zusammen mit dem Arbeitsamt und den örtlichen Industrien hat er sich für die Berufsqualifizierung und Stellenvermittlung seiner Soldaten eingesetzt. So ist es ihm gelungen, im Zusammenwirken mit einer Industrie- und Handelskammer Fortbildungsveranstaltungen zu organisieren und anschließend Soldaten in zivile Berufe zu vermitteln – das schafft Glaubwürdigkeit und Vertrauen. Im Ministerium, so höre ich, verursache sein Eifer bereits den Verdacht, er überschreite die Grenzen seines Auftrags; ich unterstütze ihn.

Während eines Herrenabends haben die Journalisten Gelegenheit, mit Offizieren, Unteroffizieren und Mannschaften aus dem Bereich Eggesin zu sprechen. Die Journalisten aus dem Osten sind über die Offenheit erstaunt, mit der die Gespräche geführt werden. »Kriegen Sie damit keinen Ärger, Herr General?« fragt man mich.

Donnerstag, 21. Februar 1991 Die Pressereise führt zur Luftwaffe in Trollenhagen, einem Radarführungsbataillon. Man führt uns die völlig neuen Aufgaben vor, die sich aus der nationalen Lufthoheit ergeben haben. Die Journalisten sind überrascht, wieviel Ost-Gerät übernommen werden mußte, um diese Aufgabe erfüllen zu können, und wie wenig Offiziere und Unteroffiziere aus dem Westen die Führung sicherstellen.

Im Ergebnis eine lohnende Reise unter der Überschrift: »Bundeswehr-Kommando Ost auf dem Weg zur Bundeswehr und zur Normalität in der Ausbildung«. Es ist zwar noch eine ziemliche Wegstrecke, aber wir werden sie bewältigen. Die Journalisten aus den fünf neuen Ländern haben in den Gesprächen mit den Soldaten und beim Herrenabend in Eggesin erlebt, was die Bundeswehr von der NVA unterscheidet. Ich selbst brauche nicht mehr viel nachzutragen.

Montag, 25. Februar 1991 Flug nach Lüneburg zur Panzerbrigade 8, um dort Wehrpflichtige aus Ost und West in der gemeinsamen Ausbildung zu sehen. Die Brigade 8 ist in der Zusammenarbeit mit der 9. Panzerdivision in Eggesin besonders engagiert. Eine größere Zahl der in Lüneburg stationierten Offiziere und Unteroffiziere befindet sich im Osteinsatz, ein Teil aber ist schon zurückgekehrt. Die Soldaten berichten mir, was sie im Osten erlebt haben. Der Einsatz vor Ort hat offenbar zur intensiven Auseinandersetzung mit den dortigen Gegebenheiten, auch zur Identifikation mit der östlichen Bundeswehr geführt. Man erwartet aber auch von den ehemaligen Angehörigen der NVA – Offizieren wie Unteroffizieren – einen aufrichtigen Umgang miteinander.

Ein Hauptfeldwebel sagt mir, er sei nach Eggesin gegangen, weil es ihm befohlen worden sei. Nachdem er aber die Verhältnisse im Osten kennengelernt und gesehen habe, was dort alles geleistet werden müsse, überlege er sich, ob er sich jetzt für längere Zeit dorthin versetzen lassen solle.

Ein junger Stabsunteroffizier aus Lüneburg schildert mir seine Erfahrungen in einer östlichen Kaserne in einem schriftlichen Bericht. Da er stellvertretend für die Eindrücke und Erlebnisse von vielen anderen ist, soll daraus zitiert werden:

Der Zeitraum, der diesem Bericht zugrunde liegt, sind die ersten sieben Wochen der allgemeinen Grundausbildung in der 4. Kp MotSchtzReg 9 vom 1. Januar bis zum 15. Februar 1991.

Die Aufnahme in der 4. Kompanie am 2. Januar 1991 war sehr freundlich und es wurden keine ablehnenden Haltungen unter den Dienstgraden der Bundeswehr-Ost und Bundeswehr-West spürbar. Sehr schnell entwickelten sich zwischen den Dienstgraden Gespräche, die aber zu Beginn noch eine gewisse Distanz erkennen ließen.

Die Probleme ergeben sich im Ausbildungsdienst und im unterschiedlichen Interesse der Dienstgrade der Bundeswehr-Ost an der eigenen beruflichen Weiterbildung. So habe ich oft den Eindruck, daß bei vielen Dienstgraden der Bundeswehr-Ost die Motivation fehlt, umzulernen bzw. dazuzulernen, um so lieber an den ehemaligen »NVA-Ausbildungsmethoden« festzuhalten.

Einen wesentlichen Beitrag zu dieser fehlenden Motivation hat bei den Dienstgraden der Bundeswehr-Ost das Warten auf die Übernahme in das Arbeitsverhältnis als Soldat auf Zeit 2. Die Folge für uns Unteroffiziere der Bundeswehr-West ist, daß wir die fehlende Einsatzbereitschaft der Dienstgrade der Bundeswehr-Ost versuchen müssen auszugleichen. Dieses ist nur durch zusätzliche Belastungen wie z.B. zusätzliche Selbststudien und Vorbereiten mehrerer Ausbildungen zur gleichen Zeit möglich.

Es ist aber bereits deutlich zu erkennen, daß einige der Dienstgrade der Bundeswehr-Ost sich wirklich bemühen, in ihrem Auftreten, der Ausbildungsvorbereitung und der Ausbildungsdurchführung sich dem Stand der Bundeswehr-West anzupassen.

Ganz andere Probleme zeigen sich im Vergleich der Unteroffiziere ohne Portepee der Bundeswehr-Ost und West hinsichtlich der Aufgaben im Innendienst. Die Unteroffiziere der Bundeswehr-Ost sind nicht in der Lage, die Aufgaben des UvD selbständig durchzuführen. Sie können sich gegenüber ihren Untergebenen in keiner Weise durchsetzen. Daher fungieren wir Unteroffiziere der Bundeswehr-West als Unter-

stützer des UvD, damit die Pflichten des UvD innerhalb unserer Kompanie überhaupt durchgeführt werden.
(...)
Innerhalb der Kaserne kommt es oft zu Zwischenfällen, bei denen mich, während des Führens eines Zuges, Soldaten anderer Kompanien durch Zurufe, wie zum Beispiel »XY, Abteilung halt, links zwei drei, Achtung« usw. versuchen, lächerlich zu machen. Auch der Zug wird durch Zurufe ebenfalls beeinflußt. In diesem Fall fehlen mir die Möglichkeiten, gegen dieses Verhalten vorgehen zu können, da es innerhalb der Kaserne, im Falle einer vorläufigen Festnahme, noch nicht einmal eine Arrestzelle gibt und die Soldaten der anderen Kompanien jeden Befehl ignorieren. Die Ursache für dieses Verhalten liegt eindeutig in der Führung der Kompanien. So ist der gute Leistungsstand unserer Kompanie nur auf den hohen Anteil von Dienstgraden Bundeswehr-West in den einzelnen Zügen und eines KpFw (Kompaniefeldwebel) in der KpFührung zurückzuführen.
(...)
Zum Reinigen selber ist zu sagen, daß bei den Dienstgraden der Bundeswehr-Ost kaum ein Gespür für Hygiene und Sauberkeit vorhanden ist. Erst durch »Lehrvorführungen« des Revierreinigens durch Dienstgrade der Bundeswehr-West wurde der Eindruck vermittelt, wie ein Unterkunftsbereich in einen hygienischen Zustand versetzt werden kann. Trotz alledem bleibt festzustellen, daß gerade im Bereich Toilette und Waschraum es nicht möglich ist, einen einigermaßen sauberen Bereich herzustellen.
(...)
Auch die Warmwasserversorgung ist unzureichend geregelt. Die Ursache liegt in den defekten E-Boilern, die nicht mehr instand gesetzt werden können. Der Einbau von neuen E-Boilern wird in Eigeninitiative durch Dienstgrade der Bundeswehr-West organisiert. Aber nicht nur die sanitären Anlagen lassen zu wünschen übrig, sondern auch der gesamte Unterkunftsbereich. Es können überhaupt keine hygienischen Verhältnisse geschaffen werden, da allein durch die Kohleöfen und den Kohlenkeller eine solche Verschmutzung innerhalb des Gebäudes besteht, daß die gewünschte Sauberkeit, die durch das Revier- und Stubenreinigen hergestellt werden soll, nicht lange anhält. Das gründliche Reinigen der Flure wird zu dieser Jahreszeit durch die tiefen Außentemperaturen zusätzlich erschwert, da das Wischwasser gefriert. Innerhalb der Stuben sind die räumlichen Gegebenheiten auch unzureichend. Tapeten lösen sich von den Wänden und Decken, Wände fangen an zu bröckeln, so daß es den Soldaten so gut wie unmöglich ist, die Stuben

einigermaßen ordentlich und lebenswert zu halten. Das einzige, was diesen Zustand zur Zeit noch tragbar macht, ist offenbar, daß die Soldaten solche Gegebenheiten gewohnt sind und sich nicht beschweren. (...)

Mit den Rekruten aus den fünf neuen Ländern haben die westlichen Ausbilder durchweg gute Erfahrungen gemacht. Nach kurzer Zeit konnten »Ossis« und »Wessis« nicht mehr voneinander unterschieden werden, abgesehen von mundartlichen Merkmalen. Die jungen Soldaten aus dem Osten zeigen sich außerordentlich einsatzfreudig und aufgrund ihrer vormilitärischen Ausbildung auf den militärischen Dienst auch besser vorbereitet als ihre Kameraden im Westen.

Ihre Schüchternheit und Unsicherheit haben sie abgelegt, gehen aber nach Abschluß der dreimonatigen Grundausbildung mit gemischten Gefühlen zurück in die östliche Heimat. Sie freuen sich natürlich auf ihre Freunde, auf die Familie und das vertraute Umfeld, und es bedrückt sie auch nicht, in die ärmlichen Verhältnisse daheim zurückzukehren. Sie sind bereit, am Aufbau des ausgebeuteten und heruntergewirtschafteten Landes mitzuhelfen. Manche befürchten aber, in die Hände ehemaliger NVA-Soldaten zu kommen und geschunden zu werden oder wieder in ihre Abhängigkeit zu geraten. Sie hoffen auf die Auswirkung der Inneren Führung und die Personalauswahl in der Bundeswehr, sind aber noch skeptisch und abwartend. Kann man es ihnen verdenken? Ich erläutere noch einmal ihre Rechte als Soldat und was wir tun, um zu einer geordneten Ausbildung zu kommen. Wir Vorgesetzte – besonders aus dem Westen – sind auch hier in der Pflicht.

In meiner Gegenwart diskutieren die Rekruten darüber, ob es bleibende Errungenschaften aus der DDR-Zeit gibt. Eine hitzige, sehr emotionale Debatte. »Du kannst doch nicht sagen, daß alles vergebens war«, wirft ein Rekrut aus Frankfurt/Oder seinem Kameraden aus dem Westen vor. »Mein Vater war genauso fleißig wie deiner, nur habt ihr eben das Glück gehabt, im Westen zu wohnen.« Damit hat der junge Mann zur Sprache gebracht, was viele beschäftigt: War denn alles, was getan wurde, vergebens? Ist eine ganze Generation um ihr Leben betrogen worden?

Dienstag, 26. Februar 1991 Besuch des MotSchützenRegiments in Mülhausen, einem Verband, der aufgelöst wird. Auf der Fahrt durch die »grenznahen« Gemeinden sehe ich überall Bau- und Renovierungsarbeiten, alles bekommt Farbe, auch die Dörfer.

Gespräch mit den Offizieren. Sie warten auf die Übernahme als »Soldat auf Zeit für zwei Jahre« und auf die Entscheidung über ihren künftigen neuen Standort, sobald dieser Verband aufgelöst ist. Sie sind überzeugt davon, bald in einer gemeinsamen Armee zu sein.

Ich lasse mir den gesamten Materialbereich und die Lager zeigen und stelle fest, daß die Unmengen von Waffen und Ersatzteilen, Geräten und Zusatzausrüstungen mit normaler Routine weder zu »bearbeiten« noch im Sinne unserer Bestimmungen zu bewältigen sind. So sortieren in einer circa fünfhundert Quadratmeter großen Lagerhalle zwei Hauptfeldwebel und ein Lagerarbeiter die Ersatzteile und Ausrüstung, um sie für die Verwertung vorzubereiten. Die Halle ist mit Regalen vollgestellt, die bis unter die Decke angefüllt sind. Die Männer stehen auf Leitern und werfen Teile von oben in große Container herunter – ein fast surrealistischer Anblick. Auf meine Frage nach der vermutlichen Dauer ihrer Tätigkeit antworten sie, daß sie Monate brauchten, um den Materialbestand auch nur eines Lagers zu erfassen. In einem MotSchützenRegiment aber gibt es sieben bis zehn solcher Lager. Hier führt deutscher Ordnungssinn zu einem sinnlosen »Arbeitsbeschaffungsprogramm« – erst mit viel Aufwand bis ins Detail katalogisieren und dann verschrotten. Ich lasse das Katalogisieren deshalb später einstellen und das Materialzubehör der zu zerstörenden Waffensysteme nur noch nach Gewicht erfassen, was den Vorschriften widerspricht.

Um das Großgerät zu Sammelplätzen und zur Bahn zu transportieren, fehlen zunehmend Fahrer. Es ist absehbar, daß als Kraftfahrer bald nur noch Offiziere zur Verfügung stehen. Das Zusammenfassen der 2500 Panzer, 2350 Artilleriegeschütze und über 7000 Schützenpanzer in neu eingerichteten Sammellagern erfolgt mit der Reichsbahn durch Eisenbahntransporte. Unsere Zeitpläne sind nicht einzuhalten, da die Verkehrsführung und Transportleistung noch nicht effektiv aufeinander eingespielt sind. Wir müssen im gesamten Kommandobereich dennoch »auf Tempo fahren«, weil der Personalbestand in den Verbänden immer mehr abnimmt und wir die neuen Verbände erst aufstellen können, wenn das alte Material abgezogen ist.

Anschließend Besuch einer Untertageanlage, die technisch perfekt ausgestattet ist und weiterhin genutzt wird. Sie kann unter Tage von zwei Güterzügen gleichzeitig bevorratet werden, ist besonders geschützt und hat 30000 Quadratmeter belüfteten Stauraum; dort können wir die Masse der 1,2 Millionen Handfeuerwaffen lagern.

Mittwoch, 27. Februar 1991 Morgens Gespräch mit dem katholischen Bischof von Berlin. Er ist sehr anteilnehmend, der Bundeswehr gegenüber aufgeschlossen und unterstützt die Militärseelsorge. Wir haben einen lebhaften Gedankenaustausch, und ich kann viele Fragen im Detail beantworten. Die katholische Kirche tritt uns sehr offen entgegen.

Am späten Nachmittag wieder Befehlshaberbesprechung bis tief in die Nacht. Die Übernahme zum »Soldaten auf Zeit« ist endlich genehmigt und kann zügig vorgenommen werden. Leider haben wir in manchen Bereichen noch erhebliche Probleme: in der Truppenverwaltung, bei der Besoldung und der gesamten Übernahme der ehemaligen Finanzökonomie. In der neu aufzubauenden Truppenverwaltung, die sich unterhalb der Ebene des Korps/Territorialkommandos ausschließlich aus ehemaligen Mitarbeitern der ehemaligen »finanzökonomischen Organe« zusammensetzt, werden erhebliche Besoldungsschwierigkeiten erkennbar. So verdienen die eingesetzten Leiter weniger als ein Teil ihrer Mitarbeiter, die ehemals Stabsoffiziere waren. Die ehemaligen NVA-Stabsoffiziere sind im Dienstverhältnis besonderer Art. Auf Dauer können sie nur als Angestellte oder Beamte im Bereich der Truppenverwaltung eingesetzt werden. Wechseln sie aber jetzt im Februar in ein ziviles Dienstverhältnis über, können sie nur nach dem Rahmenkollektivvertrag der DDR bezahlt werden und würden dann für ihren Dienstgrad weniger Gehalt bekommen als Arbeitslosenunterstützung. So behalten wir diese Offiziere als Truppenverwaltungsbeamte zunächst im Dienst, denn im Falle ihres kurzfristigen Ausscheidens könnten Gehälter, Wehrsold und Renten nicht mehr bezahlt werden.

Eine Verbesserung der finanziellen Lage und eine leistungsgerechte Besoldung sind erst dann möglich, wenn der Bundesangestelltentarif und die Beamtenstellung kommen. Keiner weiß genau, wann dies geschieht: man hofft auf den 1. Juli. In einem der Kommandobereiche sind beispielsweise 22 Leiter der Truppenverwaltungen niedriger eingestuft als einige der ihnen unterstellten Soldaten. Und in einem anderen Divisionsbereich sind von 28 Leitern der Truppenverwaltung nur noch 13 vorhanden. Die übrigen haben der unklaren finanziellen Situation ein sicheres ziviles Arbeitsverhältnis vorgezogen. Diese Schwierigkeiten haben unmittelbare Auswirkungen auf den Truppenalltag: Die häufig an wechselnde Standorte versetzten West-Soldaten erhalten erst nach Wochen oder Monaten das ihnen zustehende Trennungsgeld oder die Reisekosten – ebenso kommen viele Fehler bei der Renten- und Gehaltszahlung vor, bei all den unvermeidlichen Schwierigkeiten ein zusätzliches Ärgernis. Später wird sich sogar herausstellen, daß noch bis Ende 1991 die Gehaltszahlung für Tausende von Mitarbeitern fehlerhaft erfolgt.

Das eigentliche Problem ist aber nach wie vor die Zusammenführung von Waffen und Munition. Wir befinden uns hier in einer schwierigen Lage: Denn wenn in absehbarer Zeit die besonderen Munitionslagervorschriften des Westens eingeführt werden sollten, müßte eine vollkommen neue Lagerkonzeption entwickelt werden, die dazu führen würde, daß wir mindestens dreißig Prozent der nicht benötigten Munition (circa 90000 Tonnen) nicht mehr unterbringen könnten und in den Westen transportieren und später dort entsorgen müßten. Daß diese Transporte in den Westen – abgesehen von dem hohen Kostenaufwand – in der Öffentlichkeit unweigerlich auf heftigen Widerstand stoßen würden, liegt auf der Hand. Dabei würde wahrscheinlich keine Rolle spielen, daß es aufgrund der auch zu DDR-Zeiten strengen Munitionsbestimmungen seit Bestehen der NVA keine Unfälle gegeben hat. Es bleibt festzustellen, daß diese vormaligen Lagerbestimmungen anders, aber offenbar sicher waren.

Für uns ist es deshalb sehr wichtig, daß Truppenteile erst dann endgültig aufgelöst werden können, wenn wir die Munition aus den Standorten abziehen können. So erzwingt die Kraft des Faktischen also eine Verlängerung der Ausnahmegenehmigung.

Donnerstag, 28. Februar 1991 Morgens Gespräch mit zwei entlassenen NVA-Generalen, die als Berater im Bereich des Bundeswehr-Kommandos Ost eingesetzt sind. Wir haben schon mehrfach über die aktuellen Fragen gesprochen und können offen miteinander reden. Gibt es Tendenzen zur Unruhe, aufrührerische Stimmungen unter den ehemaligen NVA-Offizieren, die zu unliebsamen Überraschungen führen könnten? Ich habe immer wieder von Gerüchten gehört, unzufriedene Offiziere könnten sich mit anderen unzufriedenen Gruppierungen der Gesellschaft solidarisieren und die neue Führung bedrohen. Meine Gesprächspartner jedoch schildern mir die Stimmung zwar als angespannt, aber insgesamt kontrolliert. Die ehemaligen Angehörigen der NVA würden unsere Bemühungen – die vielfältigen Initiativen örtlicher Kommandeure und die regelmäßigen Informationen der Truppenangehörigen – durchaus anerkennen. Mit der Übernahme zum »Soldaten auf Zeit« sei ein wichtiger Schritt erfolgt – dem Reden folgten nun endlich Taten, das sei entscheidend.

Für die individuelle Situation der ausgeschiedenen Offiziere gibt es keine generelle Lösung. Die über Fünfzigjährigen haben ihre Vorruhestandsregelung und können davon leben. Vierzig- bis Fünfzigjährige nehmen berufsqualifizierende Ausbildung wahr und hoffen anschließend auf einen Job, vielleicht einen Beruf. Sie haben die größten Sorgen, ob sie wegen ihres Alters wieder in den Arbeitsprozeß eingegliedert werden können. Die jüngeren Offiziere wollen, falls sie ausscheiden, auf jeden Fall einen richtigen Neuanfang – aber sie müssen erst lernen, wo und wie man das macht. Sicherlich für den einzelnen nicht so einfach – aber es gibt manche Chance.

Meine Berater berichten mir von dem Konfliktstoff, den es in den ehemaligen NVA-Wohnsiedlungen in Strausberg gibt. In einem Block mit acht bis zehn Wohnungen leben zum Beispiel nur noch zwei oder drei Offiziere, die bei der Bundeswehr dienen. Die anderen Mieter – alles ehemalige Soldaten – sind entweder auf eigenen Antrag oder von uns aus der Bundeswehr entlassen worden. Jetzt prallen die Meinungen aufeinander: »Man schwört im Leben nur einmal«, werfen die Unbelehrbaren oder Enttäuschten denen vor, die ihre Chance in der Bundeswehr nutzen wollen. Und manch einer findet den Gedanken empörend, in der Bundeswehr weiterzudienen, nachdem man zwei Dienstgrade herabgestuft worden ist.

Auseinandersetzungen sind unvermeidlich, da in Strausberg auch viele Generale und Admirale wohnen, die noch nach der demokratischen Wende in der NVA wichtige Funktionen hatten. Für einen Teil der Offiziere, die bei uns ihre Pflicht erfüllen, ergeben sich Spannungen in dem alten Loyalitätsverhältnis zu ehemaligen Vorgesetzten, mit denen sie jetzt noch nachbarschaftlich auskommen müssen. Daß die Familien, auch Kinder, davon nicht unberührt bleiben, ist unvermeidbar. So müssen sich alle unter Kontrolle haben, jetzt aber glücklicherweise jeder sich selbst, nicht – wie früher – den anderen!

Die beiden NVA-Generale empfehlen mir, alle 1990 noch im Dienst gewesenen NVA-Generale und Admirale zu einer gesprächsweisen Information über die Aufgaben und die Arbeit der Bundeswehr einzuladen. Nach einer heftigen, mit großer Anteilnahme geführten Pro-und-Kontra-Debatte im Stab lehne ich den Vorschlag später ab. Eine einzige böswillige Schlagzeile im ›Neuen Deutschland‹ oder in einer anderen Zeitung könnte die Redlichkeit aller unserer Bemühungen in Frage stellen und viel guten Willen über Nacht zunichte machen. In der Bevölkerung könnte der Eindruck einer neuen Kumpanei zwischen den Generalen aus Ost und West entstehen. Übereinstimmung herrscht darüber, daß alle unsere Kräfte zunächst der Gegenwart gehören, daß die Wunden der Vergangenheit noch zu frisch sind, um die Geschichte aus dem nötigen Abstand betrachten zu können.

Erhebliche Unruhe war bei den ehemaligen Offizieren – besonders bei den Generalen – auch entstanden, als im November und Dezember vergangenen Jahres auf meine Veranlassung hin 8 500 Telefondienstanschlüsse in den Wohnungen abgeklemmt wurden. In der NVA hatten viele Offiziere Wohnungsdienstanschlüsse und konnten mit ihrem Telefon über das Stabsnetz der NVA quer durch die damalige DDR telefonieren. Nach der Wende konnten sie über dieses Netz auch mit allen Dienststellen der Bundeswehr Verbindung aufnehmen und somit ein effizientes Informationssystem aufrechterhalten. Aber unabhängig davon gab es ja vor allem keine dienstliche Notwendigkeit mehr für das Vorrecht eines besonderen Telefonanschlusses, und wir wollten weder neue Privilegien verteilen noch alte bestätigen. Denn ein Telefonanschluß war – für uns Westdeutsche im Osten eine neue Erfahrung – nach dem 3. Oktober ein besonders kostbares, weil so seltenes Gut. Nach Diskussionen mit unseren Rechtsberatern und Fachleuten hatte ich daher entschieden, daß die Wohnungsdienstanschlüsse nach einer individuellen Prüfung durch die zuständigen Zwischenvorgesetzten aufgehoben werden sollten. Nur besondere soziale Gesichtspunkte rechtfertigten einen Anschluß, zum Beispiel die schwere Erkrankung eines Familienmitgliedes, für das jederzeit ein Arzt erreichbar sein mußte. Aber auch in strukturschwachen, abgelegenen Gegenden wurde ein Telefon zugestanden, wenn es zur beruflichen Tätigkeit unabdingbar war. Alle anderen Verbindungen aber wurden konsequent gekappt, jedem Betroffenen freigestellt, einen Fernsprechantrag zu stellen – wie es auch jeder andere Bürger in den fünf neuen Ländern tun mußte, der ein Telefon wünschte. Nicht verwunderlich, daß gerade aus dem Bereich der Generalität viele Beschwerden ob dieser »einschneidenden« Maßnahmen kamen. Ich bezweifle, daß ein eventuelles Gespräch mit den Betroffenen zu irgendwelchen Ergebnissen geführt hätte.

Anschließend Besuch bei der modernsten Flakraketenabteilung der Luftwaffe, die mit einem Raketensystem ausgerüstet ist, das erst 1985 unter größter Geheimhaltung eingeführt wurde. Die Elektronik ist offenbar veraltet, groß und aufwendig, aber sehr leistungsfähig. Die mehr als sechzig, mit Flüssigtreibstoff angetriebenen Raketen sind in einer riesigen Anlage mit viel Technik, hohem Personalaufwand und hohen Betriebskosten bereitgehalten. Sie stehen in Betonbunkern, werden bei Alarm auf Schienen ins Freie gefahren und feuerbereit gemacht. Die jungen Offiziere – sie haben zum größten Teil mehrere Jahre in der Sowjetunion studiert und sind Meister ihres Faches – führen mir das System voller Stolz vor.

Bis zur Wende herrschte hier strengste Geheimhaltung, weshalb in der Nachbarschaft hartnäckige Gerüchte kursierten, daß im Kasernengelände Atomraketen stationiert und sowjetische Soldaten versteckt seien. Um diesem Verdacht ein Ende zu machen, bitte ich Journalisten der Umgebung zu einem Pressegespräch. Der zuständige Kommandeur erläutert die Funktion seines Verbandes. Für die Journalisten ist es ein vollkommen ungewohntes Gefühl, das militärische »Objekt« von innen besichtigen zu können und das Waffensystem vorgeführt zu bekommen, mit dem die Truppe ausgestattet war. Wieder wird mir deutlich, daß wir nicht nur offen Auskunft geben, sondern buchstäblich die Tore öffnen müssen. Nur damit gewähren wir Einblicke und beweisen, daß es nichts zu verbergen und nichts zu verstecken gibt.

Die jungen Offiziere machen bei unseren Gesprächen einen aufmerksamen Eindruck, sind noch etwas verschüchtert, aber lernbereit. Sie wollen ihre Fähigkeiten und ihren guten Willen beweisen und sind stolz, daß ich ihr Engagement lobe. Einer der Offiziere ist nach der Wende in einem kleinen Ort zum Bürgermeister gewählt worden, was eine ansonsten ungewöhnliche Nähe zur Bevölkerung zeigt. Denn alle anderen Offiziere wohnen in ihrer Wohnanlage – abseits des Ortes und der nahegelegenen Stadt und ohne jeden Kontakt dorthin. Die konsequente Abschottung war bis zur Wende offenbar beabsichtigt. Auf jeden Fall sollte verhindert werden, daß Offiziere oder Familienangehörige der Öffentlichkeit Auskunft über das Waffensystem gaben, das hier beherbergt war. Und tatsächlich ist erstaunlich, wie gut dieses Geheimnis bewahrt worden ist.

Am Nachmittag Gespräch mit dem zuständigen Abgeordneten des Landtages für den Kreis Strausberg. In Strausberg haben wir von der NVA ein Kultur- und Sportzentrum »geerbt«, das vorher den gesamten Kultur- und Sportbetrieb in Strausberg aufrechterhalten hatte und weit und breit das einzige Hallenbad besaß. Aufgrund unserer angestrengten Finanzlage habe ich den Auftrag, das Zentrum zum 31. März aufzulösen, aber meine Mitarbeiter und ich sind uns einig, daß wir dies auf gar keinen Fall tun werden. Wir können der Öffentlichkeit nicht erklären, daß nach der friedlichen Wende die Kinder wegen fehlender »Zuständigkeiten« nicht mehr ins Hallenbad gehen und keinen Sport mehr treiben können. Übergangsregelungen müssen gefunden werden, da die Stadt Strausberg und das Land Brandenburg noch nicht zahlungsfähig sind. So verständigen wir uns auf einen Kompromiß mit der Bundeswehrverwaltung und der Stadt. Danach soll Strausberg das Zentrum erst ab 30. Juni 1991 übernehmen, so daß wir es erst mit der Auflösung des Bundeswehrkommandos zum 1. Juli übergeben werden – auch das gehört zu unserer Glaubwürdigkeit.

Montag, 4. März 1991 Besuch des Bundesministers in Strausberg. Wir tragen ihm unsere Probleme vor, die zum großen Teil bekannt und geläufig sind. Er sagt in allen konkreten Fragen Unterstützung und schnelle Entscheidungen zu.

Abends habe ich die soeben beförderten Generale eingeladen. Endlich sind die dazu nötigen Haushaltsstellen verfügbar gemacht worden, so daß die beiden Befehlshaber der Wehrbereichskommandos nach fünfmonatiger, hervorragend erfüllter Pflicht in den richtigen Dienstgrad befördert werden konnten – ebenso wie einige der Stellvertreter und Brigadekommandeure. Es ist ein fröhlicher Abend. Wir alle wissen, daß wir gemeinsam gerungen und ein gutes Stück Weg zurückgelegt haben, auch wenn noch viele Aufgaben vor uns liegen.

Dienstag, 5. März 1991 Besuch der ersten MotSchützenDivision und eines Lagers in Brück mit vier Mitgliedern des Deutschen Bundestages, Berichterstatter des Haushaltsausschusses, denen durch persönliche Anschauung klarwerden soll, daß die Soldaten leistungswillig und zum Aufbau bereit sind, die Infrastruktur aber verrottet, zum Teil unzumutbar ist. Es soll deutlich werden, daß hierfür in Zukunft mehr Geld ausgegeben werden muß als bisher vorgesehen. In Gespräch mit den Soldaten aller Dienstgrade zeigt sich die Dimension der sozialen Schwierigkeiten: Wohnungsnot, geringe Besoldung, ungleiche Behandlung der Wehrpflichtigen aus Ost und West, unterschiedliche Abfindungen bei Reisekosten in den Westen. All dies wird sachlich und klar von den Soldaten vorgetragen; die Abgeordneten sind beeindruckt und fühlen sich persönlich in die Pflicht genommen.

Im Depot Brück sehen sie die Schwierigkeiten der Bewachung und die Notwendigkeit zusätzlicher Arbeitskräfte, wenn die Vielzahl der Aufgaben bewältigt werden soll. Der Leiter der zuständigen Standortverwaltung trägt die Probleme in seinem Bereich vor. Mit ein, zwei Westbeamten werden Standortverwaltungen übernommen mit 350 bis 400 Mitarbeitern, von denen ein großer Teil für Aufgaben eingesetzt ist, die nur zum Teil Aufgaben der Bundeswehr sind – wie das Heizen von zivilen Wohnsiedlungen, die von ehemaligen NVA-Angehörigen bewohnt werden, Kindergartenspeisung usw. Ich hoffe, daß die Schwierigkeiten und die Besonderheiten unserer Aufgabe in Zukunft auch im Bundestag realistischer gesehen werden.

Montag, 11. März 1991 Kommandeurtagung der Bundeswehr. Ich gebe einen Gesamtüberblick über die Arbeit im Bundeswehr-Kommando Ost:

Entwicklung und Stand Bundeswehr-Kommando Ost

Gut fünf Monate nach der Vereinigung Deutschlands ist festzustellen, daß der Übergang von der NVA zur Bundeswehr trotz aller Schwierigkeiten bemerkenswert gut gelungen ist. Dies ist eine Gemeinschaftsleistung. Alle Soldaten und Zivilbediensteten, die aus dem Westen kamen, um im Bereich Bundeswehr-Kommando Ost Verantwortung zu übernehmen, haben dazu beigetragen. Ebenso alle diejenigen, die aus der ehemaligen NVA bereit waren, der gemeinsamen Sache zu dienen. Und es ist das Verdienst der Bundeswehr insgesamt, Ost wie West, denn nur durch die tatkräftige und unbürokratische Unterstützung aus der Bundeswehr West konnte der Übergang so reibungslos gestaltet und das erreicht werden, was mir heute zu dieser günstigen Lagebeurteilung die Grundlage gibt.

Die Bundeswehr hat sich mit relativ kurzer Vorbereitungszeit einer schwierigen Aufgabe gestellt, der Aufgabe, eine bisher gegnerische Armee zu übernehmen, sie aufzulösen und gleichzeitig einen Teil des Personals in die eigenen Reihen einzugliedern. Dabei galt es, zu jedem Zeitpunkt die Sicherheit sowie die Führungs- und Funktionsfähigkeit zu gewährleisten.

Wie die Bundeswehr sich dieser Aufgabe stellte, ist auch eine eindrucksvolle Bestätigung des Erfolgs der Erziehung und Ausbildung unserer Soldaten. Und es ist ein gutes Beispiel für einen wirksamen Ansatz zur Bewältigung der Probleme beim Zusammenwachsen Deutschlands: gemeinsames Anpacken der Aufgaben, wobei jeder das beiträgt, was er beitragen kann, der Stärkere mehr als der Schwächere.

Der Übergang ist gelungen, aber der Weg zu einheitlichen demokratischen Streitkräften ist noch lang. Die Forderung nach Gemeinsamkeit im Erreichen dieses Zieles wird uns die nächsten Jahre begleiten.
(…)

Die Bezeichnung »Bundeswehr-Kommando Ost« ist eigentlich falsch gewählt, denn der Bereich Bundeswehr-Kommando Ost hat zunächst recht wenig mit »Bundeswehr« zu tun. Es ist nicht die Bundeswehr, die wir in den neuen Bundesländern antreffen. Noch nicht. Dies haben diejenigen, die aus dem Westen kamen, sehr schnell lernen müssen. Und die Bundeswehr insgesamt hat erfahren müssen, daß die über Jahrzehnte optimierten Mechanismen sich in der Regel nicht für die Verhältnisse im Bereich Bundeswehr-Kommando Ost eigneten. Der aktuellen Lage angepaßte Initiative und Flexibilität waren daher meist hilfreicher als ein im Jahr 1974 herausgegebenes Verordnungsblatt. Es war nicht immer leicht, auch die Herausgeber der in der Bundeswehr West bewährten Regelungen davon zu überzeugen.

Das Bundeswehr-Kommando Ost beginnt nach den Grundsätzen der Inneren Führung auszubilden und schafft die Voraussetzungen für den Übergang in die dezentralen Führungsstrukturen der Teilstreitkräfte. Dieser Auftrag wird durch die Werteordnung des Grundgesetzes und die vertraglichen Verpflichtungen bestimmt, welche die Bundesrepublik Deutschland eingegangen ist.

Die Idee des Staatsbürgers in Uniform durchzusetzen bedeutet vor allem, einen Prozeß der Bewußtseinsveränderung zu vollziehen. Es muß klargemacht werden, daß die Bundeswehr in ihrer demokratischen Legitimation, ihren verfassungsmäßigen Grundlagen und ihrer inneren Ordnung, die sich aus den Grundsätzen des freiheitlichen Rechtsstaates ergibt, eine radikal andere Armee ist, als dies die NVA war. Es muß deutlich werden, welche Vorstellungen wir vom Wertesystem haben, daß für uns im Mittelpunkt das Individuum und nicht das Kollektiv steht und daß Freiheit des einzelnen auch Selbstverantwortung und Eigeninitiative bedeutet.

Die Bereitschaft zur Mitarbeit ist vorhanden. Es gibt keine erkennbaren Widerstände gegen einen gemeinsamen Weg. Häufig ist sogar ein beeindruckendes Pflichtbewußtsein trotz der schwierigen Umstände zu beobachten.

Die sozialen Fragen sowie die Fragen der Besoldung treten mehr und mehr in den Vordergrund. Finanzielle Unterschiede zwischen West und Ost sind für die Zeitsoldaten noch erklärbar, für Grundwehrdienstleistende, die der gleichen Verpflichtung nach dem Grundgesetz nachkommen, ist dies nicht zu vermitteln. Insbesondere wegen der unterschiedlichen finanziellen Regelungen fühlen sich die Soldaten der Bundeswehr Ost häufig als Soldaten zweiter Klasse.

Wir haben etwa 2 000 Offiziere und Unteroffiziere aus der Bundeswehr West im Einsatz. Sie haben sich ihrer Aufgabe gestellt und begonnen, einen neuen Führungsstil in die Streitkräfte hineinzutragen. Durch sie wird nicht zuletzt die Veränderung für die jungen Wehrpflichtigen erlebbar, wie mir immer wieder bestätigt wird.

(...)

Die Reduzierung der Streitkräfte noch unter der Verantwortung der NVA von 170 000 auf circa 100 000 Soldaten war schon ein erheblicher Einschnitt. Unter der Verantwortung des Bundeswehr-Kommandos Ost wurde der Personalbestand weiter verringert. Wir haben jetzt einen Umfang von etwa 70 000 Soldaten. Innerhalb von vier Monaten wurden etwa siebzig Prozent der Offiziere entlassen, insbesondere die älteren – und das bei schwierigsten sozialen und wirtschaftlichen Bedingungen.

Seit Januar dieses Jahres haben wir es mit rund 40 000 Wehrpflichtigen, rund 10 500 meist jüngeren Offizieren und rund 19 000 Unteroffizieren und Zeitsoldaten zu tun. Die Unteroffiziere ohne Portepee sind reine Fachleute ohne Führungskompetenz. Die Offiziere verhalten sich loyal und lernwillig, haben jedoch aufgrund ihrer völlig anderen Ausbildung ein großes Handikap in der Konkurrenz mit ihren westlichen

Kameraden. Wir haben deshalb ein umfangreiches Programm der Reform des Denkens und der ergänzenden Ausbildung eingeleitet.

Es wird uns gelingen, aus ehemals etwa 32 000 Offizieren, von denen noch ca. 10 500 im Dienst sind, bis zu 7 000 Offiziere als Soldaten auf Zeit für zwei Jahre zu übernehmen und daraus die 4 000 bis 4 500 Offiziere einschließlich des militärfachlichen Dienstes zu gewinnen, die auf Dauer in der Bundeswehr dienen können. Der Aufbau eines leistungsfähigen, stabilen Unteroffizierkorps, wie wir es aus der Bundeswehr kennen, braucht aber Zeit. Hier wird sich zunächst ein quantitatives und qualitatives Fehl ergeben. Um dies auszugleichen, sind erhebliche Anstrengungen in der Nachwuchswerbung sowie die Unterstützung aus der Bundeswehr West erforderlich. Es wird meines Erachtens die Nagelprobe werden, ob wir genügend Unteroffiziere mit Portepee finden, die für zwei bis drei Jahre in die neuen Bundesländer gehen, die Belastungen für ihre persönlichen und familiären Lebensumstände auf sich nehmen und beim Aufbau mithelfen.

Während die Personalstärke in den Truppenteilen inzwischen meist auf unter 50 Prozent abgesunken ist, haben die Verbände noch nahezu die komplette Ausstattung an Waffen und Munition im Bestand und sind zusätzlich mit den Anteilen belastet, die von den nicht zur NVA gehörenden bewaffneten Organen übernommen werden mußten.

Von circa 400 aufzulösenden Truppenteilen werden bis 31.3.1991 circa 130 aufgelöst sein und bis 30.6.1991 weitere 250. Parallel wird das zur Zerstörung bzw. Verwertung vorgesehene Großgerät zusammengefaßt. Bisher wurden über 2 300 Großwaffensysteme konzentriert. Die zur Entsorgung vorgesehene Munition wird in bestimmten Lagern zusammengefaßt, und dann geschlossen an die Hauptabteilung Rüstung und von dort an die Industrie übergeben. Bis zum 30.6.1991 müssen über 50 000 Tonnen Munition aus bis dahin aufzulösenden Verbänden konzentriert werden.

Die Zerstörung bzw. Verwertung des Materials und die Abgabe nicht mehr benötigter Liegenschaften für die weitere Nutzung ist eine Aufgabe, die in diesem Ausmaß neu ist und für deren Wahrnehmung Bundeswehr, öffentliche Verwaltung und Industrie erst geeignete Strukturen und Kapazitäten aufbauen müssen.

Die Entflechtung und Neuordnung der nicht auf Dauer durch die Bundeswehr wahrzunehmenden öffentlichen Aufgaben gestaltet sich schwierig, zumal die Bundesländer und die kommunalen Strukturen erst im Entstehen sind. Es ist klar, daß Aufgaben wie das Heizen ziviler Wohnviertel, das Betreiben öffentlicher Kultur- und Sporteinrichtungen oder Schul- und Kindergartenspeisung nach unserem Verständnis nicht dem Einzelplan 14 anzulasten sind, aber solange nicht andere Träger sie übernehmen können, müssen Übergangsregelungen gefunden werden. Es ist schlecht vorstellbar, daß als Folge der deutschen Vereinigung zivile Wohnviertel unbeheizt bleiben, in ganzen Landkreisen Kultur und Sport nicht mehr stattfinden oder die Kinder im Kindergarten nichts mehr zu essen bekommen.

Neben der Bewältigung des Erbes der ehemaligen NVA vollzieht sich gleichzeitig der Aufbau der gesamtdeutschen Streitkräfte in den neuen Bundesländern, und darauf muß mehr und mehr der Schwerpunkt liegen – dies wird die zentrale Aufgabe des Jahres 1991 sein. Es gilt, Offiziere und Unteroffiziere nach den Grundsätzen der Inneren Führung auszubilden, sei es in Lehrgängen oder durch Teilnahme an der Ausbildung in der Bundeswehr West. Fachliche Ausbildung muß sich anschließen.

Die Bundeswehr Ost muß möglichst rasch zu einem normalen Ausbildungsbetrieb gelangen. Mit der Aufnahme von Grundausbildung im Bereich Bundeswehr-Kommando Ost Anfang dieses Jahres wurde der erste Schritt getan. Noch werden zwei Drittel der Grundausbildung in Verbänden der Bundeswehr West durchgeführt. Mit Einberufung zum 1.4. werden wir schon 50 Prozent der Grundausbildung selbst durchführen. Ziel ist es, möglichst rasch Einberufung und Ausbildung vollständig in den Bereich Bundeswehr-Kommando Ost zu übernehmen.

Die Aufstellung neuer Truppenteile und Dienststellen hat bereits begonnen. Im Zuge der weiteren Aufstellung von Verbänden der Zielstruktur und der Zuführung des vorgesehenen Großgerätes soll erreicht werden, daß noch in diesem Jahr einsatzfähige Kompanien, evtl. Bataillone entstehen und im nächsten Jahr einsatzfähige Brigaden. Dies ist ein anspruchsvolles Programm, aber es ist zu schaffen.

Gleichzeitig müssen die Voraussetzungen für die Unterbringung unserer Soldaten – besonders Unterkünfte, Duschen und Küchen – drastisch verbessert werden, um unseren Mindestanforderungen zu entsprechen; hier werden 1991 erste Zeichen gesetzt. Dies kostet erhebliches Geld. Erste Verbesserungen wurden bereits erreicht. Weitere Maßnahmen werden folgen. Allein in diesem Jahr sollen dazu 400 Millionen DM aufgewendet werden.

Noch sind wir nicht so weit, daß Offiziere und Unteroffiziere ohne Schwierigkeiten von West nach Ost versetzt werden können. Die Lebensbedingungen sind noch zu unterschiedlich, wenn man an Infrastruktur, Wohnungslage, Schulen, Berufstätigkeit der Ehefrau oder Freizeitmöglichkeiten denkt. Insbesondere die Wohnungslage wird voraussichtlich auf Jahre hinaus nicht zulassen, daß von West nach Ost *versetzte Soldaten in der Regel auch umziehen. Es steht praktisch kein freier Wohnraum zur Verfügung.*

Nur wenn es uns gelingt, trotz aller Schwierigkeiten so schnell wie möglich Personal zwischen Ost und West und West und Ost auszutauschen, können wir in der Bewußtseinshaltung und der Ausbildung zu einer Bundeswehr werden. Die Streitkräfte können hier einen wichtigen Beitrag für das Zusammenwachsen Deutschlands leisten.

Eine zusätzliche Aufgabe ist bis Ende 1994 die Unterstützung der sowjetischen Streitkräfte in Deutschland bei der Organisation ihres planmäßigen Abzuges. Ziel ist es, vertragskonformes Verhalten und die vereinbarte Rücksichtnahme auf die Bevölkerung zu gewährleisten. Hier ist auf sowjetischer Seite ein großes Bemühen vorhanden.

Der Gesamtabzugsplan wurde nach Übernahme des Oberbefehls der Westgruppe der Truppen durch Generaloberst Burlakow rasch vorgelegt. Von 1991 bis 1994 sollen über eine halbe Million sowjetische Soldaten, Zivildienstleistende und Familienangehörige aus Deutschland abgezogen werden, davon 1991 bereits 150 000. Die Forderung der polnischen Regierung nach vertraglicher Regelung des Transits hat zu gewissen Belastungen geführt. Doch zeigte die WGT (Westgruppe der sowjetischen Truppen) Flexibilität in der Nutzung der Transportmöglichkeiten, indem sie in größerem Umfang über See abzieht. Zu beobachten ist allerdings, daß jedesmal, wenn sich Schwierigkeiten beim Abzug ergeben, versucht wird, die deutsche Seite zu zusätzlichen Leistungen, insbesondere in finanzieller Hinsicht, zu bewegen.

Das Verhältnis zu den sowjetischen Truppen ist insgesamt nachbarschaftlich. Die psychologischen Probleme des vergangenen Sommers und die Spannungen zwischen der Bevölkerung und der Sowjetarmee konnten durch den engen Dialog zwischen den Kommandeuren der Sowjettruppen und den deutschen Behörden weitgehend abgebaut werden.

Die durch den bereits 1988 begonnenen Abzug von Truppen frei gewordenen Liegenschaften sind im allgemeinen in einem desolaten Zustand. Die Altlasten auch auf den Übungsplätzen sind hoch. Die WGT ist verpflichtet, das deutsche Umweltrecht einzuhalten und ist grundsätzlich auch für Schäden haftbar. Zuständig für die Übernahme der Liegenschaften ist der Bundesminister der Finanzen. Die Bundeswehr leistet auf Anforderung Amtshilfe, um auf deutscher Seite bei der Übernahme militärischen Sachverstand einzuführen.

Insgesamt besteht der Eindruck, daß sich die sowjetische Seite um die Erfüllung ihrer vertraglichen Pflichten bemüht und selbst ein Interesse daran hat, ihre Truppen zurückzuziehen. Der Kontakt mit westlicher

Lebensart scheint zu Sorgen hinsichtlich der militärischen Disziplin zu führen.

Ich fasse zusammen: Wir befanden uns bisher in der Phase der Konsolidierung, jetzt folgt der Aufbau. Insgesamt ist der Übergang bemerkenswert gut gelungen, aber eine schwierige Wegstrecke liegt noch vor uns.

(…)

Insgesamt bin ich trotz aller Schwierigkeiten optimistisch. Wenn die Streitkräfte die Chance ergreifen, trotz der Reduzierung die Einheit der Truppe möglichst schnell zu erreichen, können sie hier eine Pilotfunktion im gesamtstaatlichen Raum wahrnehmen. Ich bin davon überzeugt, daß die Anstrengungen sich um des Zieles willen lohnen, einheitliche deutsche Streitkräfte in einem vereinigten Deutschland zu schaffen. Wir sind auf dem besten Wege dorthin.

Dienstag, 12. März 1991 Besuch des britischen Verteidigungsministers in dem Bereich Bundeswehr-Kommando Ost. Wir unterrichten ihn über unsere Aufgabe, das bisher Geleistete und zeigen ihm dann einige wenige militärische Einrichtungen, unter anderem ein Kampfhubschrauberregiment mit der MI-24. Der gemeinsame Rückflug quer über das ungeteilte Berlin ist wieder einmal eindrucksvoll.

Donnerstag, 14. März 1991 Abends Flug nach Dresden und Teilnahme an der deutsch-britischen »Königswinter-Konferenz«. Ausländischen Beobachtern scheint es schwerzufallen, sich in unsere politisch-psychologische Situation, unsere neuen Gegebenheiten und Notwendigkeiten hineinzuversetzen. Man überschätzt die Wirksamkeit jahrzehntelanger kommunistischer Indoktrination, unterschätzt hingegen das Zusammengehörigkeitsgefühl der Deutschen und den Freiheitswillen der Menschen im Osten. Wir müssen manches Unverständliche übersetzen und viel erklären – nicht zuletzt unsere Zurückhaltung am Golf. Wir brauchen Zeit, um uns mit der veränderten Situation der Bundesrepublik vertraut zu machen und uns auf die neue Rolle einzustellen, die ein vereintes Deutschland im Bündnis einnehmen muß, wenn es den Bedürfnissen der Partner gerecht werden will. Der Erste und Zweite Weltkrieg mit ihren weitreichenden Folgen unterscheide Deutschland von anderen europäischen Ländern wie England und Frankreich, die auch aufgrund ihrer kolonialen Vergangenheit eine ganz andere Haltung in der Frage des Einsatzes von Streitkräften als Mittel der Politik hätten. Zusätzlich erschwerend wirke noch unsere unterschiedliche Interpretation des Grundgesetzes.

Nachmittags das »Grüne Gewölbe« und die Dresdner Gemäldegalerie besucht. Wie sehr ist in Vergessenheit geraten, welch kultureller Reichtum in diesen Gebieten vorhanden ist – besonders in Sachsen und Thüringen. Anschließend draußen auf der Terrasse eines Cafés bei Sonnenschein in lauer Frühlingsluft gesessen. Um 17.00 Uhr werden alle Stühle fest angekettet, vorschriftsmäßig wie immer wird die Terrasse pünktlich geschlossen. Weder schönes Wetter noch der Wunsch der Gäste können die Bedienung umstimmen. Dienst(leistung) nach Vorschrift, Bedienung nur noch im Lokal! Ein nicht seltenes Relikt aus vorheriger Zeit, hier fehlt offenbar noch das Interesse des Besitzers.

Besuch von Meissen und Moritzburg – fast vergessene architektonische Schätze. Die Bischofskirche von Meissen ist noch gut erhalten. Der Geruch von Braunkohle liegt über dem kleinen Kirchplatz.

Montag, 18. März 1991 Nachmittags bei einem kleinen Empfang 150 Offiziere und Unteroffiziere aus dem Kommando verabschiedet, die zum 1. April zu ihren Stammeinheiten in den Westen zurückgehen. Das halbe Jahr im Osten ist für jeden von ihnen die größte Herausforderung, das größte Erlebnis, aber auch die größte Belastung ihrer bisherigen beruflichen Laufbahn gewesen. Keiner geht so weg, wie er gekommen ist. Alle sind verändert, bereichert, haben viel erlebt, erfahren, gelernt. Wie auch alle anderen, die beim Aufbau beteiligt sind, bekommen sie eine Erinnerungsurkunde mit den Landeswappen der neuen Länder und Berlins ausgehändigt, die den persönlichen Einsatz würdigen und an die gemeinsamen Erfahrungen erinnern soll. Es freut mich, die Urkunden bei späteren Truppenbesuchen im Westen in den Dienstzimmern der Offiziere hängen zu sehen und die stolze Meldung entgegenzunehmen: »Herr General, das war eine Zeit, die wir nie vergessen werden.«

Einer Zivilangestellten, die schon im früheren Ministerium für Abrüstung und Verteidigung beschäftigt war, kommen die Tränen, weil sie immer noch nicht weiß, was sie ab 1. Juli machen soll. Sie hat uns geholfen, das Bundeswehr-Kommando Ost aufzubauen, nun aber scheint bei der Wehrbereichsverwaltung kein Bedarf mehr für sie zu bestehen – die Stellen sind gestrichen worden. Ihr Schicksal ist kein Einzelfall, sondern betrifft viele zivile Mitarbeiter, die sich wegen der möglichen Aussicht auf anschließende Weiterbeschäftigung bei der Wehrbereichsverwaltung auch nach der Auflösung des Bundeswehr-Kommandos Ost bei uns beworben hatten. Da sich diese Hoffnung nicht bestätigt hat, fühlen wir uns zur Hilfe verpflichtet. Erst nach geraumer Zeit werden die gemeinsamen Anstrengungen Erfolge zeigen.

Dienstag, 19. März 1991 Fahrt nach Delitzsch bei Leipzig zur Unteroffizierschule, die sich im Aufbau befindet und später die Ausbildung der Stabsunteroffiziere in Vorbereitung auf den Feldwebellehrgang übernehmen soll. Die Wehrpflichtigen, die im Januar eingetreten sind, machen einen optimistischen Eindruck. Sie sind überzeugt, daß sie die Schwierigkeiten bewältigen und einen Arbeitsplatz finden werden. Einer der älteren Oberstleutnants, der aus dem Westen kommt, erklärt mir, warum er hierhergekommen ist: »Herr General, zwanzig Kilometer entfernt liegt eine kleine Industriestadt mit rauchenden Schornsteinen. Im Schatten dieser Schornsteine bin ich geboren und groß geworden, dann in den Westen geflohen. Ich bin Offizier der Bundeswehr geworden und hätte es nie für möglich gehalten, daß ich als Soldat noch einmal in meine Heimat zurückkommen kann. Jetzt bin ich glücklich, wieder hier zu sein und die jungen Unteroffiziere der Bundeswehr ausbilden zu können.«

Er ist nicht der einzige von den Soldaten aus dem Westen, den die Sehnsucht nach der Heimat zurückgeführt hat. Viele fühlen sich von der außergewöhnlichen Aufgabe, gesamtdeutsche Streitkräfte auf dem Gebiet der ehemaligen DDR aufzubauen, herausgefordert und haben sich ihr verschrieben. Auch der überall spürbare Pioniergeist begeistert sie. Jüngere Offiziere sind es vor allem, die mir sagen: »Hier ist etwas los, hier wird aufgebaut, und wir wollen dabeisein.« Und man fragt nicht immer gleich nach Dienstausgleichsregelungen und persönlichen Vorteilen.

An den Unterkünften wird gebaut, gehämmert, gestrichen: Eigeninitiative und die Bereitschaft, vorwärtszukommen, werden sichtbar. Voraussichtlich kann schon ab Mai ein geregelter Ausbildungsbetrieb beginnen.

Auf dem Rückweg besuche ich eine sowjetische Kaserne, die seit Dezember 1990 geräumt ist. Sie ist schon von der Wehrmacht erbaut worden und hat eine solide Bausubstanz, aber die von den Sowjets errichteten Häuser und Einrichtungen entsprechen nicht unseren Normen und sind sicherlich abrißreif. Überall sind die Unterkünfte in einem desolaten Zustand: die Türen ausgebaut, die Fenster mit Holzlatten vernagelt, Wasserhähne und Duschen weg, die Straßen voller Löcher. Im Kasernenhof ein Schrottplatz mit einem Sammelsurium von Gegenständen – leere Öltonnen, verrostete Lastwagen, Raketenattrappen. Von eigens dazu eingesetzten Fachleuten ist vor kurzem eine scharfe Handgranate gefunden worden, zum Glück nicht von spielenden Kindern. Dies scheint nur der Beginn der Entsorgungsschwierigkeiten zu sein, die auf uns zukommen. Und die Sowjets erwarten, daß wir ihnen für die von ihnen errichteten Bauten noch etwas zurückbezahlen! Ich befürchte, daß das noch langwierige und schwierige Verhandlungen nach sich ziehen wird. Das

Bundesministerium der Verteidigung ist dafür nicht verantwortlich ist, einer der wenigen Kelche, der an uns vorübergeht.

Nachmittags Gespräch mit »Instruktoren« aus dem Westen, die als Truppenverwaltungsbeamte hierher abgeordnet sind, um die Angehörigen des ehemaligen Finanzökonomischen Dienstes in die Arbeit der Truppenverwaltung nach unserem Haushaltsrecht einzuweisen. Diese sehr erfahrenen Beamten entwickeln viel Initiative, fühlen sich aber allein gelassen und zu wenig unterstützt. Sie kommen nicht zu ihrer eigentlichen Ausbildungsaufgabe, weil die Truppenverwaltungsbeamten – ehemalige Finanzökonome – durch die hohen Entlassungsquoten der Soldaten in ihren normalen Tätigkeiten so ausgelastet sind, daß sie keine Zeit haben, sich mit dem Bundeshaushaltsrecht zu befassen. Bis nach Bonn aber scheint diese Problematik nicht durchgedrungen zu sein. Niemand aus dem Verteidigungsministerium hat bisher mit ihnen gesprochen oder sie besucht, um die örtlichen Gegebenheiten und Schwierigkeiten auch nur kennenzulernen. Angesichts dieser Situation stelle ich in Bonn den Antrag auf Verlängerung der Abordnung der Beamten und schlage eine Neuregelung der Ausbildung für die Angehörigen der ehemaligen finanzökonomischen Organe vor.

Mittwoch, 20. März 1991 Kommandeurtagung in Strausberg, zu der ich alle Kommandeure bis zur Ebene des Bataillons eingeladen habe, um Bilanz zu ziehen und die wichtigste Aufgabe ab 1. April – die Aufstellung neuer Truppenteile – in den Vordergrund zu stellen. Ein Teil der Kommandeure geht Ende des Monats nach einem halben Jahr Aufenthalt im Osten wieder zurück an ihre westlichen Standorte. Trotz dieses starken Personalwechsels soll die Kontinuität gewahrt bleiben und die Glaubwürdigkeit der Bundeswehr erhalten werden: Die wesentlichen Merkmale unserer Arbeit müssen gleich bleiben.

Nach siebenstündiger Besprechung sind die überwiegend positiven Ergebnisse unumstritten. Die Schwierigkeiten und Unklarheiten im sozialen Bereich lichten sich allmählich, die Übernahme von Soldaten auf Zeit läuft ebenso an wie die Ausbildungsplanung für Offiziere und Unteroffiziere; schon im ersten Quartal 1991 wurden Tausende von Offizieren und Unteroffizieren in den Westen zur Ausbildung geschickt. Das grundsätzliche Materialkonzept ist gebilligt, die Lager für das Zusammenfassen von Material sind entschieden, die Infrastruktur wird in diesem Jahre mit einer Investition von 430 Millionen DM verbessert werden.

Ich weise auf die Gefahr hin, daß mit zunehmender Normalität und Angleichung an die Verhältnisse im Westen die dortigen Bestimmungen sich auf unseren Kommandobereich ausdehnen werden, bevor die Voraussetzungen hierfür geschaffen sind. Auch darum ermahne ich die Kommandeure zur Eile.

Der Informationsrücklauf aus dem unterstellten Bereich muß verbessert werden, da ich häufig erst bei meinen Truppenbesuchen auf Fehler stoße, die vorher hätten erkannt werden müssen. Und uns bleibt wichtig: Wer zurückgeht in den Westen, soll der Botschafter aus dem Bereich Bundeswehr-Kommando Ost sein und deutlich machen, daß wir auf dem Weg zu einer gemeinsamen Bundeswehr sind, dies aber nur schaffen können, wenn Ost und West gemeinsam Hand anlegen und jeder dazu beiträgt, was er beitragen kann. Am Ende der Kommandeurtagung habe ich den Eindruck, daß alle zuversichtlich gestimmt aufbrechen.

Nach einer anschließenden Befehlshaberbesprechung verabschieden wir diejenigen aus unserem Kreis, die in den Westen zurückgehen. Im Lauf der Zeit sind wir ein geschlossenes Team geworden, sind uns persönlich nähergekommen, und bei denen, die weggehen, kommt Wehmut auf. Eine Zeit der persönlichen Herausforderung und Erfahrung liegt hinter uns. Bis in die frühen Morgenstunden reden wir miteinander, zum Schluß auf meinem Zimmer. Uns alle bewegt die gemeinsame Frage: Wie schaffen wir es, zu gemeinsamen Streitkräften der Bundesrepublik Deutschland zu kommen? Gibt es Alternativen zu unserem eingeschlagenen Weg der Gemeinsamkeit?

Donnerstag, 21. März 1991 Besuch Kommando Mauerstraße, Auflösungsstab für den Zivilschutz, der uns ebenfalls unterstellt ist. Die Auflösung wird von einem kleinen Stab von Berlin aus betrieben.

Der Zivilschutz war Anfang 1990 aus der Zivilverteidigung hervorgegangen, die in der DDR eine große Bedeutung besaß. Sie wurde »unter der Verantwortung des Ministers für Nationale Verteidigung als ein System staatlicher Maßnahmen« organisiert und jährlich mit 260 Millionen DM finanziert. In der Hauptverwaltung der Zivilverteidigung waren rund 300 hauptamtliche Mitarbeiter, in den Bezirken 330 und in den Kreisen 700 beschäftigt. Dazu kamen etwa 490 000 ehrenamtliche Helfer aus den Betrieben und Kombinaten sowie aus den Gemeinden. Sie waren in erster Linie für Rettungs- und Bergungsmaßnahmen vorgesehen und einheitlich mit Uniformen, Schutzausrüstung und Führungsmitteln, aber ohne Waffen ausgestattet. Ihre Ausbildung erfolgte betriebs- und arbeitsplatzbezogen.

Für den Schutz der Bevölkerung wurden bis Ende 1989 85,5 Prozent ausbaufähige Schutzplätze zur Verfügung gestellt! So steht es in der Statistik. Wenn man die herabgewirtschafteten Häuser sieht, kann man sich das nicht vorstellen. Für etwa eine Million Kinder und deren Betreuer wurde die Evakuierung aus 31 Städten, für die sanitätsdienstliche Versorgung wurden etwa 240 Krankenhausbereiche mit 670 000 Bettenplätzen – darunter Lazarettzüge und -schiffe – geplant. Für dreißig Prozent der Bevölkerung standen ABC-Schutzmasken zur Verfügung. Ab Frühjahr 1990 wurde dann begonnen, die Zivilverteidigung auf Aufgaben des Zivilschutzes umzustellen, der alle Einrichtungen und Ausrüstungen übernahm. Jetzt soll die ganze Organisation von uns bis zum 30. Juni aufgelöst werden. Das geht nur im Zusammenspiel mit den Ländern, denen das Material übergeben werden soll, das für den künftigen zivilen Bevölkerungsschutz benötigt wird. Auch hier kommen die Dinge viel zu schleppend voran. Ein Teil der Ausrüstung muß regelmäßig gepflegt werden, was wir wegen der anfallenden Kosten und unseres Personalmangels aber nicht mehr lange tun können.

Mittwoch, 27. März 1991 Besuch mit Bundesaußenminister Genscher beim MotSchützenRegiment 17 in Halle. Genscher freut sich, bei der Bundeswehr in seiner Heimatstadt zu sein. Er führt ausführliche Gespräche mit Soldaten aller Dienstgrade. Dieses Regiment wird zum 30. Juni aufgelöst. Dennoch ist die Stimmung unter den Soldaten gut. Sie wissen inzwischen alle, was sie nach Auflösung des Regiments tun. Genscher stellt in seinem Abschlußgespräch besonders lobend Engagement und Initiative der Soldaten heraus. Nach Rückkehr Gespräch im Stab mit Mitgliedern des Verteidigungsausschusses über unsere Arbeit, über die sich alle besonders anerkennend äußern.

Abends Gespräch in Berlin mit einem führenden Mitarbeiter der Treuhand, das Optimismus weckt: Es gebe Fortschritte, aber sie würden vielfach noch nicht wahrgenommen. Das komplizierte Umfeld, in dem sich die Treuhand bewege, könne weder in beruflicher noch menschlicher Hinsicht mit westdeutschen Verhältnissen verglichen werden. Das bisher Erreichte könne nur in Relation zu den früheren desolaten Zuständen gesehen werden. Mein Gesprächspartner vermißt sowohl bei der Treuhand wie auch in der Regierung jemanden, der die Erfolge auch verkaufen kann. »Uns fehlt ein Mann wie Ludwig Erhardt, der mit seiner Zigarre unter den auch damals schwierigen Bedingungen das Symbol für wirtschaftlichen Erfolg war.« Meiner Erfahrung, mit den Menschen mehr zu reden, immer gesprächsbereit zu sein, stimmt er zu. Wir müßten hier viel mehr erklären, als wir es im Westen gewohnt seien.

Donnerstag, 28. März 1991 Wöchentliche Lagebesprechung. Die sich in der Bevölkerung ausbreitende soziale Unruhe bereitet mir Sorge. Wir wissen nicht, wieweit sie auf die Truppe übergreifen kann. Es wäre außerordentlich verhängnisvoll, wenn in dieser noch instabilen Lage die ersten Soldaten öffentlich demonstrierten – es könnte erhebliche Folgewirkungen haben. Wir wollen eine Eskalation verhindern und sofort eingreifen, sobald das geschehen sollte. Wir sind darauf eingestellt, bei der ersten Demonstration vor Ort zu sein; auch ich werde gegebenenfalls kommen. Die zuständigen Befehlshaber müssen rund um die Uhr erreichbar sein, Hubschrauber müssen immer zur Verfügung stehen. Die Soldaten müssen wissen, daß wir uns stellen. Wie gut, daß ich in fast allen Standorten persönlich war und mit allen Kommandeuren gesprochen habe.

Nachmittags Vortrag und Diskussion vor US-Offizieren in Berlin, die großes Interesse an all dem bekunden, was wir tun. Gegenseitige Sympathie, man fühlt sich unter Freunden. Die Fragen zeigen, daß man sich nur schwer vorstellen kann, wie wir mit den ehemaligen Kommunisten zusammenarbeiten. »Können Sie denn den NVA-Offizieren trauen?« ist eine Frage, die in Variationen immer wiederholt wird. Anhand der Lebensschicksale einzelner NVA-Offiziere veranschauliche ich, daß wir nicht pauschalisieren dürfen. Jeder von ihnen hat sein eigenes Schicksal – mancher ist mißbraucht worden, hat sich vielleicht auch mißbrauchen lassen – und hat wahrscheinlich auch andere Menschen benutzt, ausgenutzt. Aber der Wandel und die vollkommen neuen Erfahrungen sind nicht spurlos an ihnen vorbeigegangen. Und sollen sie nicht auch ein Recht auf Irrtum haben? Sind wir die Richter? Vorurteile und Haß jedenfalls sind auch hier schlechte Ratgeber. Die Menschen brauchen Hoffnung und ein neues Selbstwertgefühl.

Nachricht vom Mord an Rohwedder, die mich sehr erschüttert. Er war in einer vergleichbaren Situation, wenn auch in einem anderen Bereich am Aufbau der Einheit beteiligt. Ich hatte des öfteren mit ihm gesprochen. In einem gemeinsamen Gespräch mit dem Bundespräsidenten anläßlich eines Empfangs in Berlin hatte er gesagt, daß wir beide wohl mit die schwierigsten Aufgaben übernommen hätten. Wie kann man sich gegen diesen sinnlosen Terror nur schützen? Die Sicherheitsanalysen und Gefahreneinstufungen sind offensichtlich immer wieder fehlerhaft. Die Frage drängt sich auf, welche Konsequenzen nach dem Anschlag auf Herrhausen gezogen worden sind. Hat man alles menschenmögliche getan?

Der Aufbau

Montag, 15. April 1991 Wieder in Strausberg, Stabsbesprechung. Folgende konfuse Situation ergibt sich: Einige »aufgelöste« Verbände werden wider Erwarten mit einem sehr starken Nachkommando im Dienst gehalten, das sich in der Stärke von 300 bis 400 Soldaten von dem vorherigen Verband nicht unterscheidet, da die Waffen nicht wie geplant abgegeben werden konnten. Disziplinargewalt kann offiziell aber nun nicht mehr ausgeübt werden, da Führer von aufgelösten Verbänden logischerweise keine Disziplinargewalt mehr haben. Eine solche Situation ist in unseren Vorschriften nicht vorgesehen, und von uns hat keiner daran gedacht. Hier haben wir uns selber in Schwierigkeiten gebracht! Jetzt muß die Auflösung des Verbandes per Befehl rückgängig gemacht werden, bis die Waffen übergeben sind und das letzte Personal abgebaut ist.

Der Lagevortrag unterrichtet mich auch darüber, daß am 9. April ein Beobachtungstrupp vom Verteidigungsbezirkskommando bei der Beobachtung eines Munitionsdepots der sowjetischen Streitkräfte von sowjetischen Wachposten beschossen wurde. Gott sei Dank ist niemand verletzt worden. Trotzdem gebe ich Weisung, den Tathergang aufzuklären und eine Wiederholung zu vermeiden.

Schließlich verabschiede ich Generalmajor von Scheven, meinen Stellvertreter, der zunächst 140 Dienststellen der Zentralen Truppen übernommen hatte, die nach und nach aufgelöst oder anders unterstellt wurden. Er wird morgen als Befehlshaber des Korps-/Territorialkommandos Ost eingeführt; die Mehrheit der in den fünf neuen Ländern stationierten Soldaten werden ihm dann unterstehen.

Dienstag, 16. April 1991 Übergabe des Korps-/Territorialkommandos an Generalmajor von Scheven. Für den Aufbau der Streitkräfte im beigetretenen Teil Deutschlands ist dies ein wichtiges Datum, weil wir damit einen weiteren Schritt auf dem Weg zur Normalität in der Bundeswehr tun und die Übernahme der Verantwortung durch die Teilstreitkräfte Heer, Luftwaffe und Marine für ihre Verbände vorbereiten.

Die Soldaten sind im großen Dienstanzug angetreten – zum ersten Mal im Bereich des Bundeswehr-Kommandos Ost. Die Uniformen mußten dafür aus den verschiedensten Bereichen zusammengezogen werden, da es immer noch nicht gelungen ist, die Truppe bis Ende März mit dem Dienstanzug auszustatten. Die drei Teilstreitkräfte sind angetreten, um auch die territorialen Aufgaben sichtbar zu machen, ein Bild, wie wir es von der Bundeswehr West her auch kennen. Das Zeremoniell verläuft wie gewohnt, und ich glaube zu bemerken, daß unsere Gäste, vor allem die Vertreter der sowjetischen Streitkräfte, von dem reibungslosen Ablauf beeindruckt sind.

Donnerstag, 18. April 1991 Mittags Abflug nach Basepol und Besichtigung der sowjetischen HIND-Kampfhubschrauber, einer früher gefürchteten Waffe des Warschauer Paktes, bei der man keine Kosten gescheut hat. Die Frage ist, ob wir dieses gepanzerte Großwaffensystem im Dienst behalten sollen oder nicht. Die Überprüfung der Betriebskosten hat jedenfalls ergeben, daß das System zu teuer ist.

Ich habe veranlaßt, daß mir einer der Piloten auf einem Werkstattflug die Leistungsfähigkeit dieses Systems zeigt, und fliege auf dem Sitz des Mechanikers mit. Der Pilot hat weit über zweieinhalbtausend Flugstunden absolviert, ist ein leidenschaftlicher Profi und brennt darauf, mir zu zeigen, zu welchen fliegerischen Kunststücken seine Maschine imstande ist. Mir wird fast schlecht bei den Kurven, den Steigungen und Sturzflügen, die der gepanzerte und bedrohlich wirkende Riesenhubschrauber mit imponierender Leichtigkeit ausführt. Mensch und System scheinen perfekt aufeinander abgestimmt. Trotzdem muß ich den Piloten mit dem Hinweis enttäuschen, daß wir die Waffe vermutlich nicht übernehmen werden.

Anschließend Besuch beim Wehrbereichskommando VIII. Zu meiner Begrüßung wird mir der erste voll funktionsfähige Truppenteil gemeldet: das neu aufgestellte Heeresmusikkorps. Es spielt flotte Märsche. Ein Hinweis auf die Zukunft? In einem Kurzvortrag werden die Schwierigkeiten beschrieben, aber auch mögliche Lösungen vorgestellt. Wo es noch keine Lösung gibt, hofft man darauf, daß man rechtzeitig Entscheidungen bekommt – ein positives Bild.

Von 18.00 bis 22.00 Uhr mit Offizieren und Feldwebeln aus Ost und West zu Abend gegessen und über das Zusammenwachsen der Bundeswehr gesprochen. Angenehme, entspannte Atmosphäre. Die ehemaligen Angehörigen der NVA sprechen anerkennend über die Offenheit und Kameradschaft der Offiziere und Unteroffiziere aus dem Westen. Der beginnende Bewußtseinswandel zeigt sich.

Auch über die augenblickliche Wohnsituation in den Siedlungen wird gesprochen, in denen entlassene wie auch noch im Dienst stehende Soldaten nebeneinander wohnen. Selbstverständlich ergeben sich aus den inneren und äußeren Veränderungen auch Spannungen, aber offenbar nicht so heftig wie in Strausberg.

Einer der Offiziere schildert mir noch einmal den ständigen Bereitschaftsdienst und seine Auswirkungen bis in die Familie hinein. »Wir mußten in der Woche an sechs Tagen und Abenden jederzeit erreichbar sein. Mit dem zentralen Alarmsystem wurden wir durch die Sirene in den Korridoren unserer Wohnblocks alarmiert. Nach zwanzig Minuten mußten wir in der Kaserne, nach zwei Stunden abmarschbereit sein. Die ständige Bereitschaft, die Möglichkeit der häufigen Alarmierung hat uns nach Auswegen suchen lassen, wie man der strengen Kontrolle entkommen könnte. Denn unsere Frauen und Kinder haben es nicht verstanden, daß ihre Väter sich sogar an den Wochenenden nicht von zu Hause entfernen durften, nicht einmal einen Ausflug unternehmen konnten.« Deshalb habe man versucht, erklärt mir ein anderer Offizier, kleine Gartenhäuschen oder Schrebergärten zu mieten, um diese als Aufenthaltsort angeben zu können. Dort nämlich gab es keine Telefone, so daß im Fall eines Übungsalarms die Überprüfung nicht so häufig stattfinden konnte. Verschiedentlich habe man die Schrebergärten nur als Vorwand benutzt, um sich ein bis zwei Stunden lang dem Privatleben widmen zu können. Trotzdem habe man die ständige Verfügbarkeit als Bestandteil des Berufs empfunden und in dem Bewußtsein, zur Elite zur zählen, in Kauf genommen.

Und jetzt soll alles umsonst gewesen sein? Jeder in den Familien fühlt sich betrogen. Alle vorhergehenden Anstrengungen erscheinen sinnlos und unnötig, die Versorgung der Familie in der Zukunft ist nicht mehr gesichert, und das frühere elitäre Selbstverständnis der Soldatenfamilien verkehrt sich nun ins Gegenteil. Man fühlt sich in der Gesellschaft in besonderem Maß gedemütigt und bloßgestellt.

Ein Offizier erinnert an die totale Kontrolle, der sie alle unterworfen waren. Sie hatten Angst, westliche Sender zu empfangen, weil sie nicht wußten, ob die Kinder sich draußen nicht irgendwo verplappern würden. Einige hatten Lichtergirlanden in die Wohnzimmerfenster gehängt, die mir tatsächlich mehrmals bei Dunkelheit aufgefallen waren. Sie sollten verhindern, daß man von außen erkennen konnte, ob spät am Abend das Fernsehen noch lief. Denn da das DDR-Fernsehen schon frühzeitig Sendeschluß hatte, war es verräterisch, wenn man bis tief in die Nacht vor der Röhre saß. Im August 1987 war sogar durch einen Befehl des Verteidigungsministeriums eine Anweisung an die Truppe gegeben worden, die Fernsehgeräte zu versiegeln, um die Sendungen »des Gegners auf Kanal 25« zu unterbinden. Der Gegner, das waren die westlichen Fernsehsender gewesen. Auch das ein Bestandteil des täglichen Lebens.

Gesellschaftliches Leben – so wie wir es im Westen verstehen – gab es im Offizierkorps der NVA nicht. Man lud sich gegenseitig schon deshalb nicht ein, um bei den Nichteingeladenen den Verdacht auf »außerparteiliche Gruppenbildung« zu vermeiden. Zudem waren die hellhörigen Wohnungen klein – im Regelfall drei Zimmer.

»Und was unsere sogenannten Privilegien betrifft, Herr General«, klagt ein Offizier, »so konnten wir sie im Grunde gar nicht nutzen. Zum Beispiel die Autos. Die Kommandeure konnten zwar dann und wann Autos in begrenztem Umfang für besondere Verdienste gegen Bezahlung bevorzugt zuteilen, aber selbst wenn manche von uns auf diese Weise zu einem Trabi oder Wartburg kamen, fahren konnten wir damit kaum, weil wir wegen des Bereitschaftsdienstes immer zu Hause sein mußten. Dann waren es unsere Frauen, die herumfuhren, nicht wir. Hinten und vorn hat alles nicht gestimmt. Aber wenn ich ehrlich bin, wird mir das im Grunde erst jetzt so richtig bewußt.« Für mich ist bedrückend, daß es gelungen war, alle eventuellen Zweifel jahrzehntelang so erfolgreich zu unterdrücken.

Schließlich sprechen wir darüber, inwieweit die Frage eines möglichen »Bürgerkrieges« zwischen Deutschen die Angehörigen der NVA beschäftigt hat. Noch einmal wird mir übereinstimmend berichtet, daß über diese Frage nie diskutiert worden sei, weil das Problem nach dem »Staatsverständnis« der DDR nicht existiert habe. Die DDR habe sich ja als ein eigener deutscher Staat verstanden, die gemeinsame deutsche Staatsbürgerschaft sei geleugnet worden, weshalb ein Krieg zwischen den beiden souveränen deutschen Staaten niemals als ein Bürgerkrieg betrachtet worden wäre. Man ist überrascht, als ich erzähle, daß wir als junge Offiziere in den frühen sechziger Jahren häufig über diese Fragen diskutiert hätten und das Thema auch an den Schulen der Bundeswehr immer wieder Gegenstand von Diskussionen gewesen sei. Die Frage, ob Deutsche auf Deutsche schießen würden und wie sich die NVA im Falle eines sowjetischen Angriffs auf die NATO verhalten würde, hatte uns tatsächlich immer wieder beschäftigt. Jetzt wird mir bestätigt, daß die NVA der Sowjetunion die Gefolgschaft nicht versagt hätte. Ein Krieg wäre kein Bürgerkrieg, sondern ein Verteidigungskrieg gegen kapitalistische Imperialisten gewesen.

Um so erfreulicher der allgemeine Bewußtseinswandel, der Wind des Wandels, der sich an diesem Abend zeigt. Wir alle – Ost und West – haben etwas voneinander gelernt.

Freitag, 19. April 1991 Stabsarbeit. Nach wie vor ist unklar, auf welchen Flugplätzen wir unsere rund 70 000 bis 80 000 Radfahrzeuge konzentrieren können. Unterschiedliche Auffassungen zwischen den Teilstreitkräften im Hinblick auf die spätere Nutzung, die Möglichkeit der Verwertung, auf Umweltschutzvorkehrungen und Bewachung. Die Diskussionen gehen hin und her.

Mittags wird mir gemeldet, daß im Munitionsdepot Altengrabow deutsche Offiziere außerhalb des Munitionslagers von Sowjetsoldaten beschossen worden seien. Dabei sei ein Major verletzt worden. Es ist das zweite Mal binnen wenigen Wochen, daß sowjetische Soldaten auf einen deutschen Offizier geschossen haben. Erst Anfang April ist dabei am selben Ort ein Soldat verletzt worden. Damals hatte ich entsprechende Weisungen für das künftige Verhalten gegeben, die eine Wiederholung vermeiden sollten. Das aber war offensichtlich nicht bis nach »unten« durchgedrungen. Um so gefährlicher ist dieser neue Zwischenfall im Hinblick auf mögliche politische Auswirkungen.

Samstag, 20. April 1991 Zahllose Pressemeldungen und Kommentare über den Vorfall in Altengrabow. Die Spekulationen reichen bis zu der Vermutung einer Nachrichtenagentur, die Schießerei werde Auswirkungen auf meine künftige Verwendung im Bundesministerium der Verteidigung haben. So schnell und leichtfertig wird berichtet, spekuliert, zur Disposition gestellt.

Besprechung in Strausberg zur Lagefeststellung. In der Zwischenzeit ist der Tathergang schon weitgehend aufgeklärt. Drei Soldaten eines Verteidigungsbezirkskommandos, unterwegs mit einem Wartburg mit NVA-Kennzeichen, haben den Hergang des ersten Vorfalls an Ort und Stelle rekonstruieren wollen und dabei die Absperranlagen und Warnbeschilderung des Truppenübungsplatzes und des Munitionsdepots fotografiert, ohne daß das sowjetische Hauptquartier vorher darüber informiert worden war. Obwohl die Soldaten in ihrer Uniform als Bundeswehrangehörige eindeutig erkennbar gewesen waren und sich beim Fotografieren außerhalb des Zaunes befunden hatten, wurde nach einem kurzen russischen Anruf scharf und gezielt auf sie geschossen, als sie bereits wieder im Wagen saßen und auf der öffentlichen Straße davonfahren wollten. Nach sowjetischer Auffassung hatten sie das Sperrgebiet am Rande des Truppenübungsplatzes ungerechtfertigt betreten, so daß die sowjetischen Posten im Rahmen ihrer Vorschriften von der Schußwaffe Gebrauch machen mußten.

Auch hier zeigt sich, daß wir noch vieles mit den Sowjets klären müssen, auch die Frage, inwieweit die sowjetischen Wachvorschriften und der Schußwaffengebrauch mit dem deutschen Recht übereinstimmen. Außerdem sind Vermutungen laut geworden, in Altengrabow könnten Nuklearwaffen gelagert sein, was den schnellen Schußwaffengebrauch erklären würde. Aber haben die Sowjets nicht öffentlich den Abzug der Nuklearwaffen erklärt?

Sonntag, 21. April 1991 Fahrt nach Altengrabow, um mir den Ort des Zwischenfalls anzusehen. Ein kleines Dorf am Rande einer großen Garnison. Auf der Dorfstraße nur sowjetische Soldaten. Ein unwirkliches Bild. Von der Hauptstraße zweigen zwei kleine Straßen ab, die für den öffentlichen Verkehr gesperrt sind – mitten in Deutschland eine merkwürdige Situation. Ein Verkehrsposten der sowjetischen Armee versperrt mir durch Armzeichen die Straße, die zur Kaserne führt, ohne daß es Sperr- oder Hinweisschilder gibt. Wir tragen alle Zivil und sind mit meinem zivilen Dienstwagen unterwegs. So folgen wir den Anweisungen. Die Atmosphäre ist beklemmend.

Anschließend besuche ich den verletzten Major, einen ehemaligen NVA-Offizier, im Krankenhaus. Ruhig und sachlich schildert er mir den Tathergang und weist jeden Vorwurf, leichtsinnig gehandelt zu haben, entschieden zurück. Er habe nicht Indianer spielen wollen, dazu wisse er gut genug, wie die Sowjets sich in ihren Munitionslagern verhielten und welche diesbezüglichen Sicherheitsvorschriften von den Deutschen zu beachten seien. Er habe sich von der öffentlichen Straße, auf der ihn der Schuß getroffen habe, nicht entfernt. Wie immer der Vorfall im einzelnen abgelaufen sein mag, wir – aber auch General Burlakow, der sowjetische Befehlshaber – haben Glück im Unglück gehabt, daß die Schüsse nicht zu einem Todesfall geführt haben. Denn immerhin ist gezielt geschossen worden.

Montag, 22. April 1991 Frühstück mit dem Minister und General Naumann, um einige Fragen zu besprechen, die in nächster Zukunft gemeinsam zu lösen sind. Auch der Fall Altengrabow spielt eine Rolle, der Zwischenfall zeugt von Nervosität der Sowjets.

Am Abend Fahrt nach Mainz, Vortrag vor Studenten. Die Zuhörer sind interessiert, viele Fragen werden gestellt. Die immer wiederholte Schlüsselfrage: »Ist es wirklich nötig, daß Sie versuchen, die Bundeswehr mit ehemaligen Kommunisten aufzubauen? Warum kann man sie nicht alle entlassen?« Hier besteht Erklärungsbedarf; wir können die Einheit nicht ohne die Menschen erreichen. Ich versuche, den Studenten das anhand von Einzelbeispielen vor Augen zu führen.

Dienstag, 23. April 1991 Berlin, Teilnahme an der Sportlerehrung. Der Minister ehrt die Soldaten, die in letzter Zeit Medaillen bei internationalen Wettkämpfen gewonnen haben. Das Bundeswehr-Kommando

Ost ist durch eine große Gruppe vertreten. Einer der Sportler, ein Hauptmann, schildert als Interessenvertreter der Sportler die Bedingungen, um erfolgreich an den Olympischen Spielen 1992 teilnehmen zu können. Sie wünschen sich langfristige Perspektiven und den Erhalt der guten Trainingsmöglichkeiten; ihr Ziel ist die Teilnahme an internationalen Wettkämpfen. Das Selbstbewußtsein der Sportler scheint ungebrochen – nichts ist erfolgreicher als der Erfolg.

Abends im Stab und mit General Foertsch Besprechung über die Konsequenzen von Altengrabow. Wir beschließen, den Vorfall bei den Sowjets zur Sprache zu bringen und den Schußwaffengebrauch unmißverständlich zu verurteilen. Zwar möchten wir unsere neugeknüpften Beziehungen zu den Sowjets nicht beeinträchtigen, aber wir müssen unsere Position deutlich markieren.

Mittwoch, 24. April 1991 Teilnahme am Empfang für den chilenischen Staatspräsidenten in Berlin. Zum ersten Mal marschiert eine Ehrenformation der Bundeswehr im Park von Schloß Bellevue auf. Für alle, die daran teilnehmen, ein besonderes Erlebnis. Außenminister Genscher hebt im Gespräch mit mir die besondere Leistung der Bundeswehr im Iran und beim Aufbau des Bundeswehr-Kommandos Ost hervor.

Am selben Tag vor dem Verteidigungsausschuß. »Altengrabow«-Besprechung, die nun hoffentlich auch eine politische Lösung findet. Die eindeutige Zurückweisung des Schußwaffengebrauchs durch alle Parteien bringt die Sowjets zum Einlenken. Sie erkennen offensichtlich, daß sie für diesen Zwischenfall kein Verständnis in Deutschland haben. Die weitere Zusammenarbeit und klare Absprachen mit der Westgruppe der Truppen sollen helfen, eine Wiederholung zu vermeiden. Aber der Zwischenfall bedarf weiterer Klärung und muß uns dazu veranlassen, den Schwierigkeiten beim sowjetischen Abzug mit noch größerer Aufmerksamkeit zu begegnen.

Donnerstag, 25. April 1991 Befehlshaberbesprechung. Zum ersten Mal diskutieren wir mehr Fragen der praktischen Arbeit im militärischen Alltag als soziale Probleme der Soldaten, der Besoldung, der Urlaubsregelung, der Freistellung vom Dienst – immerhin ein »Fortschritt«! Wir konzentrieren uns auf die Ausbildung, die Zusammenführung von Waffen und Munition, die Personalauswahl. Die Normalisierung schreitet voran, mit Erleichterung bemerken wir, daß die Verhältnisse zunehmend überschaubarer werden.

Abends Teilnahme beim Abendessen im Schloß Bellevue zu Ehren der Königin Beatrix. Auch die holländische Königin und ihr Prinzgemahl, denen wir vorgestellt werden, zeigen lebhaften Anteil am Einigungsprozeß und an den Veränderungen im militärischen Bereich.

Freitag, 26. April 1991 Besuch der Westgruppe der Truppe in Begleitung von Bundesminister Stoltenberg und dem parlamentarischen Staatssekretär Wimmer. Der Chef des Stabes der Westgruppe, Generalleutnant Kusnezow, hatte am Vortag über die Agentur Reuter schon eine leichte Entspannung im Fall »Altengrabow« signalisiert und menschliches Verständnis für die Betroffenen erklärt, obwohl ihnen zuvor dreist die Schuld zugewiesen worden war.

Die Begrüßung mit militärischem Zeremoniell erfolgt protokollgerecht und diszipliniert. Die gleichen jungen Gesichter wie damals in Moskau. Die Armee will sich hier intakt und mit Stolz darstellen, trotz aller politischen Probleme und Zweifel. Die deutsche Nationalhymne wird von dem sowjetischen Musikkorps getragen gespielt – vor dem deutschen Verteidigungsminister. Das rührt nicht nur mich an.

Generaloberst Burlakow ist aufgeschlossen, höflich, zunächst aber sichtlich unter Spannung. Für die Sowjets ist es wichtig, daß der Bundesminister trotz des Vorfalls in Altengrabow gekommen ist. Die Delegationsgespräche finden in aufgeschlossener Atmosphäre statt, und alle wichtigen Punkte werden angesprochen. Ein besonderes Anliegen Burlakows stimmt uns Deutsche sehr nachdenklich. Er beklagt sich zu Recht darüber, daß immer öfter Skinheads und andere junge Gewalttäter sowjetische Bürger, sowohl Soldaten als auch ihre Angehörigen, ja sogar Kinder oder Zivilpersonal angreifen. Burlakow erklärt, daß er die Wohnsiedlungen jetzt besser absichern und den freien Ausgang einschränken werde. So wachse aber keine gute Nachbarschaft. Es seien zwar nur Minderheiten, die gegenüber den Sowjets gewalttätig würden, sie würden aber erhebliche Ängste hervorrufen und als bedrohlich empfunden werden. Es gebe auch Übergriffe auf Wachposten, bei denen es schon zu Todesfällen gekommen sei. Überdies ermuntere man die Soldaten zum Verkauf von Waffen. Die deutsche Polizei sei noch nicht funktionsfähig und greife kaum ein; man müsse aber verhindern, daß die sowjetischen Soldaten auf das Verhalten einiger weniger Deutscher überreagieren.

Nach dem Delegationsgespräch geben uns die Sowjets mit einem opulenten Frühstück ein Beispiel ihrer berühmten Gastfreundschaft. Die Atmosphäre ist sichtbar entspannt. Beim anschließenden Rundgang werden uns die großen Schlafsäle gezeigt, alles sauber aufgeräumt. Man merkt die ordnende Hand, alles erscheint vorbereitet. Neben einem russischen Fernseher steht in dem Gemeinschaftsraum ein japanischer Videorecorder, der für sowjetische Verhältnisse ein Vermögen kostet. Die

Soldaten tragen nagelneue Uniformen, bei den Feldanzügen erkennt man zum Teil noch die Falten von der Lagerung im Pappkarton. Gefechtsschießen, Ausbildung, alles klappt wie am Schnürchen. Die Offiziere erklären immer wieder, dies sei der ganz »normale« Ausbildungsbetrieb, es handele sich um eine durchaus »normale« Kaserne mit einer ganz »normalen« Ausstattung, zu der auch ein gutsortierter Einkaufsladen gehört. Erst auf detailliertere Fragen geben sie zu, daß es ihnen in Deutschland zwar leidlich gutgehe, zu Hause die Versorgung aber trostlos sei. Die Frage nach der angespannten inneren Lage der Truppe tun sie jedoch ab – alles sei in Ordnung.

Bei der Pressekonferenz wird der Wille zur Lösung der gemeinsamen Aufgaben deutlich unterstrichen. Der Fall Altengrabow soll in der gemeinsamen deutsch-sowjetischen Kommission geklärt, die notwendigen Konsequenzen sollen gezogen werden. Auf die Frage eines Journalisten weist Burlakow darauf hin, daß sich in seinem Verantwortungsbereich keine Nuklearwaffen mehr befänden. Jeder der Zuhörer geht deshalb davon aus, daß in den fünf neuen Ländern überhaupt keine Nuklearwaffen mehr lagern. Wie überrascht sind wir, als der sowjetische Außenminister später bekanntgeben wird, daß sich noch Nuklearwaffen, wenn auch nicht unter Burlakows Kontrolle, in Deutschland befänden – also doch in Altengrabow?

Nach der Pressekonferenz gibt es im großen Saal musikalische Darbietungen, abwechselnd mit Chor und Orchester. Es werden russische Lieder gesungen, Melodien gespielt, aber auch Glen Miller kommt zu seinem Recht. Russische Seele – amerikanisches Herz – deutsches Gemüt. Anschließend ein reichhaltiges Abendessen, wieder in lockerer Atmosphäre. Der Bundesminister lädt Burlakow für den 1. Juli aus Anlaß der Auflösung des Bundeswehr-Kommandos Ost ein. Der Besuch schafft die Voraussetzung, um mit freundlicher Bestimmtheit unsere Interessen vertreten und den Abzug der sowjetischen Truppen mit Rat und Tat begleiten zu können.

Der Bundespräsident im Bundeswehr-Kommando Ost

Montag, 29. April 1991 Ankunft des Bundespräsidenten in Berlin-Schönefeld, der an unserer Arbeit von Anfang an große Anteilnahme gezeigt und mich zweimal zu ausführlichen Gesprächen eingeladen hat. Um so erfreuter sind wir über seinen Besuch. Die schwierigen Witterungsbedingungen erlauben es vorerst nicht, mit dem Hubschrauber zu unserem ersten Besprechungsort in das nationale Führungszentrum in Fürstenwalde zu fliegen, so daß ich den Bundespräsidenten und seine Begleitung zunächst auf dem Flugplatz Schönefeld über die Lage im Bereich Bundeswehr-Kommando Ost informiere. Richard von Weizsäcker folgt den Ausführungen mit großer Aufmerksamkeit.

Mit einer halben Stunde Verspätung Landung in Fürstenwalde. Begrüßung durch eine Ehrenformation der Luftwaffe und Besuch des nationalen Luftwaffenführungszentrums. Dort können wir vor Ort die enge Zusammenarbeit zwischen ehemaligen NVA- und Bundeswehr-Offizieren zur Wahrung unserer Souveränität im Luftraum zeigen. Die Befehlshaber tragen über die Situation bei Heer, Luftwaffe und Marine vor. Die Vorträge der Truppenkommandeure lassen endlich nicht nur die Schwierigkeiten, sondern auch Zeichen der Normalisierung erkennen. Mit dem Personaleinsatz aus dem Westen, mit Einfühlungsvermögen und in enger Zusammenarbeit haben wir deutliche Schritte auf dem Weg zu einer neuen Armee gemacht. Diese Zusammenarbeit wird auch an den Arbeitsplätzen sichtbar.

Anschließend Besuch der Pioniere in Storkow, Teilnahme an der Grundausbildung in gelöster Atmosphäre. Beim Mittagessen im Freien interne Gespräche mit Offizieren aus Ost und West. Sie zeigen sich zuversichtlich, daß sie die Aufgaben meistern werden. Die Rekruten geben gerne Auskunft und sind völlig ungezwungen. Ich bin von den Veränderungen beeindruckt: Noch im November hatte ich von den damaligen Wehrpflichtigen kaum Antworten erhalten und war auf große Zurückhaltung und Unsicherheit gestoßen. Jetzt dagegen ist alles anders: der neue Rekrutenjahrgang sieht trotz aller wirtschaftlichen Schwierigkeiten mit Zuversicht und Selbstvertrauen in die Zukunft. Die Nähe Berlins hat da eine wichtige Funktion. Die Hauptfeldwebel und Kompaniefeldwebel erklären dem Bundespräsidenten die Schwierigkeiten im Übergang von der ehemaligen NVA zum vielfältigen und erweiterten Aufgabenfeld und Verantwortungsbereich in der Bundeswehr. Auch sie scheinen sich ihren Aufgaben zu stellen und voneinander zu lernen. Die Fortschritte im Bundeswehr-Kommando Ost zeigen sich.

Anschließend Flug nach Potsdam, wo der Bundespräsident an einer Kommandeurtagung des Korps- und Territorialkommandos teilnimmt. Ich hatte ihn gebeten, bei dieser Tagung selbst zu den Kommandeuren zu sprechen und vorgeschlagen, daß zwei Kommandeure, ein Divisionskommandeur aus dem Westen, der seine Aufgabe am 3. Oktober übernommen hatte, und ein ehemaliger Divisionskommandeur der NVA, der seines Postens am 2. Oktober enthoben worden war und jetzt als Stabsoffizier in der Bundeswehr Dienst tut, über ihre Erfahrungen berichten sollten. Wegen der grundsätzlichen Bedeutung dieser Vorträge gebe ich sie in Auszügen wieder, zunächst den Vortrag von Oberstleutnant Panian, zur Zeit S3-Stabsoffizier und Stellvertretender Kommandeur im VBK 81 in Halle. Oberstleutnant Panian war vorher als Oberst Divisionskommandeur der 11. MotSchtützenDivision in Halle:

Das Zusammenwachsen der deutschen Streitkräfte aus der Sicht eines Offiziers der ehemaligen NVA

Herr Bundespräsident!
Meine Herren!
Schon einmal habe ich in diesem Raum vorgetragen. Es war 1982, ich war junger Regimentskommandeur und hatte mich wegen »Verstößen gegen die sozialistischen Beziehungen« in meinem Regiment zu verantworten. Heute spreche ich als Offizier der Bundeswehr und vor Ihnen, Herr Bundespräsident, zum Zusammenwachsen der Streitkräfte aus der Sicht der ehemaligen NVA.

Zugegeben, der Vergleich ist an dieser Stelle unpassend, so grundverschieden sind die Themen, die Beklommenheit des Vortragenden aber ist gleich.

Seit dem 3. Oktober 1990 ist nichts mehr, wie es war. Wer von den Anwesenden schon einmal in Bad Frankenhausen das Bauernkriegspanorama auf dem Schlachtberg gesehen hat, der kann vielleicht folgenden Vergleich nachvollziehen.

An einer Stelle, über einen Berg – an dessen Fuß die Schlacht zu Ende ist – wird von einer Symbolfigur, einem Landsknecht, die Friedensbotschaft überbracht. Hinter den Männern ist die Welt noch als Scheibe, aber schon in einer blauen Kugel dargestellt. Die Kugel ist aufgerissen. Der Mann – seine Schwertspitze ist abgebrochen – ist erschrocken, und er hält sich die Ohren zu.

So oder ähnlich würde ich die Situation der Offiziere der ehemaligen

NVA um den 3. Oktober 1990 beschreiben. Ihr Weltbild war zerrissen, von Agitation und Propaganda einer Parteiarmee, der man im Frühjahr 1990 schon entronnen glaubte, hatte man genug.

Bis zum 3. Oktober gingen die Offiziere durch viele Wechselbäder der Gefühle. Von der mit großem Beifall und Hoffnung aufgenommenen Theorie des Weiterfunktionierens der NVA im Rahmen eines zeitlich befristeten längeren Nebeneinanderbestehens beider deutscher Armeen bis zum Führungsvakuum und dem damit verbundenen Zeitverlust der Vorbereitung auf die Vereinigung haben wir eigentlich alles erlebt, was möglich war. Als Armee war man im Frieden besiegt worden, das saß tief. Was bevorstand, war ungewiß.

In Erklärungsschwierigkeiten war man ohnehin geraten, in der Familie, bei Freunden, in der Öffentlichkeit.

Wir sind aus heutiger Sicht der politischen Ereignisse seit jener Zeit – vielleicht dank eines Zufalles der Geschichte – zu einem Staat mit einer Armee zusammengefügt.

Welche Erwartungen – für manch einen auch Befürchtungen – gab es vor dem Eintreffen der Generale, Offiziere und Unteroffiziere der Bundeswehr? Glaubten wir nicht, alles von ihnen zu wissen? Die militärischen Strukturen und ihre Gliederungen bis ins kleinste hatten wir auswendig gelernt. »Den Feind sicher im Visier« war eine Parole, seine Einsatzgrundsätze genau zu studieren. Von den Menschen an sich wußten wir wenig. Durch Begegnungen im Rahmen der von »oben verordneten« Tätigkeit der Verbindungsstellen zwischen Bundeswehr und NVA hatte, vielleicht noch zur rechten Zeit, Nachdenklichkeit eingesetzt. Mehr nicht!

Noch nie wurden auf Kommandeurbesprechungen so viele Fragen gestellt wie im September 1990. Aus ihnen sprach vor allem die Unsicherheit gegenüber dem, was die »Wessis« vorhaben.

(...)

Würden uns die Offiziere der Bundeswehr akzeptieren, uns, die wir zu 95 Prozent Mitglieder der SED waren, in den sowjetischen Doktrinen gelebt haben, bereit, jederzeit eine imperialistische Aggression abzuwehren und noch bis weit in die 80er Jahre hinein den Aggressor auf seinem eigenen Territorium vernichtend zu schlagen? Würden sie als Sieger kommen und sich als solche fühlen, alles besser wissen und uns ständig belehren wollen?

Die ersten Eindrücke und das gesamte zurückliegende halbe Jahr haben die Befürchtungen der Angehörigen der ehemaligen NVA nicht bestätigt. Bei aller Differenziertheit kann man das mit Fug und Recht behaupten.

Sachlichkeit und Toleranz, Offenheit und höflicher Umgangston von der ersten Minute unserer gemeinsamen Kontakte fielen besonders auf. Da wirkten absolute Zurückhaltung im Gespräch, eine Abwartehaltung auf der einen und übersteigerte Dienstbeflissenheit auf der anderen Seite durch viele ehemalige NVA-Offiziere eher befremdend als einem notwendig zu schaffenden guten Arbeitsklima förderlich.

Aber nicht die menschlichen Werte allein, die unterschiedliche Auffassung von Menschenführung waren es, die auffielen. Dazu kamen Sachkompetenz und die Präzision in der täglichen Arbeit. Und, gleich ob Offizier oder Unteroffizier, sie konnten zuhören und haben zugehört.

Es war für mich als ehemaligen Kommandeur schon erstaunlich, sehen zu können, wie schnell sich die Soldaten aus dem Westen in die Empfindsamkeit ihrer neuen »Mitkameraden« aus dem Osten hineinlebten und vor allem die Schwachpunkte ihrer neuen Umgebung erkannten und verändern halfen.

Da meines Wissens bisher an so hoch offiziellen Stellen wie heute den Soldaten aus dem Westen nur von Vorgesetzten West für ihre Arbeit in den neuen Bundesländern gedankt wurde, erlaube ich es mir ganz einfach, das auch einmal als Angehöriger der ehemaligen NVA zu tun. Wenn sie nicht so gewesen wären, wie wir sie erlebt haben, würde das gute Beispiel der Bundeswehr im gesamtdeutschen Einigungsprozeß nicht machbar sein.

Es waren zwei Begriffe mit großem Inhalt, die wir in der NVA nicht kannten und die doch – neben sicher vielen anderen Kriterien – den Unterschied zwischen den Armeen ausmachten. Das haben uns die Soldaten West täglich vorgelebt.

Ich meine die Innere Führung und das Führen mit Aufträgen, die Auftragstaktik. Gerade der Begriff Menschenführung als wesentlicher Teil der Inneren Führung, ist ja unter NVA-Bedingungen nicht wenig strapaziert worden. Sie war Truppenführung, wo das Individuum Mensch im sozialistischen Kollektiv dem sozialistischen Aufbau zu dienen hatte. Die Schutzfunktion nach außen war dabei eine besonders wichtige. Hier haben wir unseren Platz in der Gesellschaft gesehen, in gutem Glauben gehandelt und uns über unsere Ergebnisse ehrlichen Herzens gefreut. Menschenführung, wie wir sie heute erleben, als Menschenbild aus Artikel 1 des Grundgesetzes, wo die Würde des Menschen oberstes Gebot ist, unterscheidet sich eben vom bisher Erlebten dadurch, daß der Staat für den Menschen da ist und nicht umgekehrt.

Manch einer von Ihnen wird sich fragen, der redet ja so, als ob er das alles schon verstanden hat. Weit gefehlt, noch ist es ein weiter Weg von der Erkenntnis bis zum Handeln. Ausgezeichnete Beispiele, auf die sich aufbauen läßt, vor allem Fürsorgeverhalten, habe ich genügend beobachten können.

Das bisherige Zusammenwachsen der Streitkräfte war im wesentlichen durch Erfolg gekennzeichnet, wie zum Beispiel durch die hohe Übernahmequote an Personal, die mit einem Abnehmen der Berührungsängste einhherging und das Sichtbarwerden von leeren Kasernen, weil das »Abverfügen« von Material und Gerät nun in Gang gekommen ist. Der erreichte Stand war Ergebnis einer Gemeinschaftsarbeit, die durch die Angehörigen der ehemaligen NVA wesentlich mitgetragen wurde. Auf diese Bereitschaft läßt sich weiter aufbauen. Aber es hat auch Zeiten der Unsicherheit und der Rückschläge gegeben. Lassen Sie mich dazu etwas sagen.

Dabei möchte ich nicht das Materielle und Soziale in den Vordergrund stellen. Bei allen Unterschieden, die es noch gibt und die wir Offiziere der ehemaligen NVA – gleiche Qualität der Arbeit vorausgesetzt – als Ungerechtigkeit empfinden, haben wir keine Veranlassung, überhöhte Forderungen zu unpassender Zeit zu stellen. Schon gar nicht, wenn wir den Vergleich zum zivilen Bereich ziehen.

Zum richtigen Verständnis ist es notwendig, auf die Probleme der Vergangenheitsbewältigung einzugehen. In ihrer ganzen Breite und der damit mitunter verbundenen persönlichen Tragik liegen meines Erachtens die Ursachen der Unsicherheit und der Rückschläge aus der Sicht der Offiziere der ehemaligen NVA.

In welcher Lage befanden wir uns oder befinden wir uns noch? Die überwiegende Mehrheit hat daran geglaubt, für die gute Sache des Sozialismus zu kämpfen. Dafür braucht man sich nicht zu schämen. Jetzt stellt sich, für jeden ganz individuell und nicht schulmäßig vorgegeben, heraus: Das erlernte Menschheitsideal ist falsch, man hatte sich den Zielen einer Führung verschrieben, die nicht den Menschen diente. Und wer es ehrlich mit sich meint, stellt sich die Frage nach seiner persönlichen Schuld.

Nur wer denkt, nicht selbst betroffen zu sein, kann freier, behutsamer und damit auch sicherer mit den Lasten der jüngsten Vergangenheit umgehen. Man hat oft den Eindruck, viele von uns verdrängen das noch – wie man insgesamt bemerkt, daß das Verhalten der Menschen heute mehr darauf gerichtet ist, sich der Vergangenheit zu entziehen. Und damit wird zugleich deutlich, daß hier die Wurzeln oft überzogener Sensibilität liegen.

Ich bin der festen Überzeugung, daß man sich nur mit der freiheitlichen Grundordnung – besonders ihrem Menschenbild – identifizieren kann, wenn man sich die Erkenntnis erarbeiten kann, einem mitunter verbrecherischen System gedient zu haben. Das ist persönlich sehr schmerzhaft, weil es oft auch mit dem Zusammenbruch des bisherigen Freundeskreises verbunden ist. Und konfliktfrei geht es auch nicht ab, wie anonyme Anrufe und Briefe beweisen.

Herr Bundespräsident, Sie haben einmal gesagt: »Vergangenheit bewältigen kann man nicht, man kann sie nur annehmen.« Und gerade das sollten wir auch gemeinsam tun.

Wer sich entschlossen hat, in der Bundeswehr zu dienen, kann das nur durch den Blick in die Zukunft tun. Der einzige Maßstab für die Bewertung der Einzelperson wird seine demokratische Gesamthaltung in dieser für uns nicht leichten Zeit sein. Kollektive Begründungen früherer Handlungen sollte man nicht mehr gelten lassen. Beide zusammenwachsenden Teile sind aufgefordert, an der Aufarbeitung der psychologischen Situation der Menschen in den neuen Bundesländern, auch und vor allem der ehemaligen Berufskader der NVA, mitzuarbeiten.

In uns lauert noch das Anpaß- und Mitmachelement aus 40 Jahren Training (und manch einer im Saal wird denken, mit seinem Vortrag paßt er sich ja schon wieder an). Der Mensch kann nur existieren, wenn er Selbstbewußtsein hat. Das führen uns über 90 Prozent der aus dem Westen in den Osten Deutschlands gekommenen »Aufbauhelfer« in überzeugender Art und Weise täglich vor.

Als Offizier der ehemaligen NVA ist man es noch nicht gewohnt, mit mehr Informationen und Freiheiten im Gespräch zurechtzukommen. Aber es ist erlernbar, weil auch die Gesprächspartner andere sind. Und die Beispiele beweisen es, Selbstbewußtsein muß trainierbar sein, indem man mehr Kontakte zu Soldaten aus der Bundeswehr West hat. Man kann sich also nur wünschen, daß der Dialog auf breiter Front fortgesetzt wird. Dabei ist es gleich, ob das bei einem Lehrgang, einer Ausbildung am Arbeitsplatz oder während der Truppenpraktika geschieht. Nur zu kurz darf es nicht sein!

(...)

Viel und oft ist davon gesprochen worden, daß eine wirkliche Integration in der Armee nur dann vonstatten gehen kann, wenn nicht nur Offiziere vom Westen im Osten, sondern auch umgekehrt Offiziere der ehemaligen NVA im Westen ihren Dienst leisten. Bleibt zu hoffen, daß dem bald so ist und die ersten Beispiele Schule machen. Gleiches trifft auf die Umgangssprache zu. Sicher hört sich Bundeswehr West und Bundeswehr Ost nicht gut an, aber wie anders soll man die Unterschiede deutlich machen, die es noch gibt? Üben wir also etwas Geduld, dann wird sich die Bundeswehr für alle einschleifen. Gleiches trifft übrigens auch für das Wort Kamerad zu, mit dessen Gebrauch wir Ost-Soldaten noch recht sparsam umgehen.

Der Minister der Verteidigung hat auf der Kommandeurtagung gefordert, daß sich in Zeiten unklarer Lage vor allem die Kameradschaft bewähren muß. Viele Soldaten der ehemaligen NVA und umgekehrt haben diese Kameradschaft bereits gespürt. Sie ist eine Garantie dafür, daß wir unseren gemeinsamen Auftrag erfüllen werden.

Anschließend Auszüge des Vortrags von Brigadegeneral Kirchbach, ab 3.10. Kommandeur der 9. Panzerdivision in Eggesin, seit 1.4. Kommandeur der neu aufgestellten Heimatschutzbrigade 41 in Eggesin:

Zusammenwachsen der deutschen Streitkräfte aus der Sicht eines Offiziers aus den alten Bundesländern

Mit diesem Bericht möchte ich keine wissenschaftliche Abhandlung darbieten und stütze mich nicht auf Umfragen oder gesicherte Erkenntnisse. Ziel ist es, persönliche Erlebnisse aus den letzten 7 Monaten zu schildern und zu werten und daraus Vorschläge abzuleiten für den Prozeß des Zusammenwachsens der Streitkräfte unserer Bundesrepublik Deutschland.

(...)

Mein Wissen von den Menschen in der ehemaligen Nationalen Volksarmee war sehr beschränkt. Sicher hatte man vieles von der NVA gehört: Keine Armee des Volkes, sondern eine Parteiarmee; 99 Prozent der Offiziere als Mitglieder der SED; die Tätigkeit von Politoffizieren als eigener Organisation innerhalb der Streitkräfte; die Tätigkeit des Ministeriums für Staatssicherheit in die Streitkräfte hinein; eine Armee mit einem eindeutigen Feindbild; wir selbst als Teil dieses Feindbildes; militärische Leistungsfähigkeit bei großen Übungen, hin und wieder im Fernsehen zu sehen; das disziplinierte Auftreten im Rahmen von Paraden.

Dies alles wußten wir oder glaubten wir zu wissen.

Wir hatten gehört vom schlechten baulichen Zustand der militärischen Anlagen, vom hohen Grad der Gefechtsbereitschaft.

Erst ab November 1989 begann sich das Bild ein wenig zu konkretisieren. Die Sprachlosigkeit zwischen den in beiden Armeen dienenden Soldaten wurde durch ersten, ganz vorsichtigen Dialog ersetzt.

Ich selbst drang auf einer Urlaubsreise nach Dresden im Mai 1990 bis zum stellvertretenden Divisionskommandeur der 7. Panzerdivision vor und knüpfte erste Kontakte. Im Zuge dieser Gespräche lud ich einige junge Soldaten nach Koblenz ein. Dieser Besuch kam im September 1990 zustande. Im gleichen Monat fuhren junge Offiziere meiner Brigade nach Dresden.

Ich konnte vor den Stabsoffizieren der 7. Panzerdivision einen Vortrag zum Thema Innere Führung halten und diskutierte mit dem Kommandeur und seinen Stellvertretern bis tief in die Nacht. Die vorherrschende Stimmung war Skepsis. Ich selbst antwortete im Zusammenhang mit meinem Vortrag auf die Frage, ob ich den Offizieren der NVA zutrauen würde, am Aufbau einer gemeinsamen Armee mitzuarbeiten, daß ich dies nicht beurteilen könne. Ich war aber überzeugt, daß wir diesen Versuch machen mußten, und habe gerade bei den jungen Soldaten erlebt, wie schnell die Sprachlosigkeit überwunden werden konnte.

Ein Erlebnis mit den Leutnants aus Dresden soll am Schluß dieser kurzen Einführung stehen. Im Rahmen eines Grillabends wurde ich gefragt, ob man mich, als ich gerade im Gespräch mit den jungen Dresdener Offizieren war, fotografieren dürfe. Ich war über diese Frage überrascht und stimmte selbstverständlich zu. »Ich brauche dieses Foto«, erklärte mir einer der jungen Offiziere, »als Beleg für zu Hause, daß Leutnants im Westen ganz normal und intensiv mit dem Brigadekommandeur im Dienstgrad eines Obersten auf kameradschaftlicher Basis sprechen und diskutieren können.« Unsicherheit, Spannung, Skepsis und Entschlossenheit zum Dialog, so kann ich die Stimmung zusammenfassen, mit der ich am 3. Oktober 1990, dem Tag der Einheit, meinen Dienst in Eggesin antrat.

(...)

Die ersten Eindrücke waren widersprüchlich. Ich sehe Soldaten, die sich beim Tragen der neuen Uniformen sichtlich unwohl fühlen, ich bemerke Blicke, die den meinen ausweichen, ich sehe Bilder überraschender Disziplinlosigkeit, ich sehe menschenunwürdige Unterkünfte.

In wenigen Tagen werden die Eindrücke klarer, aber noch widersprüchlicher. Verschiedene Soldaten treten mir sehr offen entgegen, berichten von den verwirrenden Erlebnissen aus dem vergangenen Jahr, andere lassen sich kaum ansprechen. Ich bin beim ersten Besuch in der Stabskompanie und brauche lange, bis die Soldaten bereit sind, ein wenig aus sich herauszugehen. Ich sehe Dienstgrade, die ohne sichtbare eigene Initiative in großer Lethargie abwarten, was auf sie zukommt, und andere, die sofort bereit sind, sich mit großer Energie in eine neue Aufgabe zu stürzen. Bei einigen spüre ich Scham über das Bild einer desolaten Armee und verhaltenen trotzigen Stolz auf vergangene militärische Leistungen.

Ich sehe hervorragend gepflegtes Material und Schemel, demoliertes

Gerät und erbärmliche sanitäre Anlagen in vielen Mannschaftsunterkünften, Küchen, die eine solche Bezeichnung nicht verdienen. Ich erlebe verschlossene und versiegelte Dienstzimmer und ein nahezu absurdes System der Geheimhaltung von Banalitäten.

(...)

Ich sehe ein Alarmierungssysten, das wie ein leerlaufender Motor noch immer getestet wird, bis ich die Abschaltung befehle, mit dem von zentraler Stelle und letztlich von Moskau aus die NVA alarmiert werden konnte bis hinein in die Wohnsiedlungen. Ich höre von der über viele Jahre aufrechterhaltenen Forderung nach einer 85prozentigen Bereitschaft, die die Soldaten viele Wochen bis zu Monaten von ihren Familien fernhielt.

Ich sehe Soldaten, die mit großer Energie und Tatkraft bis in die Nacht hinein arbeiten, um Anforderungen nach Gerät für den Golfkrieg erfüllen zu können und erlebe als Gegensatz eine Ausbildungskompanie, die am Tage der Ankunft der Rekruten von den Vorgesetzten um 17.00 Uhr verlassen worden ist.

Ich sehe Soldaten, die abends nach Dienst in ihren Trabbis Alkohol in großen Mengen trinken, weil es verboten ist, in der Kaserne Alkohol auszuschenken.

Erste Eindrücke, verwirrende Eindrücke.

Die ersten Monate sind von Unsicherheit gekennzeichnet und geprägt. In Zeiten der Unsicherheit entstehen Gerüchte. Sie entstehen schneller, als man durch aufklärende Informationen entgegenwirken kann.

Die Hoffnung, als Soldat auf Zeit für zwei Jahre übernommen zu werden, ist Skepsis – wird es wirklich klappen? Man möchte den Versprechungen der fairen Chance glauben und tut es doch nicht. Ungeschicklichkeiten der Personalführung tragen zur Verstärkung der Gerüchtebildung bei. Wie viele Soldaten werden übernommen? Wann fallen die Entscheidungen? Euphorie, als sich herumspricht, es werden viel mehr Soldaten für zwei Jahre übernommen, als endgültig gebraucht werden, tiefe Niedergeschlagenheit, als ein Stellenplan der Heimatschutzbrigade kursiert und man versucht, sich selbst in diesem Stellenplan wiederzufinden. Die Unterlagen aus den Waffengattungsreferaten, nicht abgestimmt und letztlich auch gegenstandslos, verstärken die Unsicherheit.

(...)

Gesprächsrunden in meinem Bungalow – Offiziere West, Offiziere Ost, Regimentskommandeure, Bataillonskommandeure, Kompaniechefs in immer wechselnder Zusammensetzung. Freie Diskussionen um Ver-

gangenheit und Zukunft. Offen ausgesprochene Überlegungen zur eigenen Tätigkeit, aber auch kritische Anfragen an mich oder uns alle, die wir aus dem Westen kommen.

Offiziere melden sich von Lehrgängen und Ausbildungen bei Truppenteilen im Westen zurück. In Gruppen erleben Soldaten den Deutschen Bundestag und die demokratische Auseinandersetzung. Sie sehen Unterkünfte und militärische Infrastruktur im Westen, erleben die dort praktizierte Menschenführung. In aller Regel höre ich begeisterte Kritiken.

Wir erhalten die erste Spülmaschine. Ich hätte nie gedacht, daß man sich darüber so freuen kann. In den Kasernen wird mit Bauunterhaltungen begonnen. Sanitäre Anlagen werden verbessert, Stuben werden tapeziert, Schemel gegen Stühle ausgetauscht. Man merkt, es passiert was. Dies schlägt sich auch in der Stimmung nieder.

Die ersten Übernahmeanträge sind genehmigt. Ich habe die Umweltschutzgruppe, die unermüdlich und vorbildlich Dienst leistet, zur sofortigen Übernahme gemeldet. Nur wenige wollen dies, zumindest vorerst, verstehen, aber als die Zusagen eingehen, wird das Signal verstanden. Um Weihnachten werden viele weitere Offiziere und Unteroffiziere übernommen. Es spricht sich herum, daß nahezu alle Unteroffiziere mit ihrer Übernahme für zwei Jahre rechnen können. Aus Resignation wird langsam Hoffnung.

(...)

Ich beobachte mich selbstkritisch. Meine Haltung zu den Menschen verändert sich. Ich merke selbst immer deutlicher, daß ich unendlich viel zu lernen habe. Wir müssen wissen, was gewesen ist, und wir müssen darüber sprechen. Nur so kann man verstehen, und nur aus Verstehen kann Vertrauen wachsen.

(...)

Es gibt herbe Rückschläge. Ein junger Rekrut wird von älteren Kameraden mißhandelt, als er den Anweisungen zur Reinigung eines Flures nicht nachkommen will. Ich höre von »Spielen«, die von älteren mit jüngeren Soldaten getrieben werden...

Gesprächsrunden mit Rekruten, die im Westen zur Grundausbildung waren. Viele Soldaten sind begeistert, aber einige erzählen, sie hätten sich als Soldaten zweiter Klasse gefühlt und seien als »Ossis« auch so behandelt worden. Ausnahmen sicher, aber sie dürfen eigentlich nicht passieren.

Einige Soldaten werden in sechs Monaten zweimal im Dienstgrad zurückgestuft. Ein Major findet sich als Oberleutnant wieder. Ich kann seine gedrückte Stimmung verstehen, obwohl es objektiv nachvollziehbare Gründe gegeben hat, so zu handeln.

Eine Waffe fehlt. Sie ist gestohlen worden. In unglaublichem Leichtsinn haben Soldaten, geführt von einem Offizier, als der Versorgungsfeldwebel nicht auf der Stelle erreichbar war, ihre Waffen im Flur abgestellt und sind auf ihre Stuben gegangen. Am gleichen Tag sind in diesem Block 30 Soldaten entlassen worden.

Wir erleben Kurzbesucher, die nach einem Umschauen von zwei Stunden glauben, sie könnten alles verstehen, was hier gemacht werden muß und wie und warum. Wir nennen sie »Besser-Wessis«, und uns allen fängt diese Kategorie von Menschen an unsympathisch zu werden. Wir finden sie im zivilen, aber leider auch im militärischen Bereich.

Ich habe den Elendstourismus satt. Ich mag nicht mehr hören, wie schlimm alles ist, und immer wieder erläutern, daß wir alle an einem Strang ziehen, um die Zustände zu bessern, daß wir Erfolge haben und daß es weitergeht. Ich habe überhaupt alle Besucher satt, die nur kommen, um ihre eigenen Vorurteile zu bestätigen, und bei denen man ein wirklich tiefes Interesse nicht feststellen kann.

Wir sind noch längst nicht am Ziel. Die lähmende Lethargie ist noch längst nicht bei allen überwunden. Wir werden vermutlich nach zwei Jahren auch Leute als ungeeignet nach Hause schicken müssen, wenn sich dies nicht ändert. Eine Fernsehsendung erregt Aufsehen. Soldaten der Bundeswehr äußern sich in kritischer Form und wehleidiger Stimmung über ihren bevorstehenden Einsatz in der Türkei. Einige Grundwehrdienstleistende, aber auch Zeitsoldaten verweigern den Wehrdienst. Ich werde kritisch gefragt, ob Angst auch ein Gewissensgrund sei. Man betrachtet uns skeptischer. Auch im Westen ist nicht alles Gold, was glänzt.

(...)

Wir brauchen den Dialog. Wir müssen ihn intensiv fortsetzen. Wir dürfen der Vergangenheit nicht ausweichen. Wir müssen sie aufarbeiten, und zwar gemeinsam.

Wir müssen auf einen Prozeß des Umdenkens setzen und dafür Zeit haben. Jeder hat Informationen, die er vorher nicht hatte, jeder hat Gesprächspartner, die er vorher nicht hatte, jeder hat Freiheiten, die er vorher nicht hatte. Jeder wird aus diesem Prozeß anders herauskommen, als er hineingegangen ist – auch wir. Der Weg zu einem neuen Weltbild ist möglich, aber er braucht Zeit. Wir haben diese Zeit. Wir müssen gute Kameradschaft halten. Innerhalb der Dienstgradgruppen genauso wie quer durch die Dienstgradgruppen. Jeder Soldat, der aus dem Westen hier verwendet wird, sollte nach zwei oder drei Jahren mit dem Gefühl weggehen, gute Kameraden und einige Freunde zurückzulassen.

(...)

Wir dürfen das erwiesenermaßen vorhandene professionelle Können der ehemaligen NVA nicht verdammen. Wir müssen darauf aufbauen. Professionelles Können, die Bereitschaft zur Leistung können aus der ehemaligen NVA als positives Erbe in die deutschen Streitkräfte eingebracht werden. Wir müssen auf offene Informationen setzen und Gelegenheit geben, den demokratischen Prozeß in Bonn oder anderswo persönlich zu erleben. Wir müssen helfen, ein neues Verständnis von Menschenführung nicht nur in die Köpfe, sondern auch in die Herzen zu verpflanzen.

Wir müssen uns auf längere Zeiträume einstellen. In einem 10 000-Meter-Rennen haben wir die ersten 100 Meter in guter Zeit zurückgelegt. Jetzt kommt es auf Beharrlichkeit und Stehvermögen an.

(...)

Der Weg zu gemeinsamen deutschen Streitkräften ist beschritten. Wir alle haben erfahren, daß das Ziel nur gemeinsam zu erreichen ist. Die Zuversicht ist aber auch gewachsen, daß die Lösung der Aufgabe wirklich gelingen kann und wird. Von uns allen wird über lange Zeit ein Mehr an Leistungen gefordert werden ohne Unterschied, woher wir kommen. Aber das Ziel lohnt die Mühe. Nicht alles Heil liegt im Westen. Wenn wir zusammen die neuen Streitkräfte aufbauen, gibt es vielleicht auch eine Chance, Fehlentwicklungen wie zum Beispiel Wehleidigkeit und Bürokratisierung zu korrigieren und in diesem Teil unseres Landes gar nicht erst aufkommen zu lassen.

Wir werden die Kluft überwinden und sind dabei, ein kleines Stück Einheit selbst zu gestalten, nicht in erster Linie organisatorisch, sondern als Einheit der Menschen im Handeln, im Verstehen und im Vertrauen. So können wir auch Orientierungshilfe für andere leisten.

Danach erklärt der Bundespräsident in einer Rede seine Einschätzung der Lage und würdigt unsere Leistung.

Ansprache von Bundespräsident Richard von Weizsäcker
vor der erweiterten Kommandeurtagung
Korps-/Territorialkommando Ost in Potsdam am 29. April 1991

I.
Meine Herren,
in den vergangenen Monaten habe ich die fünf Länder besucht und mich an Ort und Stelle über die aktuelle Lage informiert. Dies ist nun mein erster Besuch bei der Bundeswehr im Osten Deutschlands. Ein erlebnisreicher Tag mit starken Eindrücken liegt hinter mir.

Hier in Potsdam mit Soldaten deutscher Streitkräfte zusammenzutreffen, die dem Frieden dienen, bewegt mich sehr. Hier trat ich 1938 als Achtzehnjähriger in das Infanterieregiment 9 ein, um meiner Wehrpflicht zu genügen, und wurde nur ein Jahr später mit meinen Kameraden in den Krieg geschickt, nach dessen Ende die Teilung Deutschlands und Europas kam. Hoffnungen auf Frieden und Freiheit waren damals fern und unbegründet. Um so dankbarer dürfen wir heute über ein freiheitlich und friedlich zusammenwachsendes Europa mit einem vereinten Deutschland in seiner Mitte sein. Es ist Ausdruck und Folge zugleich der von uns allen angestrebten Entspannung und Abrüstung.

II.

In dieser historischen Phase tragen Sie als militärische Vorgesetzte Verantwortung für eine große und schwierige Aufgabe. Seit dem Tag der Vereinigung Deutschlands haben wir eine gesamtdeutsche Bundeswehr auf der Grundlage unserer bewährten Wehrverfassung. Die Zeit zur Vorbereitung hierfür war denkbar kurz; die Ausgestaltung in der Praxis ist noch längst nicht abgeschlossen. Ich habe mich aber heute davon überzeugt, daß bereits ein gutes Stück des Weges hinter Ihnen liegt und daß Sie eine gute Richtung gehen.

Für mich ist es selbstverständlich, daß auch Soldaten der ehemaligen Nationalen Volksarmee die Chance eröffnet worden ist, sich an dieser Aufgabe zu beteiligen. Dies entspricht dem Gedanken der Einheit. Es bedeutet aber auch, daß bisherige potentielle Gegner nunmehr gemeinsam Verantwortung für dieselbe Sache übernehmen. Das ist gewiß nicht leicht – für beide Seiten. Nach Jahrzehnten der Trennung und starren Konfrontation müssen Soldaten mit höchst unterschiedlicher Erziehung und Ausbildung vom Gegeneinander zum Miteinander finden, tiefsitzende Vorbehalte überwinden und statt dessen feste Gemeinsamkeiten entwickeln.

Die Soldaten der ehemaligen Nationalen Volksarmee waren im Geiste des Klassenkampfes und des »Feindbildes« unseligen Angedenkens erzogen. Für sie stellt sich der Sinn ihres Berufs nun in einem völlig neuen Zusammenhang dar. Die friedliche Revolution in der DDR konnte sie nicht unberührt lassen. Vielen wird sie hoch willkommen gewesen sein, denn auch unter ihnen gab es Herzen und Köpfe, denen es in Wahrheit um Freiheit und ihren verantwortlichen Schutz geht. Nun gilt es, weiter umzudenken. Materielle Sorgen kommen hinzu. Denn wo gestern ein gesichertes Auskommen und gute Laufbahnchancen waren, da stehen heute oft bange Fragen zum weiteren persönlichen Lebensweg. Die generelle Chance eines Neuanfangs im Osten Deutschlands brachte für viele einzelne zunächst einen schweren Einschnitt mit ungewisser Zukunft. Mit diesen Schwierigkeiten muß letztlich jeder auch persönlich fertig werden. Aber alle, die Verantwortung tragen, sind berufen, dabei mit aller Kraft zu helfen.

Die psychologische Ausgangslage für die Soldaten aus der »alten Bundeswehr«, die diese Verantwortung hier übernommen haben, ist ebenfalls nicht leicht. Sie sind die Vertreter eines Gesellschafts- und Wertesystems, das nun für alle maßgeblich ist. Sie bewegen sich innerhalb Deutschlands, und doch betreten sie in vielfältiger Weise Neuland. Dabei wird auch von ihnen verlangt, so manche Einstellungen gegenüber den Soldaten der früheren DDR zu ändern und Vorurteile abzubauen.

Die schwierigen Aufgaben werden – davon habe ich mich heute überzeugen können – bemerkenswert gut erfüllt. Die Soldaten der Bundeswehr leben die deutsche Einheit vom ersten Tage an vor. Der ehemalige Kontrahent ist als Mitmensch erkannt, als Partner angenommen. Ideologisch begründete Abgrenzungen treten mehr und mehr zurück. Statt dessen bestimmen Aufgeschlossenheit, Lernwilligkeit und Bereitschaft zur Zusammenarbeit das Bild, vor allem aber die Wiederentdeckung der schlichten Tatsache, daß wir alle Deutsche sind. Die Herausforderungen werden angenommen und gemeinsam bewältigt. Dies verlangt von beiden Seiten hohes Pflichtbewußtsein und starkes Engagement.

III.

Der von der Bundeswehr bisher geleistete Beitrag für das Zusammenwachsen des geeinten Deutschlands verdient unser aller Respekt und Anerkennung. An dem dynamischen Prozeß des gesellschaftlichen Wandels, dessen Verlauf noch von niemandem völlig zu übersehen ist, nehmen Sie mit besonders hoher Verantwortung teil. Dafür danke ich Ihnen. In kaum einem anderen Bereich werden das Ende des kalten Krieges und die Öffnung nach Osten deutlicher sichtbar als bei den Streitkräften.

Ich möchte Sie aber auch nachdrücklich ermutigen, in Ihren Anstrengungen nicht nachzulassen. Wir stehen im Prozeß der deutschen Vereinigung erst am Anfang des gemeinsamen Weges. Für die vor uns liegenden Aufgaben brauchen wir weiterhin viel Geduld und Behutsamkeit. Die deutsche Teilung hat ihre Spuren nicht nur im Bild der Städte und Landschaften hinterlassen, sondern auch das Denken und Fühlen der Menschen in beiden Teilen Deutschlands geprägt. Daher sollte niemand überfordert werden. Wichtig im Miteinander der Bürger in Ost und West sind das persönliche Erleben, das gegenseitige Verstehen und der Wille, das vereinte Deutschland als die gemeinsame Heimat zu betrachten. Mit der Zusammenarbeit wächst dann auch das Vertrauen.

Jahrzehntelange Entmündigung in politischen Angelegenheiten und Unterdrückung der persönlichen Initiative sind zunächst eine schlechte Voraussetzung, Vertrauen in die Vorteile eines pluralistisch geprägten Interessenausgleichs einer freien Gesellschaft zu gewinnen. Wettbewerb ist ein vorherrschendes Merkmal demokratischer Ordnung. Das Gefühl, ihm vielleicht nicht gewachsen zu sein, erzeugt Ängste und Zweifel. Wenn dann in der schwierigen Umstellungsphase die wirtschaftlichen und sozialen Probleme des Alltags übermächtig werden, drohen die Werte der Rechtsstaatlichkeit und Freiheit von ihrer Zugkraft zu verlieren.

Dieser Gefahr haben wir kraftvoll und zielstrebig zu begegnen. Hierzu ist zweierlei erforderlich: Erstens müssen die sozialen Lebensbedingungen in den östlichen Bundesländern so rasch wie möglich an den Standard des Westens angeglichen werden. Und zweitens kommt es darauf an, das Wertesystem unserer gesellschaftlichen Grundordnung in Wort und Tat zu praktizieren. Nicht theoretische Weisheiten, sondern praktische Erfahrungen und gute Beispiele des einzelnen geben dabei den Ausschlag.

IV.

Hier fällt auch der Bundeswehr eine wichtige Rolle zu. Führung und Ausbildung ihrer Soldaten sind durch die Grundsätze der Inneren Führung und des Leitbildes vom Staatsbürger in Uniform bestimmt. Sie spiegeln die tragenden politischen, ethischen und rechtlichen Fundamente unserer gesellschaftlichen Ordnung wider. Damit erlebt auch der Soldat den Wert dieser Ordnung nicht als abstrakten Anspruch, sondern konkret im täglichen Dienstbetrieb. Er weiß, was er verteidigt. Dies verschafft ihm die innere Bereitschaft, seine Pflichten als Soldat und Staatsbürger auf sich zu nehmen. Die bewährten Prinzipien der Menschenführung in der Bundeswehr werden von den Soldaten in den fünf Ländern, die bisher eine andere militärische Erziehung gewöhnt waren, gewiß verstanden und angenommen. Umstellungsschwierigkeiten sollten nicht den Blick auf das Ganze trüben. Mit ihrem inneren Gefüge wirken die Streitkräfte weit über den eigenen Bereich hinaus. Vielmehr tragen sie bei zur Festigung des Bewußtseines freiheitlicher und demokratischer Erfahrungen im gesellschaftlichen Umfeld. Die Einheit der Truppe fördert die Einheit der Deutschen.

Die Aufgabe der Führung und der Soldaten der Bundeswehr ist dabei nicht primär eine sicherheitspolitische oder strategische, sondern in erster Linie eine menschliche. Wie in keinem anderen Sektor unserer Gesellschaft begegnen sich bei den Streitkräften aus Ost und West menschliche Schicksale. Es imponiert mir in hohem Maße, mit welchem großen Einfühlungsvermögen und Engagement der Befehlshaber des Bundeswehr-Kommandos Ost mit seinem Stab sich dieser Herausforderung vom ersten Tag an gestellt hat. Sie leisten damit uns allen in Deutschland einen unersetzlichen Dienst.

Auf diesem Weg werden Sinn und Auftrag der deutschen Streitkräfte erneut deutlich: Der Soldat der Bundeswehr dient dem Recht und Ethos unseres Verfassungsbildes. Er braucht weder ein Feindbild noch eine Ideologie, auch klassenkämpferischer Antrieb zum Haß ist ihm fremd. Sein Dienst ist allein auf die Verteidigung der Grundlagen und Ziele unserer Verfassung und des Völkerrechts ausgerichtet. Er ist dabei Bürger unter Bürgern.

Dienstag, 30. April 1991 Die Reaktionen der Presse über den Besuch des Bundespräsidenten sind positiv. Es wird deutlich, daß wir einen Teil der Arbeit schon hinter uns haben, daß die Bundeswehr-Ost im Entstehen ist. Ich bin zuversichtlich, daß sie auch von der Bevölkerung in den fünf neuen Ländern akzeptiert werden wird.

Mittags erfahre ich, daß ein junger sowjetischer Wachsoldat von unbekannten Tätern ermordet worden ist. Der Tathergang ist unklar, die Polizei Brandenburgs ermittelt. Nach kurzer Überlegung rufe ich über meine Direktverbindung Generaloberst Burlakow an und spreche ihm meine Anteilnahme dafür aus, daß ein sowjetischer Staatsbürger als Soldat in Deutschland im tiefsten Frieden getötet worden ist. Zur Schuldfrage kann und will ich mich nicht äußern, will lediglich von Kommandeur zu Kommandeur meine Betroffenheit zum Ausdruck bringen. Burlakow ist von meinem Anruf sichtlich überrascht, nimmt ihn aber mit großem Ernst entgegen. Wir beide hoffen, daß der Mörder bald gefunden wird.

Eine Stunde später bekomme ich einen Hinweis, daß der Verdacht besteht, der Soldat sei von seinen eigenen Kameraden umgebracht worden. Die Tat muß sich innerhalb des Kasernenbereichs abgespielt haben. Dennoch bin ich froh, Burlakow angerufen und damit ein menschliches Zeichen gegeben zu haben.

Gemeinsam mit dem Abgeordneten Wittmann, dem Vorsitzenden des Verteidigungsausschusses, Besuch bei einem aufzulösenden Truppenteil. Sehr deutlich werden hier die Schwierigkeiten der Auflösung vorgetragen. Ein Nachkommando aus 400 Soldaten besteht noch, weil die Panzer nicht abgegeben werden können und man noch nicht weiß, wohin mit der Munition. Unter den Offizieren herrscht Lethargie, sie wissen, daß sie zum Teil ausscheiden müssen. Hier ist eine energische Führung vonnöten und mehr Unterstützung aus dem Westen erforderlich.

Abends ab 18.30 Uhr Lage. Positive Ergebnisse. Der Abschub und die Zusammenfassung des Materials machen uns die Hauptschwierigkeiten.

Freitag, 3. Mai 1991 Abends Information des SPD-Parteivorsitzenden Hans-Jochen Vogel in Potsdam über unsere Aufgabe. Er und seine Begleitung sind an unserem Vorgehen besonders interessiert und sprechen uns ihre Anerkennung für das aus, was bisher erreicht wurde.

Sichtbare Fortschritte

Montag, 6. Mai 1991 Besuch eines Pionierbataillons. Auf dem Weg dorthin Fahrt durch das Havelland, das Land Fontanes. Alleen, Weiden, Felder – eine flache Landschaft. In den Ortschaften überall Spuren der Verwitterung. Die Häuser verwahrlost und grau. Dennoch ist es herrlich, wieder durch diese Landschaft fahren zu können – auf den Spuren des Herrn von Ribbeck auf Ribbeck im Havelland. In diesem Bataillon sind Stimmung und Leistung schlecht. Es scheint Mehltau auf dem Verband zu liegen, die Personalauswahl muß verbessert werden.

In einem nicht weit entfernt liegenden Panzergrenadierbataillon herrscht hingegen trotz der schwierigen Lage eine gute Stimmung. Der Kommandeur hat Autorität, hat sich freiwillig gemeldet und bleibt auf Dauer im Osten. Er identifiziert sich mit der Aufgabe und weiß, daß er sie mit dem Einsatz seiner Persönlichkeit und der Unterstützung seiner Offiziere bewältigen kann. Persönlicher Einsatz und Überzeugungskraft der Führer bestimmen Leistung und Stimmung in den Verbänden mehr als die allgemeinen äußeren Umstände.

In Magdeburg gemeinsames Abendessen mit dem VB-Kommandeur, Oberst von Wagner, Minister Münch und dem Regierungspräsidenten von Magdeburg. Wir sitzen in einer kleinen Plattenbauwohnung, hören die Stimmen der Nachbarn durch die dünnen Wände dringen, vergessen aber ganz, wo wir sind, so sehr beschäftigen uns die Fragen, die so unerwartet schnell auf uns zugekommen sind. Wie vollenden wir die Einheit mit den Menschen? Ich erfahre erneut von den Schwierigkeiten, in den Verwaltungen geeignete Leute zu finden, die qualifiziert und politisch nicht vorbelastet sind. Das ist nicht nur mit »Westimporten« möglich. Wenn wir Vertrauen schaffen wollen, müssen wir auch Menschen aus dem Lande einstellen, selbst wenn sie weniger Erfahrung haben. Probleme allerdings, so sagt man mir, ergäben sich daraus, daß häufig Funktionäre von gestern auch nach der Wende wichtige Ämter bekleiden würden.

Mir fällt das Beispiel eines ehemaligen Syndikus der SED ein, der inzwischen Leiter des Arbeitsamtes einer Kreisstadt geworden ist. Er gehe morgens, so war mir zu Ohren gekommen, durch die Warteräume des Arbeitsamtes und werfe den Arbeitslosen vor: »Ihr habt das ja alles so gewollt, jetzt habt Ihr Eure Südfrüchte und dafür seid Ihr eben arbeitslos.« Daß ein solcher Zynismus Wut und Verbitterung steigert, läßt sich leicht vorstellen. Bei der Personalauswahl in den Behörden und Ämtern ist der Verlust an Sachverstand wohl leichter hinzunehmen als die Beschäftigung der alten Kader. Eine unbelastete politische Vergangenheit ist hier mehr wert als eine noch so umfangreiche Berufsqualifikation. Ein Landrat erzählte mir, daß er nach seiner Wahl zunächst alles vorhandene Personal übernommen, sich dann aber kurzfristig entschieden habe, alle führenden Mitarbeiter auszutauschen und diese durch politisch unbelastete Bürger zu ersetzen. Es habe zwar einen Abfall in der Leistung, dafür aber mehr Vertrauen in der Bevölkerung gegeben, worin er den Beweis für die Richtigkeit seiner Entscheidung gesehen habe. Ein anderer Landrat hingegen hat alle alten »Kader« behalten und mit acht Neuankömmlingen sein Amt mit 240 Mitarbeitern übernommen. Aus der Sicht der Bevölkerung hatte sich nichts geändert, immer noch die gleichen Gesichter, das gleiche Verhalten – keine erkennbare Änderung.

In Magdeburg muß ich in einem Hotel schlafen, da es dort keine Kasernenunterkunft gibt. Das Hotel, früher von der SED geführt, ist unverschämt teuer, der Service miserabel. Die Angestellten machen den Eindruck, als ob sie Essen und Bier auf Karten zuteilen, und behandeln den Gast unfreundlich und mit Herablassung. Ein eigenartiges Verständnis von Gastfreundschaft und Dienstleistung! Hoffentlich haben unsere gezielten Hinweise zur Verbesserung dieser Zustände beigetragen.

Dienstag, 7. Mai 1991 Briefing beim Verteidigungsbezirkskommando in Magdeburg. Auch hier geht der Weg voran, und das große Engagement des Kommandeurs bestätigt ein weiteres Mal, daß nur der persönliche Einsatz die Voraussetzung für jeden weiteren Erfolg ist.

Dasselbe zeigt sich bei einem Pionierbataillon, das ich anschließend besuche. Der Kommandeur bleibt drei bis vier Jahre, die Rekruten und Ausbilder machen einen vorzüglichen Eindruck; die westlichen Unterstützungsgruppen leisten außerordentlich wirksame Hilfe.

Ich nehme den Kompaniechef, einen ehemaligen NVA-Offizier, beiseite und frage ihn, ob er sich von den West-Unterstützungsgruppen nicht sehr bevormundet fühle. Der Hauptmann schaut mich erstaunt an. »Herr General«, gesteht er mir dann, »manchmal habe ich den Eindruck, daß man mir die Luft abdrückt. Die Offiziere aus dem Westen wissen alles besser, kennen ihre Vorschriften und sind oft ungeduldig, während ich mir selber alles erst einmal anlesen muß. Aber sie machen es ja, weil sie uns helfen wollen. Trotzdem ist es manchmal verdammt schwer einzusehen, daß sogar ein Feldwebel oder Oberfeldwebel mehr weiß als ich.«

Anschließend spreche ich mit dem Führer der Unterstützungsgruppe und erzähle ihm von meinem Gespräch. Auch er sieht das Problem; da jedoch so viel zu tun sei, habe er wenig Zeit für längere Erklärungen. Ich bitte ihn dennoch, mehr Rücksicht zu nehmen. Unser Ziel sei schließlich, bei den ehemaligen NVA-Offizieren ein neues Selbstbewußtsein zu entwickeln.

Danach Gespräch mit den Bataillonskommandeuren einer Heimatschutzbrigade, die ihren Dienst fast alle am 1. April angetreten haben, um die neuen Truppenteile aufzubauen. Sie strahlen Selbstbewußtsein und Optimismus aus, gehen alle in die Zweitverwendung als Kommandeur und haben sich hierfür freiwillig gemeldet. Sie wollen ihr militärisches Wissen und ihre menschliche Erfahrung in den Einigungsprozeß einbringen. Ihre Familien sind damit einverstanden. Einige wenige werden umziehen können und hoffen, daß sie alsbald Wohnungen finden. Sie sehen die vielen Schwierigkeiten, klagen aber nicht darüber, sondern erklären mir, wie sie sie lösen wollen und wo sie Hilfe brauchen.

Gemeinsames Abendessen mit unserem Strausberger Kreis. Er hat sich aus der Leitung der Außenstelle des Bundesministeriums für Verteidigung, der Wehrbereichsverwaltung VII, dem Bundeswehr-Kommando Ost, dem Korps- und Territorialkommando Ost und dem deutschen Verbindungsstab zu den sowjetischen Streitkräften gebildet. Wir haben uns regelmäßig getroffen, weil unsere Dienststellen unmittelbar zusammengehören, und über die Monate hat sich ein außerordentlich enges und vertrauensvolles Verhältnis entwickelt. Hier wird deutlich, daß eine enge Zusammenarbeit zwischen Truppenführung und Wehrverwaltung eine entscheidende Voraussetzung zur Bewältigung der Besonderheiten beim Aufbau – oder auch beim Abbau – ist. Durch den sehr persönlichen Umgang werden viele Dinge schnell und unbürokratisch geregelt und entschieden werden – zur Entlastung aller.

Freitag, 10. Mai 1991 Gespräche auf der Hardthöhe, vor allen Dingen mit dem Inspekteur des Heeres über das schnelle Zusammenführen zu einem deutschen Heer. Ich stelle die Unterstützung und Zusammenarbeit Truppe/Truppe besonders positiv heraus. Sie hat sich bewährt, wir müssen auf diesem Wege weitergehen.

Montag, 13. Mai 1991 Vortrag vor der US Chamber of Commerce in Berlin. Ein interessiertes Publikum mit vielen Fragen. An der Veranstaltung nehmen Wirtschaftler aus Ost- und Westberlin teil – zum Teil auch aus der Umgebung – und auch solche, die früher in der DDR-Volkswirtschaft Verantwortung hatten. Sie weisen in ihren Beiträgen darauf hin, daß sie überrascht sind, wie lautlos sich bei der NVA der Übergang zur Bundeswehr vollzogen hat.

Manche unserer Probleme sind denen in der Wirtschaft ähnlich. Da es aber hier naturgemäß keine geschlossene Organisation mit einem nach den gleichen Grundlagen ausgebildeten Führungskorps gibt, ist es außerordentlich schwierig, einen einheitlichen Führungsanspruch durchzusetzen. Die unterschiedlichen betrieblichen Voraussetzungen erfordern zur Lösung von wirtschaftlichen Problemen jeweils andere Grundsätze und Maßstäbe, vorwiegend ausgerichtet auf Effizienz. Das Hauptproblem liegt für die Wirtschaftler darin, genügend Mitarbeiter zu finden, die gewillt sind, Verantwortung zu übernehmen, und befähigt sind, diese Verantwortung zu tragen. Unabhängig von den materiellen Schwierigkeiten kann die Marktwirtschaft in den fünf neuen Ländern nur dann in Gang kommen, wenn sich genügend Menschen finden, die sich dieser Aufgabe stellen. Offensichtlich gibt es in Westdeutschland noch nicht genügend Freiwillige, die für längere Zeit als Helfer in den Osten gehen wollen. Da haben wir in den Streitkräften mehr Glück. Die Bereitschaft und der außerordentliche Einsatz vieler Offiziere und Unteroffiziere ist ein gutes Zeichen für ihre Aufgeschlossenheit. Einige Wirtschaftsführer erkennen an, daß die Streitkräfte wirklich an der Spitze der Entwicklung »marschieren«.

Dienstag, 14. Mai 1991 Besuch bei der Heimatschutzbrigade 39 in Erfurt. Die Kommandeure kennen ihre Aufgabe, sie wissen sie anzugehen, und sie tun das mit dem notwendigen Realismus, aber auch mit Optimismus. Ich ermuntere sie, ihren Handlungsspielraum zu nutzen und auf dem Prinzip »Führen mit Auftrag« zu bestehen und nicht auf Entscheidungen von oben zu warten.

Danach Besuch eines Panzergrenadierbataillons, das sich ebenfalls im Aufbau befindet. Auch hier ein Kommandeur in Zweitverwendung, der mit großer Passion an seine Aufgabe herangeht. In der Spezialgrundausbildung werden noch einige handwerkliche Fehler gemacht, aber auch hier macht der Kompaniechef, ehemals NVA, einen engagierten Eindruck. Er muß aber noch viel lernen.

Die Ausbildungsunterstützungsteams sind für drei Monate abgeordnet, und der Wunsch der »Truppe« ist es, daß sie länger bleiben. Wir müssen versuchen, die beginnende Auflösung der Westverbände mit dem Aufbau im Osten besser zu synchronisieren. Unsere Aufgabe wird darin bestehen, diesen Kommandeuren vor Ort die notwendigen Hilfen so zu geben, daß sie ihren Auftrag selbständig erfüllen können.

Fahrt zu einer alten thüringischen kleinen Kreisstadt; Übernachtung in einem alten Hotel. Ich hatte diese Gelegenheit genutzt, um eine der typischen Kleinstädte kennenzulernen, hatte um eine Stadtführung und um ein Gespräch über künftige Fragen der Stadtentwicklung gebeten. Die Frau des Kantors übernimmt die Stadtführung. Es ist früher Abend, auf den Straßen sind kaum Leute. Wir besichtigen die älteste Kirche aus dem Jahre 1280, die gut erhalten und restauriert ist, das Stadtmuseum, ein Puppenmuseum. Die vielen schönen Plätze und Straßen der Stadt sind zum Teil noch mit altem Kopfsteinpflaster gepflastert.

Abends treffe ich mich in einem Lokal mit dem ersten Beigeordneten der Stadt, dem Leiter des Ordnungsamtes, der im Mai 1990 in die DDR übersiedelte, der Frau des Kantors, die uns geführt hat, einem Tierarzt und einem ehemaligen NVA-Offizier, Oberoffizier »Aufklärung«, der früheren Division in Erfurt. Das Gespräch dauert über vier Stunden.

Der Leiter des Ordnungsamtes erzählt, er sei im Mai 1990 aus dem Westen übergesiedelt, um beim Neuaufbau der Kommunalverwaltung zu helfen. Die Forderung, einen Antrag auf DDR-Staatsbürgerschaft zu stellen, habe er natürlich abgelehnt und in dem Meldebogen bei der Frage, wo er in der NVA gedient hätte, lediglich angegeben, in der Bundeswehr gedient zu haben. Daraufhin sei er zur Volkspolizei kommandiert und von einem Unterleutnant der Volkspolizei verhört worden. Aber trotz dieser anfänglichen Schwierigkeiten sei er schließlich bei der Stadt angestellt und nach dem 3. Oktober Leiter des Ordnungsamtes geworden. Der Unterleutnant der Volkspolizei, der ihn damals verhört habe, sei jetzt einer seiner Untergebenen im Ordnungsamt.

Der Mann klagt besonders über das Auftreten seiner westdeutschen Landsleute. »Wissen Sie, Herr General, mir fallen viele Bundesbürger auf, die sich hier bei uns benehmen, als befänden sie sich in der finstersten Walachei. Erst kürzlich hat sich einer meiner Mitarbeiter darüber beklagt, daß Autos aus dem Westen auf dem Marktplatz im absoluten Halteverbot stünden, ohne daß sich die Fahrer auch nur im geringsten darum kümmerten. Ich ging daraufhin zu dem Platz und sprach einen der Besitzer an. Der versuchte glatt, mich zu provozieren: ›Hau ab, du rote Socke, du hast hier gar nichts mehr zu sagen.‹ Mein Kasseler Dialekt verriet ihm aber ziemlich schnell, daß er im Irrtum war. Ich habe ihm eine Ordnungsverwarnung von 60 DM aufbrummen lassen, und mit großem Getöse hat er sich schließlich aus dem Staub gemacht. Aber das ist kein Einzelfall. Ein anderer Fahrer aus dem Westen drohte, einen der Volkspolizisten in den Hintern zu treten. Es ist peinlich zu sehen, daß ein paar unserer Landsleute aus dem Westen sich hier so pöbelhaft verhalten. Gerade diese wenigen bestimmen nämlich zum Teil das Bild in der Öffentlichkeit. Daß es auch andere gibt, die hierherkommen und mitarbeiten und helfen, die Verwaltung aufzubauen und umzubauen, vergißt man dann leicht.«

Dann schildert der Tierarzt seine Erlebnisse. Er hat in einem großen Tierproduktionskombinat mit 2500 Rindern und Kälbern gearbeitet, bekam aber Schwierigkeiten wegen seines »unsozialistischen Verhaltens« und wurde entlassen. Sein Sohn hatte im Oktober/November 1989 an verschiedenen Demonstrationen gegen das SED-Regime teilgenommen und wurde dann von der Schule gefeuert – ebenfalls wegen »unsozialistischen Verhaltens«. Der Rektor, der diese Entlassung unterschrieben und dem Vater gegenüber begründet hatte, tut heute noch Dienst – zwar nur noch kommissarisch, aber dennoch.

»Heute bin ich bei der Stadtverwaltung angestellt«, erzählt der Tierarzt, »und sitze in dem Lehrerauswahlausschuß, der hier gegründet wurde. Es melden sich leider zu wenig Freiwillige für die ausgeschriebenen Rektorenstellen, die wir neu besetzen wollen. An unserem Gymnasium ist der ehemalige Rektor der einzige, der sich beworben hat. Was soll ich da tun? Ein Mann, der dem System so loyal gedient hat und die Kinder wegen unsozialistischen Verhaltens von der Schule gewiesen hat, kann doch heute nicht Rektor sein und unseren Kindern das Wesen der freiheitlichen Demokratie nahebringen! Das ist doch unglaubwürdig. Also werden wir die Rektorenstelle nicht besetzen und jemanden ›kommissarisch‹ als Leiter einteilen, bis wir einen Mann oder eine Frau gefunden haben, der weniger belastet ist.« Sollte es tatsächlich nicht genug Lehrer im Westen geben, die gewillt sind, ihren persönlichen Beitrag zur Einheit Deutschlands zu leisten?

Hier fällt der ehemalige NVA-Offizier dem Tierarzt ins Wort: »Eins muß ich sagen: Meine Frau ist ebenfalls Lehrerin, auch sie wird jetzt überprüft. Ich finde, daß diese Gesinnungsschnüffelei der Westler nicht zum Aushalten ist. Das können wir nicht mitmachen, dagegen müssen wir uns wehren.« Ich widerspreche entschieden. Der Begriff Gesinnungsschnüffelei sei hier vollkommen unpassend, es gehe vielmehr darum, festzustellen, ob Lehrer glaubhaft auf dem Boden des Grundgesetzes stünden und die Grundlagen unseres demokratischen Rechtsstaates vermitteln könnten.

Der Tierarzt berührt dann ein Problem, das viele bewegt hat: die Möglichkeiten von Reisen in die Bundesrepublik – ins »nichtsozialistische Ausland«. Eine Tante von ihm, die im Westen lebte, hatte ihn zu ihrem 75. Geburtstag eingeladen. Er hatte daraufhin den Antrag für eine Besuchsgenehmigung gestellt und alle notwendigen Unterlagen bei der zuständigen Behörde abgegeben. Nach kurzer Zeit wurde festgestellt, daß die Tante nicht mehr den Namen trug, der bei der Volkspolizei angegeben war. Der Hinweis, daß sie ein zweites Mal geheiratet hatte, wurde zurückgewiesen, dies hätte vorher gemeldet werden müssen. Zudem sei man nicht sicher, ob es sich überhaupt um die gleiche Tante handele; es könne ja auch alles erschwindelt sein. Verschiedene Behördengänge und Erläuterungen blieben erfolglos, ebenso wie der Hinweis auf die schriftliche Geburtstagseinladung. Es fruchtete alles nichts. Daß der Tierarzt seine Tante schließlich dennoch besuchen konnte, verdankte er der Ironie des Schicksals – inzwischen war die Mauer gefallen.

Unsere Stadtführerin berichtet uns von ihrem Mann, der als Kantor mit dem Chor häufiger in den Westen reisen durfte, natürlich ohne Familie. Als ihr Mann im Sommer 1989 mit dem Chor in der Bundesrepublik gewesen sei, sei die ungarische Grenze geöffnet worden, und ihr Sohn habe sich spontan entschlossen, über Ungarn zu fliehen. Sie selbst konnte ihren Mann im Westen unterrichten, um ihm zu sagen, daß sein Sohn mit irgendeinem Zug in Ulm ankommen würde. »Mein Mann konnte es einrichten, nach Ulm zu fahren«, erzählt die Frau, »und er wartete dort auf dem Bahnhof auf die Züge, die aus Österreich kamen, um unseren Sohn zu empfangen. Es war wohl ein besonderes Glück, schicksalhaft, daß Vater und Sohn sich dann wirklich trafen. Mein Mann hat meinen Sohn in der Freiheit willkommen geheißen und sich dann verabschiedet, weil er selber zurück in den Osten mußte. Für uns alle waren die kommenden Wochen eine besondere Belastung. Aber ich konnte unseren Sohn verstehen. Um so glücklicher bin ich nun, daß er wieder zurückkommen und sich hier in unserem Ort selbständig machen will.«

Nach diesen ausführlichen und persönlichen Erzählungen fühlt sich auch der ehemalige NVA-Offizier gedrängt, seine Sicht darzustellen. Wir sind gespannt, wie er sich rechtfertigen wird – man hört es förmlich knistern. Er erläutert die hohe dienstliche Belastung und die Einschränkung der persönlichen Freiheit: »So gesehen war das, was wir bekommen haben, kein Privileg, sondern ein Entgelt für die vielen Überstunden, die wir gemacht haben. Wir haben mehr Geld bekommen, das ist richtig, aber dafür haben wir auch viel, viel mehr gearbeitet als alle anderen in der DDR. Das, was als Privilegien bezeichnet worden ist, haben wir zum Teil kaum nutzen können. Und wir Soldaten haben immerhin zum Frieden und zur Stabilität beigetragen. Nur auf dieser Grundlage konnte die Entwicklung so ablaufen, wie sie jetzt abgelaufen ist.«

Natürlich schließen sich Nachfragen an, und eine lebhafte Debatte beginnt. Wir alle wissen, daß wir über die getrennte und so unterschiedliche Vergangenheit noch viel mehr werden sprechen müssen. Einig aber sind wir uns alle in dem Fazit, das der Tierarzt am Ende des Abends zieht: »Daß wir heute abend so zusammensitzen und so diskutieren können, zeigt, daß die Bundeswehr etwas ganz anderes ist als die NVA. Ein solches Gespräch wäre vor einem Jahr undenkbar gewesen.«

Mittwoch, 15. Mai 1991 Ich höre im Hotel seit 5.00 Uhr die Türen klappen, da meinem Raum gegenüber Toilette und Dusche liegen. Ich muß etwa dreißig Minuten warten, erst im vierten Anlauf habe ich Glück. Als besondere Auszeichnung hatte ich am Abend zuvor einen Schlüssel für Dusche und Toilette bekommen, aber da es nur zwei Duschräume für alle Zimmer auf dem Flur gab, hatte ich darauf verzichtet, einen Duschraum nur für mich abzuschließen – so mußte ich eben morgens warten.

In den Nachrichten höre ich durch Zufall, daß der Wasserverbrauch pro Kopf in den fünf neuen Ländern dreimal so hoch ist wie im Westen. Wie ist das bei diesen sanitären Verhältnissen zu erklären? Bestimmt liegt es nicht am einzelnen, sondern möglicherweise an der Industrie, den veralteten Maschinen oder am undichten Leitungsnetz.

Überraschender Besuch eines Verteidigungskreiskommandos in einem kleinen Kreisstädtchen. Wie häufig bei überraschenden Besuchen, kommt er ungelegen. In diesem Fall: Kommandeur im Urlaub, Stellvertreter nicht erreichbar, ein Offizier, ehemals NVA, versucht, das Kommando einzurichten, das in meinen Unterlagen als bereits aufgestellt beschrieben worden ist. Es geht alles drunter und drüber, Mobiliar wird hin und her getragen, von einem geordneten Aufbau kann keine Rede sein. Was schwarz auf weiß geschrieben steht, gleicht bisweilen den Fähnchen auf der Lagekarte – verlassen kann man sich nicht immer darauf.

Anschließend Besuch eines Truppenübungsplatzes der ehemaligen Grenztruppen, der jetzt der Bundeswehr gehört und auf dem Munition vorübergehend im Freien gelagert werden soll. Wir müssen zusätzliche Munitionslagerorte einrichten, um die Auflösung der Truppenteile zu beschleunigen. Die erste Überlegung, diese Munition in belüfteten Untertageanlagen zu deponieren, ist verworfen worden, da hierüber nicht genügend Erfahrungen vorliegen. Es gibt nun nur noch die Möglichkeit, die Munition im Freien zu lagern – wenn sie nicht an andere Nutzer abgegeben werden kann. Ich lasse mir vortragen, wie wir die Munition gesichert unterbringen können. Erdwälle und Blitzschutzanlagen müssen errichtet und die gesamte Bewachung organisiert werden. Der Platz eignet sich hierfür recht gut. Hauptschwierigkeit ist, die Munition den letzten Kilometer über schmale Wege heranzutransportieren, da der Bahnanschluß außerhalb des Übungsplatzes endet.

Während wir diese Planung forcieren, fordern Bürgerinitiativen die Rückgabe des Übungsplatzes, um dort Freizeiteinrichtungen zu schaffen. Eine symptomatische Entwicklung, auf die wir häufig stoßen und die uns Schwierigkeiten bereitet. Die Bundeswehr will zwar keineswegs alle Plätze der NVA, der ehemaligen Westgruppe der sowjetischen Truppe und der Grenztruppe behalten, braucht aber auch weiterhin Übungsplätze, um ausbilden und üben zu können. Und dazu wird eben auch zusätzlicher Raum für die vorübergehende Lagerung von Munition und das Abstellen von rund 70 000 bis 80 000 Fahrzeugen benötigt.

Donnerstag, 16. Mai 1991 Befehlshaberbesprechung. Noch immer beschäftigt uns eine Vielzahl von Problemen, die Atmosphäre aber ist entspannter als vor fünf bis sechs Monaten, auch das ein Fortschritt. Die Aufgaben sind überschaubarer geworden. Lösungen zeichnen sich ab. In der Zwischenbilanz ergibt sich, daß es für Aufbau und Auflösung der Truppenteile weitgehend bei den Kommandeuren vor Ort liegt, Stimmung und Tempo zu bestimmen.

Im Bereich der Truppenverwaltung gab und gibt es nach wie vor Schwierigkeiten. Es kommen die ersten Klagen über die Umstellung der Gehaltszahlung von dem NVA- zum Bundeswehrsystem, da vielfach die Gehälter verspätet oder gar nicht ausgezahlt wurden. Dies führt zu Kritik und Unruhe, zumal die Mitarbeiter praktisch keine Ersparnisse haben. Die Truppe wird über diese Schwierigkeiten informiert und angewiesen, großzügig von der Möglichkeit der Abschlagszahlung Gebrauch zu machen. Dennoch verspielen wir Vertrauen.

Dienstag, 21. Mai 1991 Über Pfingsten in Berlin geblieben. Bootsfahrt über die Berliner Seen. Die Leidenschaft der Berliner für den Wassersport findet endlich keine Grenzen mehr. Berlin, Potsdam, von den Seen aus sehr heimatlich.

Frühstück mit einem Journalisten vom Time-Magazin, der außerordentlich großes Interesse daran zeigt, wie wir ehemals kommunistische Soldaten zu Staatsbürgern in Uniform erziehen. Ich erkläre ihm, daß nicht alle Offiziere überzeugte Kommunisten waren. Mitgliedschaft in der Partei heiße noch nicht, fanatischer Anhänger des Regimes gewesen zu sein. Als ich unser Konzept und unser weiteres Vorgehen erkläre, stoße ich auf einige Skepsis. Da er ausreichend Zeit hat, empfehle ich ihm, sich in der Truppe umzusehen, und stelle ihm einen Begleitoffizier zur Verfügung. So wird es ihm möglich, drei Tage lang die verschiedensten Truppenteile im Bereich Bundeswehr-Kommando Ost zu besuchen und Gespräche mit Soldaten aller Dienstgrade zu führen. Am Ende seiner Rundreise sprechen wir noch einmal miteinander, und er erklärt mir, daß er bestätigt gefunden habe, was ich anfangs erklärt hatte. Der Besuch sei für ihn mit überraschenden Erkenntnissen verbunden und sehr überzeugend gewesen. Am meisten habe ihn die Selbstverständlichkeit beeindruckt, mit der Offiziere aus Ost und West miteinander umgingen und zusammenarbeiteten. Er wird später einen sehr positiven Bericht in der Sonderausgabe über Deutschland veröffentlichen.

Anschließend Gespräch mit einem Landrat über die Situation in seinem Landkreis. Er ist als Pfarrer zum Landrat gewählt worden, da er sehr frühzeitig bei der Opposition war. Einer seiner Freunde, der sich intensiv mit wirtschaftschaftlichen Fragen befaßt hat, hatte ihn schon früh darauf hingewiesen, daß die DDR allein aufgrund der Wirtschaftsdaten nicht mehr lange existieren könne. Dies habe ihn in seiner Oppositionsrolle bestärkt. Nachdem er dann als Landrat für diesen Kreis gewählt wurde, habe er sich darangemacht, die Verwaltung aufzubauen. Auch er habe Schwierigkeiten gehabt, genügend geeignete und gute Mitarbeiter zu finden, und sich daher entschlossen, die überwiegende Mehrheit der ehemaligen Mitarbeiter des Landratsamtes im Dienst zu belassen und nur wenige neue hinzuzuziehen. Er sehe zwar das Problem eines möglichen Vertrauensschwundes in den Augen der Bevölkerung, um so mehr komme es nun darauf an, das Verhalten der Mitarbeiter so zu ändern, daß auch die Bevölkerung den Wandel begreife. Für den Landkreis habe er genügend Investoren gefunden und müsse nun ein Planungsverfahren beginnen, bei dem er selbst keinerlei Erfahrung habe. Er habe darum eine westdeutsche Gesellschaft damit beauftragt. Vor allem einzelne Männer und Frauen seien es, die die Dinge bewegen.

Ich bin immer wieder überrascht, mit welchem Elan »Laien« an die Lösung von Aufgaben gehen, ohne schon deren ganze Kompliziertheit zu kennen – vielleicht werden sie Zug um Zug lernen, die Schwierigkeiten zu bewältigen? Manchmal ist es gut, das ganze Ausmaß der Probleme nicht von vornherein zu kennen.

Abends vom Funkturm aus einen weiten Blick über das erleuchtete Berlin. Es ist wiedervereint, die Verkehrsströme werden nicht mehr von der Mauer unterbrochen, nur in der Beleuchtung unterscheiden sich die östlichen und westlichen Teile der Stadt – sonst erkennt man von oben aus keine Unterschiede mehr.

Mittwoch, 22. Mai 1991 Morgens Gespräch in Potsdam mit der aus allen Parteien gebildeten Berichterstattergruppe des Verteidigungsausschusses, die sich einen ersten Eindruck von der Lage im Bundeswehr-Kommando Ost verschaffen will. Wir finden ein parteiübergreifendes Verständnis für unsere Lage und die Bereitschaft, zu helfen und unsere Probleme zu lösen. Unser bisheriger Erfolg läßt die weitere Unterstützung des Parlaments erwarten.

Anschließend Besuch eines Verdichtungslagers, in dem Panzer zusammengefahren werden. Ich will herausfinden, warum es damit so schleppend geht. Wie so oft sind es auch hier zum Teil zahllose Einzelprobleme, die große Schwierigkeiten machen: Es sind nicht mehr genug Fahrer da, die die Panzer von der Bahn holen können, es fehlt an Technikern, die die Batterien ausbauen und lagern können; außerdem ist der Stellraum falsch berechnet worden.

Dann zur Heimatschutzbrigade 37 in Dresden. Die Rekruten in der allgemeinen Grundausbildung machen einen temperamentvollen, aufgeschlossenen Eindruck. Im breitesten sächsischen Dialekt, an den ich mich inzwischen längst gewöhnt habe, erzählen sie von ihren Hoffnungen und Befürchtungen – auch hier eine positive Grundstimmung. In einem Gespräch mit den Hauptfeldwebeln aus dem Westen versuche ich in Erfahrung zu bringen, was sie bewogen hat, in den Osten zu gehen. Sie erzählen, daß sie zunächst gekommen seien, um sich einer neuen Aufgabe zu stellen – zeitlich begrenzt. Je länger sie hier arbeiteten und je mehr sie Land und Leute kennenlernten, desto häufiger würden sie aber in Erwägung ziehen, auch auf Dauer in den Osten zu gehen. Diese Bereitschaft werde dadurch verstärkt, daß Truppenteile im Westen aufgelöst werden. Allerdings würden die schwierige Wohnungslage, die miserablen Schulverhältnisse und fehlende Arbeitsmöglichkeiten für die berufstätigen Frauen einen Umzug in den nächsten Jahren praktisch ausschließen. Deshalb sei es für sie wichtig, nicht zu weit weg von ihrer Heimat stationiert zu werden. Mehr als vier, fünf Stunden Fahrzeit könnten nicht in Kauf genommen werden. »Wer heiratet denn schon, um dann auf dem Kleiderhaken zu leben, Herr General? Am Wochenende wollen wir dann nach Hause, dafür arbeiten wir in der Woche auch kräftig!«

Abends Besuch der Semper-Oper: Don Giovanni. Der festliche, heitere Saal ist eindrucksvoll. Erstaunlich, daß sich die SED bereitgefunden hat, das prachtvolle Opernhaus wiederaufzubauen.

Donnerstag, 23. Mai 1991 Besuch des Verteidigungsbezirkskommandos in Dresden und anschließend des Jägerbataillons 571. Die Kommandeure haben eine Perspektive, sie wissen, was sie wollen, und sie wissen, wie sie es bekommen. Es ärgert sie aber zu Recht, daß sie immer noch mit den alten Wartburgs oder Ladas mit NVA-Kennzeichen fahren müssen, während ihre Ansprechpartner in der Verwaltung und Wirtschaft bereits westdeutsche Wagen mit neuen Kennzeichen besitzen. Durch tatkräftige Hilfe des Heeres »West« gelingt uns zwar später die Belieferung mit einer größeren Zahl von Autos in den Osten, aber das geht zu

Lasten der Westtruppenteile. Wir bemühen uns auch, alle Fahrzeuge der NVA mit dem Y-Kennzeichen der Bundeswehr auszustatten, doch es wird insgesamt zehn Monate dauern, bis das letzte NVA-Kennzeichen aus dem Verkehr gezogen ist. Reichlich lange – zu lange für ein Überbleibsel, das noch immer an das vom Volk fortgefegte Regime erinnert. Der psychologische Druck, der uns zum Handeln zwingt, ist Technokraten und Bürokraten schwer zu erläutern – in ihrer Welt gibt es solche Probleme nicht; ein solcher Massentausch war in den Vorschriften nicht vorgesehen.

Beim Wehrbereichskommando VII in Leipzig zeigen die Lagevorträge, daß die Herausforderungen erkannt sind und man weiß, wie man sie löst. Der Stab ist erstaunlich geschlossen.

Anschließend gemeinsames Abendessen und Gespräche mit Offizieren. Ein Hauptmann, jetzt als Kompaniechef eingesetzt, aber nicht als Soldat auf Zeit übernommen, schildert mir aus seiner Erfahrung die Ereignisse in Leipzig zur Zeit der Wende. »Die Unruhe in der Truppe war groß«, erklärt er, »und die Konflikte reichten bis in die Familien hinein. Meine Frau sagte mir, daß auch sie zu den Demonstrationen gehen wollte, und sie tat es wirklich. Wie in aller Welt sollten wir uns da verhalten? Ich habe schließlich eine Kompanieversammlung einberufen, in der wir ziemlich offen miteinander diskutiert haben, und die Mehrheit der Wehrpflichtigen und Unteroffiziere hat sich dann gegen jeden Waffeneinsatz erklärt. Ich selbst natürlich auch! Wie hätte ich den Schießbefehl geben können, wenn meine Frau auf der Seite der Demonstranten stand? Außerdem waren meine Unteroffiziere fast alle nur deshalb bei der NVA, um im Anschluß an ihre Dienstzeit studieren zu können, nicht aber, um Soldat zu sein. Ich bezweifle, daß sie auch nur einen einzigen Schuß abgegeben hätten. Und sogar der Befehlshaber in unserem Militärbezirk hatte sich im Oktober und November eindeutig gegen den Einsatz der Nationalen Volksarmee ausgesprochen. Trotzdem habe ich später wegen der Kompanieversammlung Ärger bekommen und wurde disziplinarisch gemaßregelt.«

Ein anderer Hauptmann, vorher Kommandeur eines MotSchützen-Regiments, danach Stellvertretender Kommandeur einer Division, war 1989 als Oberstleutnant auf einem Oberst-Dienstposten eingesetzt und wurde zweimal im Dienstgrad herabgestuft: einmal zum Major – im Zusammenhang mit der Vereinigung Deutschlands – und ein zweites Mal, bei seiner Übernahme als »Soldat auf Zeit«, zum Hauptmann. Er sagt mir: »Als ich Offizier der NVA wurde, war ich fest davon überzeugt, der gerechtesten Sache auf der Welt zu dienen. Ich bin hier groß geworden. Ich fühlte unser Land vom Kapitalismus bedroht und wollte etwas zur

Verteidigung beitragen. Ich habe in der NVA eine gute Karriere gemacht; mir wurde in jungen Jahren Verantwortung übertragen, und ich habe die klassische Kommandeurlaufbahn der NVA durchlaufen. Am System hatte ich grundsätzlich keine Zweifel; die wenigen Fehler, die es gab, würde man auch noch beseitigen – so glaubte ich. Wenn ich unsere sozialistischen Bruderstaaten sah, war ich sogar stolz auf das, was wir in der DDR geleistet hatten.

Als die ersten Demonstrationen anfingen, habe ich zunächst tatsächlich daran geglaubt, daß es sich hier um eine Konterrevolution handelte. Alles verlief ja genauso, wie man uns früher die Entstehung einer Konterrevolution erklärt hatte. Als die Demonstrationen aber immer mehr um sich griffen, war mir klar, daß das alles mehr als eine Konterrevolution war, nämlich eine Art von Volksbewegung. Bei den Diskussionen zu Hause merkte ich, daß meine Familie meinen Auffassungen widersprach, und meine Tochter sagte mir, daß sie jedenfalls an den Demonstrationen teilnehmen wolle. Trotzdem habe ich das, was geschah, damals gar nicht so richtig verstanden. Jetzt erst merke ich, daß wir abseits der Gesellschaft gelebt haben, abgekapselt – ich offensichtlich noch mehr als meine Familie. Das war ja auch kein Wunder. Als Kommandeur eines MotSchtzRegiments war ich in einer so hohen Position, daß keiner offen mit mir zu sprechen wagte und niemand seine Meinung sagte. Ich begriff nicht, was tatsächlich passierte. Man lebte wie unter einer Käseglocke.«

Auf meine Frage, was er empfunden habe, als er zum zweiten Mal im Dienstgrad herabgestuft wurde, und was seine Frau gesagt habe, als er als Hauptmann nach Hause gekommen sei, gesteht er: »Als ich plötzlich nur noch Hauptmann war, habe ich zum ersten Mal als Soldat geweint. Trotzdem bin ich entschlossen, bei der Bundeswehr zu bleiben, weil ich glaube, daß ich da noch immer die besten Chancen habe. Wenn ich als Kompaniechef noch einmal Disziplinargewalt übertragen bekomme, könnte ich die Bundeswehr wirklich von innen her kennenlernen. Dann würde ich vielleicht auch Aussicht auf eine weiterführende Laufbahn in der Bundeswehr haben. Jedenfalls möchte ich Soldat bleiben, weil ich das gelernt habe. Meine Frau hat mich auf diesem Weg ermutigt. Sie hätte es aber auch verstanden, wenn ich ausgeschieden wäre. Meine Tochter sieht das etwas anders, aber sie akzeptiert meine Entscheidung – schließlich müssen wir jetzt ja alle neu anfangen – auch ich.« Und dann die bange Frage: »Herr General, haben wir überhaupt eine faire Chance?« Ich erläutere noch einmal die Strukturprobleme, die Vorgaben und die Auswahlkriterien und füge hinzu, daß ein Offizier wie er, der Engagement zeige, ernsthaft bemüht sei, sich in der Bundeswehr zurechtzufinden, und ein unabhängiges Urteil habe, mit Sicherheit eine gute Chance besitze.

Zum Abschluß kommt ein anderer Hauptmann auf mich zu und sagt: »Herr General, am meisten hat mich beeindruckt, daß Sie als unser Befehlshaber vom 3. Oktober an bis heute die gleiche Uniform wie wir tragen und nicht den Ausgehanzug. Wir haben Sie immer nur in diesem NATO-Olivanzug gesehen. Das wäre bei der NVA unmöglich gewesen. Wir alle waren davon beeindruckt, daß die Bundeswehroffiziere sich mit uns auch damit solidarisiert haben. Sie haben damit gezeigt, daß Sie es ernst meinen mit dem Anspruch, gemeinsam mit uns die Bundeswehr aufzubauen.« Unsere Mitarbeiter und Mitmenschen nehmen mehr wahr, als wir gemeinhin vermuten.

Freitag, 24. Mai 1991 Unsere wöchentliche Lage. Es geht überall vorwärts – lediglich der Materialabfluß bewegt sich immer noch zuwenig. Die Dimension der Gesamtaufgabe, die Probleme mit den Unmengen von Material, das wir unterbringen müssen, sind vielfach immer noch nicht begriffen worden. Der Druck auf eine schnelle Abwicklung wird sich erhöhen. Die Kommandeure müssen sich trotz der Vielfalt ihrer Aufgaben des Neuaufbaus vermehrt darum kümmern.

Sonntag, 26. Mai 1991 Am Wochenende mit Freunden eine Fahrt auf den Spuren von Fontane über Fehrbellin durch das Rhinluch nach Wustrow, dem Geburtsort von Ziethen, nach Lindow, Neuruppien, Rheinsberg, Stechlin, Gransee. Jeder Name schlägt eine fast vergessene Erinnerung an: die Wanderungen Fontanes, Tucholsky, Erzählungen von den Eltern. Diese Landschaft Preußens haben auch die Kommunisten nicht zerstören können. Im Rhinluch viele Störche gesehen.

Am Abend in Ostberlin Bekannte unserer Freunde besucht. Der Mann arbeitet bei der Telekom und ist kürzlich in Westberlin eingesetzt worden. Vom Dienststellenleiter wurde er am ersten Tag mit der Aufforderung empfangen, sich anders anzuziehen, er sähe ja wie ein »Ossi« aus. »Wir brauchen Sie nicht und haben Sie nicht angefordert«, sei ihm zur Begrüßung klargemacht worden, »trotzdem haben wir Anweisung, Sie zu beschäftigen. Also tun Sie uns den Gefallen und stören Sie uns wenigstens nicht!« Der Mann erzählt dies sehr ruhig und sachlich, aber mit Bitterkeit. Er hat vorher bei der DDR-Post als Techniker gearbeitet, aber seine DDR-Hochschulausbildung wird bei uns nicht voll anerkannt. Muß man deshalb so mit ihm umgehen? So wachsen Deutsche nicht zusammen. Hier jedenfalls gilt: Kleider machen keine Leute.

Ein Rechtsanwalt und Notar, der im Osten aufgewachsen ist und jetzt dort seine Praxis aufmacht, erzählt mir von seinem persönlichen Lebensweg und seinen Erfahrungen während der Wende. Entscheidende Voraussetzung für den Umbruch sei das Gefühl gewesen, keine Angst mehr vor den Staatsorganen haben zu müssen. Damit hatte der Staat endgültig verspielt. Ein Staat, auf Angst aufgebaut, brach wie ein Kartenhaus zusammen, als es keine Angst mehr gab. Er erläutert dann die sublimen Mittel der Überwachung und die Möglichkeiten der Repression. Er war im Ministerium für Außenhandel für Vertragsverhandlungen mit den Comecon-Staaten zuständig gewesen, lebte in Ostberlin und hatte ein Telefon. Eines Abends sei eine Nachbarin zu ihm gekommen und habe ihn darum gebeten, von seinem Telefon aus eine schwerkranke Verwandte in Westberlin anrufen zu dürfen. Schon am nächsten Nachmittag sei er zu seinem Abteilungsleiter beordert und von diesem befragt worden, ob er nichts zu melden habe. Als er verneinte, habe man ihn gefragt, warum er das Telefongespräch nach Westberlin nicht gemeldet habe. Alle Erklärungen über die Nachbarin und deren kranke Verwandte seien nicht akzeptiert worden. Man habe gedroht, ihm das Telefon zu entziehen, sollte er nochmals ein Westgespräch führen, das nicht unverzüglich dem Sicherheitsdienst der Dienststelle angezeigt würde.

Montag, 27. Mai 1991 Den ganzen Tag in Eggesin bei der Heimatschutzbrigade 41. Welcher Fortschritt von Oktober bis heute! In allen Verbänden herrscht Aufbruchsstimmung. Überall wird renoviert, instand gesetzt. Der deutsche Perfektionismus hält auch schon seinen Einzug. In einem komplett renovierten Block entdecke ich zu meiner Überraschung eine »Stiefelwaschanlage« zum Reinigen verdreckter Stiefel – als ob wir keine anderen Sorgen haben. Die Gespräche mit den Soldaten sind offener, die Rekruten gelöster als früher, die Vorgesetzten ebenfalls.

Mittwoch, 29. Mai 1991 Besuch der Heimatschutzbrigade 40 in Schwerin und Sternbuchholz. Im Vergleich zu früher auch hier ein Unterschied wie zwischen Tag und Nacht. Die ehemaligen NVA-Offiziere sind kaum noch von ihren Kameraden aus dem Westen zu unterscheiden.

Abends wiederum Diskussion mit Offizieren und Unteroffizieren beim Abendessen im Freien. Das Verhältnis zwischen den Offizieren aus Ost und West ist freier und selbstverständlicher geworden. Ein ehemaliger Regimentskommandeur, früher Oberstleutnant, jetzt Hauptmann, erzählt mir, wie er die deutsche Einheit erlebt hat. Auch er muß die neuen Verhältnisse erst noch verkraften. Er habe nicht glauben können, berichtet er, daß in der Bundeswehr die Waffen, Geschütze und Panzer nicht voll aufmunitioniert in Bereitschaft stünden, weshalb ihm vollkommen unverständlich gewesen sei, seine Einheit nach der Wende auf Befehl des Bundeswehr-Kommandos entmunitionieren und die Munition im örtlichen Depot zusammenfahren zu müssen.

Wie alle anderen seiner Kameraden klagt er über den Druck der ständigen Bereitschaft. »Nicht einmal Weihnachten oder Neujahr konnte ich zu Hause verbringen. Wenn ich als Regimentskommandeur länger als zwanzig Minuten von zu Hause weg war, mußte ich mich beim Diensthabenden abmelden und sagen, wo ich bin und wann ich wiederkomme. Meine Frau und meine Kinder haben nicht verstanden, daß wir diese hohe Bereitschaft schieben mußten, weil die politische Lage insgesamt doch ganz entspannt war. Als wir nach der Wende dann hörten, daß die Bundeswehr nur eine ganz geringe Bereitschaft gehabt hat, haben wir uns wirklich hintergangen und mißbraucht gefühlt. Heute ist mir vollkommen klar, daß alles überflüssig war, aber damit muß man erst mal fertig werden. Der persönliche Einsatz, die Opfer unserer Frauen und Kinder – alles vergeblich und umsonst.«

Montag, 3. Juni 1991 Besuch bei der Marine in Rostock-Warnemünde. Ich fahre mit einem modernen Minensucher der Volksmarine zur See und erhalte dabei die notwendige Unterrichtung. Die Offiziere und Unteroffiziere der Schiffsbesatzung – einschließlich der Kommandanten – stehen alle in einem besonderen Dienstverhältnis und werden in diesem Jahr entlassen. Die Minenräumschiffe werden nicht übernommen. So bleiben die Soldaten so lange im Dienstverhältnis, wie sie noch benötigt werden, um die Schiffe technisch funktionsfähig zu halten. Sobald die Schiffe verkauft oder verschrottet sind, werden die Soldaten entlassen. Wie lange sich das hinzieht, weiß zur Zeit keiner. Ich empfinde das für die Menschen als unzumutbar und will in Bonn auf schnelle Entscheidungen drängen.

Der Kapitän ist derselbe, den ich schon im Oktober getroffen habe. Sein Antrag, als »Soldat auf Zeit« übernommen zu werden, ist wegen mangelnden Bedarfs abgelehnt worden, hat ihm aber ein Hausverbot bei seinem Vater eingebracht, einem ehemaligen Oberst im Ministerium für Staatssicherheit. Er weigert sich, mit seinem Sohn zu sprechen, weil er ihn als Verräter betrachtet – »man schwört nur einmal«. Der Kapitän ist aber ein passionierter Seemann und hat eine hervorragende seemännische Laufbahn absolviert, ohne aus den Beziehungen seines Vaters einen Vorteil zu ziehen. Dennoch kann er nicht übernommen werden, da wir keine Verwendung mehr für ihn haben. Er muß die Marine verlassen, mit einem Patent, das für die zivile Seefahrt nicht gilt.

Wiederum stoße ich auf ein Gerücht: Die Soldaten im besonderen Dienstverhältnis erklären mir, daß sie nach dem 1. Juli weniger als jetzt verdienen werden, wenn die neue Besoldungsordnung kommt. Sei dies tatsächlich der Fall, gingen sie alle sofort, da sich sonst das Arbeitslosengeld aufgrund des geringeren Gehaltes ebenfalls verringern würde. Ich erkläre den Soldaten, sie könnten mit Sicherheit davon ausgehen, daß eine Besitzstandswahrungsregelung gelten wird. Zudem brauchten wir sie dringend, solange wir die Schiffe noch instand halten müßten.

Die abendliche Gesprächsrunde mit Offizieren im Gästehaus der Volksmarine, das sehr hübsch gelegen, aber kleinbürgerlich möbliert ist, ist aufschlußreich. Den ehemaligen NVA-Offizieren war bekannt, daß die Bundesmarine am Wochenende im Gegensatz zu ihnen kaum Bereitschaft hatte. Bei Übungen sahen sie mit Neid, wie die Schiffe der Bundesmarine zum Wochenende in die Häfen einliefen, während sie selber draußen auf dem Meer vor Anker gingen und warteten, bis der »Feind« am Sonntag oder Montagmorgen wieder auslief. »Aber, Herr General, gegen dieses System konnte man nichts machen.«

Ein Offizier erzählt von seiner fünfjährigen Ausbildung in Baku und später in Leningrad. In Baku hatte er die Möglichkeit gehabt, auch mit Offizieren aus der dritten Welt zusammenzukommen. Einen von ihnen hatte er ein paar Jahre später in Leningrad wiedergetroffen; inzwischen aber war es aufgrund einer neuen Bestimmung verboten, Verbindung mit Offizieren aus diesen Ländern aufzunehmen. Er hielt sich an dieses Verbot, weil er nicht wußte, wer von seinen »Kameraden« der Stasi-Spitzel war. »Völkerverbindende Freundschaft«?

Die Erfahrungen in der Sowjetunion haben vielen Offizieren gezeigt, daß das kommunistische System in der Sowjetunion nicht funktionierte, das sozialistische System in der DDR hingegen recht erfolgreich war. Darauf sei man in gewissem Grade stolz gewesen.

Mittwoch, 5. Juni 1991 Besuch der sogenannten Aktenannahmestelle, in der alle Unterlagen des früheren Ministeriums archiviert sind, auch die Protokolle des Nationalen Verteidigungsrates. In mehreren Kellerräumen liegen Akten und Karten nach Jahren und Themen geordnet. Uns ist bekannt, daß von November 1989 bis zum September 1990 Akten – besonders die der »Verwaltung Operation« – in großem Umfang vernichtet wurden. Dennoch lassen sich aus den Chroniken des Ministeriums Hinweise für weiterführende Recherchen ableiten, die letztendlich die Rekonstruktion vernichteter Unterlagen ermöglichen. So haben unsere Fachleute gesicherte Erkenntnisse über die Absichten und Fähigkeiten der NVA im Falle eines Krieges gewonnen. Aus den

Unterlagen geht hervor, daß die Operationen gegen Schleswig-Holstein eine Schwerpunktaufgabe waren. Im Rahmen einer Kommandostabsübung wurde als letzte Etappe geübt: »Der Übergang zum Einsatz von Kernwaffen, die Planung der Kampfhandlungen zur weiteren Besetzung der Halbinsel Jütland und zur Erfüllung der Aufgaben an der Nordsee.«

1985 bis 1986 wurde besonders der Großangriff gegen Ballungsgebiete und Städte geübt, in einem Kriegsspiel wurde die Einnahme von Berlin durchgespielt. Die Auswertung der Gesamtbestände wird noch Jahre dauern, aber die jetzigen Erkenntnisse sind schon bedrückend genug. Sie hatten es ernst gemeint und hätten wohl auch Ernst gemacht, wenn sich die Lage so ergeben hätte – uns aber hätte man das nicht geglaubt.

Dienstag, 11. Juni 1991 Der Besuch der Heimatschutzbrigade 42 in Potsdam bestätigt das Bild, das ich bei meinen Truppenbesuchen der letzten Tage erhalten habe; es geht voran.

Besuch eines NVA-Depots für die Verkehrs- und Transportdienste, das die Perversität des früheren Systems enthüllt. Hier sind Schienen für den Bau von achtzig bis hundert Kilometer Eisenbahnstrecke gelagert, Bauteile für Eisenbahnbrücken, Hunderte von Verkehrsschildern, fünfhundert Aluminium-Container, in denen Werkzeuge und Geräte transportiert werden können, Tausende von Besen, Hämmern und Schaufeln. Außerdem Erdrammen, Planiergeräte und riesige Sattelschlepper für den Brückenbau. Man hatte vorgesorgt, im Falle eines Vormarsches Eisenbahnstrecken auszubessern oder neu zu bauen, um sofort die Verkehrsregelung übernehmen zu können. Offensichtlich hat man beim Vormarsch in den europäischen Staaten sogleich DDR-Verkehrsschilder einführen wollen. Erstaunlich, woran alles gedacht wurde und wofür dieses ausgelaugte Land noch Geld ausgab.

Mittwoch, 12. Juni 1991 Besuch der Heeresunteroffizierschule IV, die auf dem Truppenübungsplatz Annaburg mit dem Unteroffizierslehrgang zum Ende der Ausbildung die Abschlußübung leitet. Der erste Lehrgang findet seinen Abschluß. Es zeigt sich, wieviel noch zu tun ist, um die Ausbilder so weit zu schulen, daß sie wirklich gute Ausbilder für unseren Unteroffiziernachwuchs werden, aber bei dem großen Engagement der dort eingesetzten Offiziere wird es gelingen, Zug um Zug das gesteckte Ziel einer guten Unteroffizierausbildung zu erreichen.

Anschließend Besuch in Bad Frankenhausen bei zwei Bataillonen, die dort aufgestellt werden. Die allgemeine Grundausbildung ist in Ordnung. Die Rekruten machen einen erfreulichen Eindruck. Das Gespräch mit den Kompaniefeldwebeln zeigt, daß sie alle, ob West oder Ost, der Auffassung sind, mehr Hilfe aus dem Westen zu benötigen. Die ehemaligen NVA-Feldwebel fühlen sich als »Spieß« überfordert, sie klagen vor allem über die vielen Formulare und den ganzen »Verwaltungs- und Bürokram«. Sie sind überrascht, als ich darauf hinweise, daß die Erziehung und Ausbildung des Unteroffizierskorps sowie ihre persönliche Zuwendung an die Soldaten wichtiger als der »Papierkram« sei. Papier sei geduldig – Menschen aber nicht, und viele brauchten Hilfe, getrauten sich aber nichts zu sagen.

Man klagt, daß für die zum 1. Juli eintreffenden Soldaten nicht genügend Spinde vorhanden sind, obwohl sie im Westen überzählig seien, da dort Truppenteile aufgelöst würden. Man hätte sich seit Monaten darum bemüht. Mir werden die Fernschreiben auf meine Nachfragen vorgelegt. In der Tat ist von westlicher Seite aus nichts geschehen. Es gelingt schließlich, über die Wehrbereichsverwaltung VII sicherzustellen, daß die Spinde vom Westen in den Osten geholt werden. Die Verfolgung solcher Kleinigkeiten ist deshalb wichtig, weil nur so deutlich wird, daß wir alle an einem Strang ziehen. Es kann nicht sein, daß im Osten Mangel, im Westen dagegen Überfluß herrscht. Die ehemalige innerdeutsche Grenze ist in vielen Köpfen noch immer nicht überwunden worden.

Beim abendlichen Gespräch mit Offizieren und Unteroffizieren wiederum die gleichen Themen – aber mit der festen Überzeugung, daß ein Vorankommen nur möglich ist, wenn die Bereitschaft auf allen Seiten vorhanden ist. Jeder muß mit seiner Vergangenheit allein ins reine kommen, aber wir sollten mehr voneinander wissen. Ich erfahre, daß die Ablehnung der von der Bundeswehr übernommenen ehemaligen NVA-Angehörigen in der Bevölkerung abnehme und die Zustimmung zur Bundeswehr ansteige. Bei den ausgeschiedenen NVA-Angehörigen wachse die Neugierde; man wolle gerne wissen, was bei der Bundeswehr anders als bei der NVA sei. Dann die üblichen Probleme: der Aufbau des Unteroffizierskorps braucht viel Zeit, die Truppenverwaltung ist unterbesetzt, die Abrechnungen dauern viel zu lange, die Baumaßnahmen greifen zu spät. Immerhin sind die Dinge in Bewegung geraten.

Besuch des Bauernkriegspanoramas von dem Leipziger Maler Werner Tübke. Eine ausdrucksstarke und symbolträchtige Darstellung der Umbruchszeit des 16. Jahrhunderts, die für die DDR-Staatsführung eine besondere Bedeutung als Ausdruck des revolutionären Geistes Thomas Münzers hatte. Unser Führer erklärt uns – wir sind in Uniform – die geschichtliche Einordnung und die Symbolik ohne jeden Bezug zum Sozialismus. Einer der ehemaligen NVA-Offiziere, der mich begleitet und seit längerer Zeit in Frankenhausen lebt, wendet sich anbiedernd an mich:

»Vor einem Jahr hat der das noch ganz anders erzählt. Der hat aber schnell gelernt!« Gewiß – aber haben nicht auch meine Begleiter und seine Kameraden schnell »gelernt«? Wer darf da den ersten Stein werfen?

Ich übernachte in einem vor kurzem erst renovierten Hotel und unterhalte mich sehr lange mit dem Pächterehepaar. Sie glauben, daß sich ihr Einsatz lohnt und künftig auszahlt. Das Hotel ist geschmackvoll eingerichtet und macht einen gutgeführten Eindruck. Ein Angebot aus dem Schwarzwald hat der Pächter abgelehnt, weil er in seiner Heimat den Aufbau voranbringen möchte. Er hofft, von dem Touristenstrom zum Bauernkriegspanorama auf dem Schlachtenberg zu profitieren.

Donnerstag, 13. Juni 1991 Besuch bei einem Raketenartilleriebataillon. Hier fehlt Fachpersonal, obwohl dieses Bataillon das modernste Artilleriesystem des Heeres bekommen wird. Ich stelle wieder fest, daß der Dienstweg oft zu lang ist und die richtigen Informationen nicht durchkommen. Den kleinen Dienstweg gibt es noch nicht.

Nachmittags in Strausberg Briefing des finnischen Oberbefehlshabers, der in dem anschließenden Gespräch große Anteilnahme an der deutschen Entwicklung äußert. Er ist überrascht, wie gut wir miteinander auskommen. Unsere Gemeinsamkeiten in Sprache und Kultur konnte der Kommunismus offenbar auch in vierzig Jahren nicht völlig auslöschen – erstaunlich, wie viele das vergessen.

Dienstag, 18. Juni 1991 Pressereise in den Bereich der Heimatschutzbrigade 40 in Schwerin. Die Zahl der Teilnehmer ist sehr groß. Verrät das nur Neugierde, oder zeugt es von der Bereitschaft, sich mit uns auseinanderzusetzen? Die Truppe macht einen guten Eindruck, und einem der Journalisten aus den neuen Ländern entschlüpft die erstaunte Bemerkung: »Die sehen ja aus wie bundesdeutsche Soldaten!« »Die sehen nicht nur so aus«, antworte ich, »sie *sind* es.«

Donnerstag, 27. Juni 1991 Abschiedsbesuch beim Korps/Territorialkommando Ost, das nunmehr seit zweieinhalb Monaten voll verantwortlich für alle Truppenteile des Heeres ist. Hier ist der Übergang gelungen, ein gutes Team hat sich gefunden und arbeitet erfolgreich.

Anschließend Besuch eines Verteidigungskreiskommandos und eines Industriebetriebes, in dem das Personal von zweitausend auf sechshundert Mann abgebaut worden ist, von denen endgültig nur vierhundert auf Dauer beschäftigt werden können. Das Werk galt als das modernste Werk der DDR, erscheint aber im Vergleich zu westlichen Betrieben hoffnungslos veraltet. Der Maschinenpark ist überaltert, fast alle Ersatzteile werden selbst hergestellt, die Arbeitsbedingungen sind hinsichtlich Lärmbelästigung, Schmutz und Sicherheitsstandard an der Grenze des Zumutbaren.

Der technische Betriebsleiter erläutert die früheren Schwierigkeiten bei der Beschaffung von Präzisionsinstrumenten und computergesteuerten Werkzeugmaschinen aus dem Westen. Als ein »Vorzeigebetrieb« wurden sie zum Teil über die Firmen Schalck-Golodkowskis beliefert; dennoch erhielten sie die geforderte Ausrüstung häufig zu spät und unvollständig. Verlassen konnte man sich auf nichts.

Der Betriebsrat ist außerordentlich sachlich und trägt die Personalkürzungen mit. Obwohl – oder weil – er diese Kürzungen mitträgt, wurde er wiedergewählt. Man weiß, daß der Betrieb nur so eine Überlebenschance hat. Alle hoffen aber auf berufsqualifizierende Maßnahmen. Ähnlich wie in den Streitkräften steht man vor dem Problem, daß ein Teil der leistungsstarken Facharbeiter schon jetzt in den Westen abwandert.

Der Bürgermeister schildert die Schwierigkeiten mit dem Aufbau seiner Verwaltung, die Sorgen der Menschen und die Aufbauleistung, die bisher schon vollbracht wurde. Er befürchtet ein Überwuchern westlicher Verwaltungsbestimmungen, bevor man überhaupt in der Lage sei, die notwendigen Ankurbelungsmaßnahmen für die Wirtschaft umzusetzen. Zudem fehlen erfahrene Kommunalbeamte aus dem Westen und das Geld, um sie zu bezahlen, wenn sie welche fänden.

An meinem Besuch nimmt auch der Kommandeur des Verteidigungskreiskommandos teil, der ebenso wie der Bürgermeister das gute Einvernehmen zwischen Bundeswehr und Bürgern bestätigt. Er berichtet mir auch, daß das Verhältnis zu den sowjetischen Soldaten recht gut sei, wenngleich die Sowjets eine Menge Probleme hätten. So seien in der »Russensiedlung« vor einiger Zeit die Abwasserleitungen verstopft gewesen, doch hätten die Sowjets weder eine Reinigungsfirma noch die Müllabfuhr zur Reparatur beauftragen können, da sie kein Geld dafür gehabt hätten. Die Situation sei unzumutbar geworden. Schließlich habe er selbst Verhandlungen mit der Kommandantur und der Stadt aufgenommen, um eine zufriedenstellende Lösung zu finden. Jetzt werde er so oft und gern in Anspruch genommen, daß seine Beratertätigkeit fast ein Full-time-Job geworden sei.

Von dem nahegelegenen Flugplatz, erfahre ich außerdem, sollte vor einiger Zeit ein sowjetisches Hubschrauberregiment in die Sowjetunion zurückverlegt werden. Man erzählt sich, daß die Frauen auf dem Platz vor den Hubschraubern demonstrierten, um sie am Abflug zu hindern. Sie wollten sich erst dann mit einer Rückführung in die Sowjetunion einverstanden erklären, wenn sie wüßten, daß sie den Winter nicht in Zelten verbringen müßten.

Freitag, 28. Juni 1991 Letzte Stabsarbeit, Aufräumungsarbeiten. 16.30 Uhr von der amerikanischen Berlin-Brigade mit einer persönlich gehaltenen Retreat-Zeremonie verabschiedet. Eine militärische und freundschaftlich-freundliche Veranstaltung.

Samstag, 29. Juni 1991 Abendessen mit Generaloberst Burlakow und seiner Frau im Gästehaus »Schloß Wilkendorf«, dem Gästehaus des ehemaligen Ministeriums. Ich hatte Burlakow vor ein paar Wochen gefragt, ob er mit seiner Frau einer Privateinladung des Ehepaares Schönbohm folgen würde. Er war überrascht, nahm aber dankbar an.

So haben wir Gelegenheit, uns mit Hilfe unserer Dolmetscher ausführlich zu unterhalten, besprechen dienstliche, aber auch private Probleme bis hin zur Berufsausbildung der Kinder und deren Perspektiven für ein Leben in Frieden und wachsendem Wohlstand.

Burlakow erwähnt erneut die Übergriffe deutscher Bürger auf sowjetische Militär- und Zivilangehörige und nennt einige Beispiele: Am 23. Juni ist ein Fähnrich bei Dunkelheit angeschossen, am Tag darauf ein Wachposten verwundet worden; eine Woche vorher haben Jugendliche drei Offiziere überfallen und zusammengeschlagen, zwei der Offiziere werden gesundheitliche Dauerschäden behalten. Im Mai ist ein Hauptmann vor einer Gaststätte von Skinheads überfallen und später tot in einem Kanal gefunden worden.

Burlakow geht auf die schwierige psychologische Lage ein – bei seinen Soldaten und auch bei deren Angehörigen. Er weiß von den Schwierigkeiten unserer Polizei und betrachtet es als seine Pflicht, seine Leute durch Vorsichtsmaßnahmen zusätzlich zu schützen. Er verweist auch auf die schwierige Wohnungslage in der Sowjetunion und bekräftigt, daß er nur abziehen könne, wenn es genug Wohnungen gebe. Er weiß von den Schwierigkeiten in seinem Land und hofft weiter auf Unterstützung durch uns.

Am Ende des Abends erscheint uns manche Forderung in einem anderen Licht. Wir haben mehr Verständnis für die Bedürfnisse und Nöte der anderen Seite. Wir alle sind uns darin einig, daß wir einen Beitrag für das bessere Verstehen unserer Völker leisten wollen, und hoffen, daß unsere Enkel sich künftig zwischen Rußland und Deutschland bewegen können, wie wir es in Westeuropa tun. Wir sprechen über Dostojewski und Tolstoi, auch über Gorbatschow und die Auswirkungen seiner Politik, und kommen uns vor wie Nachbarn, die zum ersten Mal über ihre Nachbarschaft und Zukunft sprechen. Welch eine Veränderung seit meinem ersten frostigen Zusammentreffen mit der militärischen Führung in Moskau!

Montag, 1. Juli 1991 Die Auflösung des Bundeswehr-Kommandos Ost und die Übergabe der Verantwortung an die Inspekteure der Teilstreitkräfte findet in dem in der Bundeswehr gewohnten Rahmen statt. Zum ersten Mal ist das gesamte Kommando im großen Dienstanzug angetreten. Wir wollen der Öffentlichkeit deutlich machen, daß es zur Normalität gehört, wenn eine militärische Zeremonie nach Bundeswehrstandard so abläuft, wie es im Westen der Normalfall ist. Bei der Übergabe fasse ich meine Gedanken noch einmal zusammen und spreche allen meinen Dank aus.

Herr Bundesminister, Soldaten, zivile Mitarbeiter, verehrte Gäste,
mit dem heutigen Tag stellt der Bundesminister der Verteidigung den Stab des Bundeswehr-Kommandos Ost außer Dienst und übergibt die Verantwortung für die Truppenteile an die Inspekteure der Teilstreitkräfte. Ein wichtiger Abschnitt in der Geschichte der deutschen Streitkräfte liegt hinter uns – das Ende der NVA, ihre Auflösung und der Beginn des Aufbaus von Streitkräften einer Bundeswehr, in der auch Staatsbürger aus den fünf neuen Ländern ihren legitimierten Platz haben; dies schließt auch Angehörige der ehemaligen NVA ein, wenn sie sich auf die freiheitlich-demokratische Grundordnung verpflichten.

Ich freue mich, daß zu diesem für die Bundeswehr so bedeutsamen Tag Sie, unsere sehr verehrten Gäste, so zahlreich gekommen sind, unterstreichen Sie doch damit sichtbar Ihr Interesse sowie Ihre Unterstützung und Anteilnahme.

Soldaten und zivile Mitarbeiter, hinter uns liegen Monate höchster Anspannung, großer Belastungen und Herausforderungen. Wir kamen aus zwei unterschiedlichen Armeen, die einander in zwei Bündnissystemen gegenüberstanden, und wollen nun Soldaten einer Bundeswehr sein, um gemeinsam unserem Vaterland – der Bundesrepublik Deutschland – treu zu dienen.

Es ist viel darüber diskutiert worden, ob ehemalige Soldaten eines kommunistischen Unrechtsstaates Soldaten in der Bundeswehr, einer unserem demokratischen Rechtsstaat verpflichteten Armee, sein können. Ich sage heute unmißverständlich: Auch Soldaten der ehemaligen NVA begreifen die prinzipiellen und anerkennen die grundlegenden Unterschiede und sind bereit, unserem vereinten Deutschland zu dienen – sie haben seit dem 3. Oktober hierzu den Anfang gemacht, und sie werden es in der Zukunft beweisen.

Maßgebend dafür ist, daß sie sich redlich mit ihrer persönlichen Vergangenheit auseinandersetzen und sich aus innerer Überzeugung zu unserem demokratischen Rechtsstaat bekennen – dieser individuelle Pro-

zeß braucht Zeit, Hilfe und Ermutigung. Wir müssen erkennen, daß hier eine Aufgabe aller Soldaten liegt und daß wir nur so den Weg der Gemeinsamkeit in einer Bundeswehr finden.

Die letzten neun Monate sind für uns Anlaß zu Selbstvertrauen. Wir haben gemeinsam etwas geschafft, was von vielen vorher als unwahrscheinlich betrachtet wurde:

- *Wir haben die Truppenteile der ehemaligen NVA in einem weitgehend geordneten Zustand übernommen.*
- *Wir haben die NVA aufgelöst und den Übergang zu gemeinsamen deutschen Streitkräften ohne öffentliche Kontroverse und ohne Gefährdung der Sicherheit unserer Bürger und unseres Landes vollzogen.*
- *Wir haben Unmengen von Waffen und Munition in sicheren Gewahrsam genommen, den Umfang der Streitkräfte von 90 000 auf 56 000 Soldaten verringert sowie 350 Truppenteile aufgelöst und 250 neue aufgebaut. Disziplin und Leistungsbereitschaft wachsen.*
- *Wir tragen dazu bei, daß die Streitkräfte als sichtbarer Ausdruck der Souveränität unseres Staates auch zu einem Symbol der Einheit Deutschlands werden.*

Unsere Gemeinschaftsleistung gibt Grund zur Zuversicht für die Zukunft in unserem vereinten Deutschland. Wir haben die besonders herausfordernde Wegstrecke des Übergangs erfolgreich und ohne Eruptionen zurückgelegt. Die Neuaufstellung von Einheiten/Verbänden und die Ausbildung unserer Wehrpflichtigen und jungen Freiwilligen nach den Grundsätzen der Inneren Führung ist jetzt die Herausforderung für uns alle; hier müssen wir uns bewähren.

Wir wollen in den Streitkräften erreichen, was dem Wunsch unseres Volkes entspricht: die Einheit auch im Denken und Empfinden.

Es gilt also, den Weg zu gemeinsamen Streitkräften konsequent weiter fortzusetzen. Seit dem 3. Oktober leisten hier etwa 2 000 Offiziere und Unteroffiziere zusammen mit etwa 300 Beamten aus dem Westen freiwillig auf Dauer Dienst, um an dem Aufbau tatkräftig mitzuwirken. Ich habe erfreulich viel Engagement und Leistungsbereitschaft festgestellt. Fingerspitzengefühl, aber auch Deutlichkeit im Durchsetzen unserer demokratischen Grundauffassung haben sich ergänzt – das Konzept der Inneren Führung hat sich bewährt.

Wir haben ebenfalls festgestellt, daß unser Konzept der Auftragstaktik die einzige Möglichkeit bietet, unter schwierigen Bedingungen komplexe Aufgaben zu lösen. Unser Auftrag war in keiner Dienstvorschrift vorgesehen, es galt, Lösungen für schwierige Aufgaben zu finden, die vielfach nur vor Ort selbstverantwortlich entschieden werden konnten. Die Vorgesetzten, insbesondere die Kommandeure, haben aufgabenori-

entiert gehandelt, haben den eingeräumten Handlungsspielraum genutzt. Dafür danke ich Ihnen besonders. Bei den Herausforderungen, die künftig insgesamt vor den Streitkräften – besonders vor dem Heer – liegen, gilt es, die Auftragstaktik wirklich anzuwenden, Handlungsspielräume zu öffnen, unseren Kommandeuren zu vertrauen.

Wenn wir auf diesem Weg voranschreiten, dann habe ich keine Sorge um die gemeinsame Zukunft unserer Streitkräfte.

Unsere Wehrpflichtigen haben bereits erfahren, daß wir alles tun, um die Lebens- und Ausbildungsbedingungen zu verbessern. Unsere jungen wehrpflichtigen Staatsbürger können durch ihren Dienst in den alten oder neuen Bundesländern ebenso einen Beitrag zum Zusammenwachsen Deutschlands leisten wie ihre älteren Kameraden. Ihre jeweils in dem anderen Bereich gesammelten oder dort eingebrachten Erfahrungen werden unser Wissen voneinander und unser Verständnis füreinander verbessern. In diesem Kennenlernen liegt für die gesamte Bundeswehr und unser Land eine Bereicherung.

Wenn wir in dieser Umbruchsituation trotz aller schwierigen und menschlichen Probleme eine erfolgreiche Zwischenbilanz ziehen, dann ist dies das Ergebnis unserer gemeinsamen Anstrengungen, unseres gemeinsamen Ringens um den richtigen Weg. Wir haben viel miteinander gesprochen und viel erklärt – möge es so bleiben.

Jeder von uns, der mit mir heute seine Aufgabe hier beendet, geht verändert an seine neue Aufgabe heran. Für uns hat sich Deutschland nicht nur politisch verändert und geographisch erweitert, sondern vor allem menschlich und kulturell. Wir haben Menschen kennengelernt mit der Last ihrer Vergangenheit, die sie erst aufarbeiten müssen, um innerlich frei zu werden – die aber ernsthaft darum ringen. Wir haben viel Leistungsbereitschaft und Pflichtgefühl erlebt auch von denen, die nur kurz bei uns blieben. Wir wissen, daß es seine Zeit braucht, bis die tiefen Spuren der kommunistischen Zwangsherrschaft bei den Menschen und der Umwelt verschwinden. Ich bin aber zuversichtlich, daß es uns gemeinsam gelingt, diese Spuren und Bedrückungen zu überwinden.

Wir haben Grund zu Selbstvertrauen und Zuversicht, wenn wir unser Ziel einer Bundeswehr im demokratischen Rechtsstaat fest im Auge behalten.

Ich danke Ihnen allen für Ihren persönlichen Einsatz und die Leistungsbereitschaft unter schwierigen Bedingungen. Ihren Familien danke ich dafür, daß sie die Trennung vom Ehemann und Vater hingenommen haben, damit dieser seinen Beitrag zum Aufbau der Bundeswehr in den fünf neuen Ländern leisten kann.

Unsere Mitbürger hier im Osten Deutschlands haben die Einheit unseres Volkes erstritten. Soldaten aus Ost und West sind dabei, diese Einheit in der Bundeswehr zu gestalten. Sie unterstreichen damit sichtbar die Souveränität unseres Volkes. Auf das, was wir bisher gemeinsam geleistet haben, sind wir stolz. Dafür, daß es möglich wurde, sind wir dankbar. Unser Ziel ist es, jetzt zu verwirklichen, was unsere Nationalhymne uns anspruchsvoll vorgibt: Einigkeit und Recht und Freiheit für das deutsche Vaterland.

Ab 17.00 Uhr haben wir alle Mitarbeiter des Bundeswehr-Kommandos Ost mit ihren Angehörigen zum Abschiednehmen eingeladen. Wir, das sind die Offiziere, die wieder in den Westen gehen werden. Es freut mich, daß sich auch verschiedene »Ehemalige«, Offiziere mit ihren Familien und ehemalige Mitarbeiter einfinden, die schon am 30.12. ausgeschieden sind. Sie sind von uns eingeladen worden, weil sie an unserer Aufgabe teilgehabt haben. Bei strahlender Sonne sitzen wir draußen auf der Wiese hinter dem Tagungszentrum, Soldaten aus Ost und West freundschaftlich vereint, essen Würstchen, trinken Bier und erzählen. Fast kommt so etwas wie Wehmut über den bevorstehenden Abschied auf. Ich bedanke mich noch einmal bei allen, die mitgemacht, sich persönlich engagiert haben – besonders bei denen, deren berufliche Zukunft so unsicher war. Wir haben gemeinsam den Auftrag des Bundeswehr-Kommandos Ost erfüllt, den Weg zur Einheit beschritten und bewiesen, daß 45 Jahre Kommunismus und Teilung nicht vollends vermocht haben, Deutsche von Deutschen zu trennen. Es bleibt die Aufgabe, die innere Einheit zu vollenden.

Nachwort

Seit zwei Jahren sind wir vereint, und wir wissen immer noch nicht genug voneinander, um uns zu verstehen. Die Einheit kam über Nacht, und wir Westdeutschen sind unvermittelt aus der Loge des Zuschauers in die Arena der Handelnden getrieben. Wir haben vor der Einheit wenig von dem Alltag und den Lebensbedingungen unserer Landsleute, zu denen ja auch unsere Verwandten gehören, gewußt – die DDR war ein Nachbarland gleicher Sprache, abgetrennt durch Mauer und Stacheldraht. Wir haben das als Normalität akzeptiert und verdrängt, wie menschenverachtend das System war. In unseren Medien wurde über Chile, Nicaragua und Südafrika, über die schwierigen Lebensbedingungen und die Lage der Jugend dort berichtet, aber kaum ein kritisches oder auch nur beschreibendes Wort über die Wirklichkeit, das Leben und den Alltag in der DDR, über die Nöte und Sorgen unserer Landsleute, über die Zerstörungen in der Natur und in den Köpfen und Herzen.

Unsere Landsleute im Osten kannten den goldenen Westen aus eigener Anschauung nur, wenn sie älter als 65 Jahre oder Funktionäre waren, die reisen durften. Die meisten von ihnen konnten sich ein Bild von der »BRD« nur aus Erzählungen oder dem westdeutschen Fernsehen machen. Dieses Bild traf natürlich nicht die Wirklichkeit des westlichen Alltags mit seiner Leistungsorientierung. Die Notwendigkeit der Effizienz, der am Erfolg orientierten Arbeit, der auf Rationalität und Nachvollziehbarkeit gegründeten Entscheidung sowie der Bereitschaft und Fähigkeit, eigenständig Entscheidungen zu treffen und damit Verantwortung zu übernehmen, waren aus diesen Bildern nicht abzuleiten, und kaum einer hätte sich darunter etwas vorstellen können.

Die Mehrheit der Bevölkerung der DDR hatte die Teilung – ebenso wie ihre Landsleute im Westen – akzeptiert und sich in der DDR eingerichtet. Es ging einem besser als in allen anderen Staaten des sozialistischen Lagers, man hatte Arbeit, ein Dach über dem Kopf und sein Auskommen: man paßte sich an. Ein großer Teil der Elite floh bis zum Mauerbau, ein geringerer danach. Diejenigen, die blieben, wurden am 3. Oktober 1990 gleichsam über Nacht, Bürger eines Staates, der in seiner Verfassung all die Werte verwirklichte, von denen man bislang geträumt hatte – und doch waren dieser Staat – die Bundesrepublik – und seine Bürger fremd.

So unvorbereitet und mit wenig Wissen voneinander und keinen gemeinsamen Erfahrungen miteinander kam die Einheit über uns. Nur wenige hatten inhaltlich an der Vorbereitung wirklich Anteil und fühlten sich davon betroffen, aber betroffen sind wir alle.

Im Osten haben sich in wenigen Monaten die Lebensbedingungen drastisch geändert, die alte Bürokratie ist durch neue Bestimmungen und Formulare ersetzt, die Arbeitslosigkeit wird offenbar und vermittelt neue bedrückende Erfahrungen, Umschulungsmaßnahmen werden angeboten und man stellt sich neuen Qualifikationsmaßnahmen. Die einen sind überfordert, und andere werden nicht mehr benötigt – wegrationalisiert. Nur für wenige im Osten geht das Leben seine gewohnte Bahn – für fast alle im Westen hat sich nichts geändert. Aus dem Westen werden erhebliche Geldmengen in den Osten transferiert, zehn Prozent Solidarzuschlag war zu entrichten; aber sonst läuft in den Städten und Gemeinden alles seinen normalen Gang.

Unter diesen allgemeinen Bedingungen stellte sich die Bundeswehr nach kurzer Vorbereitungszeit der Übernahme der NVA. Die gesamte Bundeswehr hat diese Aufgabe sehr schnell als eine Gemeinschaftsaufgabe empfunden, und Soldaten und zivile Mitarbeiter haben sich vom ersten Augenblick an in großer Zahl für einen Einsatz im Osten gemeldet – die Einheit wurde von vielen als eine nationale Aufgabe angesehen. Es gibt ihn doch noch, den vielgescholtenen Patriotismus. Die NVA war zum Zeitpunkt der Übernahme auf dem Weg von einer Parteiarmee zu einer Armee in einem demokratischen Rechtsstaat, ohne die Vergangenheit aufgearbeitet und das führende Personal ausgewechselt zu haben; durch den schnellen Ablauf der Ereignisse waren ihre Berufs- und Zeitsoldaten tief verunsichert. Sie sahen sich den gleichen sozialen und menschlichen Problemen gegenüber wie alle Arbeitnehmer, die einen neuen Beruf erlernen mußten: aus den Bannerträgern des Sozialismus waren zweifelnde Arbeitssuchende in einer fremden Welt geworden.

Diese Phase der Unwissenheit, Unsicherheit und der Orientierungslosigkeit beinhaltet zugleich die Chance eines Neuanfangs. Nur aus der Erschütterung und Infragestellung alter Werte kann ein wirklicher Anfang gemacht werden, und diese Chance mußten wir durch Ehrlichkeit und Glaubwürdigkeit und durch neue Zielsetzungen nutzen. In dem noch andauernden Prozeß der Vereinigung haben sich die Grundsätze der Inneren Führung, des Staatsbürgers in Uniform, der Eigenverantwortung jedes Soldaten bewährt. Die Menschenführung in der Bundeswehr hat ihre Feuerprobe bestanden. Aber noch sind wir nicht am Ziel gemeinsamer deutscher Streitkräfte. Nach der endgültigen Auswahl und Übernahme der Offiziere und Unteroffiziere wird eine stärkere Durchmischung zwischen West und Ost stattfinden, Versetzungen zwischen Ost und West müssen so selbstverständlich werden wie zwischen Nord und Süd. Die Bundeswehr als Wehrpflichtarmee hat hier eine besonders verantwortliche Aufgabe, da sie in ganz Deutschland präsent ist und gegenüber dem jungen Staatsbürger in den neuen Bundesländern zum ersten Mal den neuen Staat vertritt.

Zu dieser Glaubwürdigkeit gehört auch das Teilen – nicht nur *in* die gemeinsamen Unterkünfte, sondern auch das Teilen von westlichen Investitionen *für* die Unterkünfte. Aber die entscheidende Frage wird sein, wie unsere Landsleute mit ihrer Vergangenheit fertig werden und ob sie aus ihren Leistungen in der Phase des Umbruchs und des Übergangs ein neues Selbstbewußtsein gewinnen können. Die Menschen innerhalb und außerhalb der Bundeswehr brauchen eine reelle Chance, die Erkenntnis, daß nicht alles vergebens, die Hoffnung, daß ihr bisheriges Leben nicht sinnlos war. Dieses System ließ ihnen keine freie Entfaltung. Fliehen, Mitmachen, Anpassen: Das waren die Alternativen für die Mehrheit; nur wenige hatten die innere Kraft, erkennbar in die offene Opposition zu gehen.

Um so mehr ist zu bewundern, wenn sie jetzt ihr Leben selber in die Hände nehmen, die Einengungen und Bedrückungen der Vergangenheit abwerfen und Mut und Kraft für die gemeinsame Zukunft aufbringen. Aus den Erfahrungen der Vergangenheit können wir wichtige Wegweisungen für die Zukunft gewinnen. Von der Bereitschaft zur Gemeinsamkeit und dem Willen, voneinander zu lernen, miteinander zu sprechen, wird weitgehend abhängen, wie lange es dauern wird, bis wir die Spuren der Verwüstungen überwunden haben.

Der Einigungsprozeß ist viel mehr als die Frage der wirtschaftlichen Angleichung, so wichtig diese auch ist. Deutschland ist mehr als ein gemeinsames Währungsgebiet der D-Mark. Wir können unsere unterschiedlichen Erfahrungen bündeln und zum Vorteil Europas einbringen. Unsere ostdeutschen Landsleute haben Erfahrungen und Kenntnisse über unsere östlichen Nachbarn wie wir über unsere westlichen; sie haben entbehrungsreiche Zeiten gemeinsam über einen längeren Zeitraum ertragen, während es im Westen mit dem Wohlstand voranging.

Deutschland ist nicht nur geographisch erweitert, sondern vor allem auch kulturell. Wir müssen diese kulturelle Vergangenheit und Vielfalt begreifen – Goethe nicht nur in Frankfurt am Main, sondern auch in Weimar suchen –, diese gemeinsame Vergangenheit kann auch Ansporn für die Zukunft sein. Wir müssen im Westen begreifen und erfahren, welches kulturelle Erbe in den östlichen Regionen nun wieder zugänglich ist und was alles zu Deutschland gehört. Wir sollten uns unserer gemeinsamen, nicht der trennenden Geschichte entsinnen. Wir müssen jetzt umsetzen, was die Bevölkerung in der friedlichen Revolution wollte: »Wir sind ein Volk!«

Die deutsche Geschichte ist nicht durch Hitler, seine Schergen und durch die dann folgende Teilung beendet worden. Die gemeinsame Vielfalt in einem Sprach- und Kulturraum war auch früher vorhanden, bevor es ein Wirtschaftsraum wurde. Könnten wir nicht heute durch bewußte Anstrengungen der Universitäten, Theater, Opernhäuser, Schulen, Medien sowie in allen Bereichen der Dienstleistungen einen wichtigen Beitrag zur Gemeinsamkeit leisten, bevor die wirtschaftliche Angleichung vollzogen ist?

Unsere Nachbarn sehen in dem deutschen Einigungsprozeß einen Modellfall. Wenn die reiche Bundesrepublik es nicht schafft, die neuen Bundesländer wieder aufzubauen und die Menschen für die Demokratie zu gewinnen, dann werden unsere östlichen Nachbarn kaum eine Chance haben, diese für sie noch schwierigere Aufgabe zu meistern. Sie müssen sich viel mehr selbst helfen und durch wirtschaftliche und gesellschaftspolitische Roßkuren das verheerende Erbe des Kommunismus wegbrennen – mit all den Schmerzen, die das verursacht.

Seien wir Deutsche darum dankbar, daß die Einheit jetzt und nicht später – mit noch bestürzenderen Zuständen – gekommen ist, daß wir genügend Menschen unter uns haben, die gewillt sind, ihren ganz persönlichen Beitrag zur inneren Einheit zu leisten, seien wir nicht ungeduldig. Was 45 Jahre gewaltsam getrennt war, sich in feindlichen Lagern gegenüberstand, kann nicht in wenigen Jahren bruchlos vereint werden. Wir Deutschen – im Zentrum Europas gelegen – haben durch Teilung und Vereinigung Erfahrungen wie kein anderes Volk gewonnen. Sollten wir es nicht schaffen, mit diesen Erfahrungen und unserem gemeinsamen Leistungsvermögen die Grundlagen für eine glückliche Zukunft zu gestalten?

Ich persönlich bin dankbar, daß ich gemeinsam mit meinen Kameraden in der Phase des Übergangs einen Beitrag leisten konnte – jetzt kommt es auf die Anstrengung und Ausdauer aller an!